AF577817

Stefan Klöckner

Der Gregorianische Choral

bibel & musik
im Verlag Katholisches Bibelwerk

Die Bibel mit ihrem Reichtum an Erzählungen, Bildern und tiefgründigen Gedanken ist und wirkt bis zum heutigen Tag auch kulturprägend. Dieses Wissen um ihre gestaltende Kraft und um die Einordnung großer kultureller Leistungen geht zunehmend verloren oder ist schon gar nicht mehr vorhanden. Hinzu kommt, dass die Kirche mit ihren Lebens- und Glaubensvollzügen erheblich an Akzeptanz eingebüßt hat. Viele Menschen ziehen es selbst in geprägten Zeiten vor, statt Gottesdiensten kirchenmusikalische Veranstaltungen zu besuchen. Diese Aufführungen werden nicht selten zu einem spirituellen Erlebnis. Die werkbezogene Reihe bibel & musik setzt sich zum Ziel, das Gehörte wissensmäßig zu vertiefen und das jeweilige biblische Fundament herauszuarbeiten. Die legendäre Frage an den Äthiopier, die Philippus in der Apostelgeschichte stellt, kann in diesem Kontext leicht abgewandelt werden: Verstehst du auch, was du hörst?

Die Herausgeber:
Michael Theobald und
Wolfgang Bretschneider

Stefan Klöckner

Der Gregorianische Choral
Modell und Inspiration christlicher Musik

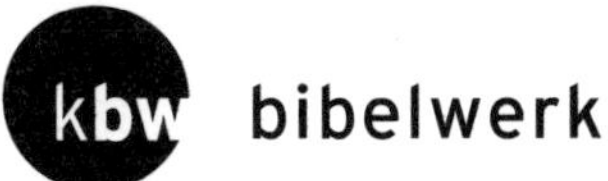
bibelwerk

Gesamtgestaltung: Finken & Bumiller, Stuttgart
Umschlagmotive: oben: Buchmalerei aus einem Chorbuch: Textseite mit Noten, Psalm 98. Florenz, 15. Jahrhundert, Museo di San Marco, Florenz, © akg-images/Rabatti & Domingie
unten: Buchmalerei, aus der „Bible historiale" von Guiart Desmoulins: *Singende Mönche*. Frankreich, Anfang 14. Jahrhundert, Bodleian Library, Oxford, © akg-images

Hersteller gemäß ProdSG:
Druck und Bindung: Finidr s. r. o., Český Těšín, Tschechische Republik
Verlag: Verlag Katholisches Bibelwerk GmbH, Silberburgstraße 121, 70176 Stuttgart. Vorübergehend vom 1. März 2020 bis voraussichtlich Ende 2021: Deckerstraße 39, 70372 Stuttgart

www.bibelwerk.de
ISBN 978-3-460-08609-8

Inhalt

Vorwort des Autors

Setzt man den frühestmöglichen Zeitraum an, so beginnt der Gregorianische Choral mit den Hymnen des Ambrosius (4. Jh.) für uns greifbar zu werden. Somit ist der Choral das älteste Repertoire der abendländischen Musikgeschichte, das bis in die Gegenwart präsent ist und praktiziert wird; die größte christliche Konfession – der römische Katholizismus – sieht ihn sogar heute noch als erste verbindliche Form der musikalischen Gestaltung für seine Liturgie vor. Wie keine andere Musik vermögen es diese Gesänge, die Worte der Heiligen Schrift zum lebendigen Erklingen zu bringen – das Fragen, Suchen, Klagen, Loben, Preisen und Meditieren Klang werden zu lassen und Betende damit zu begleiten. Wenig verwunderlich, dass der Gregorianische Choral auch in der Folgezeit für die christliche Musik aller Konfessionen eine dauerhaft sprudelnde Quelle der Inspiration gewesen ist.

Aber auch weit über den kirchlichen Bereich hinaus haben diese Melodien Wirkung entfaltet: teils als archaische Reminiszenz einer Sphäre des Numinosen, aber auch als Zitat und inhaltlich motivierte Impulsgeber für Bühnen-, Chor-, Orchester- und Orgelwerke bis in die Gegenwart hinein.

Das alles zeigt, dass das Repertoire des Gregorianischen Chorals auf sehr vitale Weise mit den existenziellen Fragestellungen der menschlichen Kultur verbunden ist; diese Sicht wurde freilich erst durch die Erforschungen seiner frühesten handschriftlichen Bezeugungen aus dem 8./9.

Jahrhundert (gregorianische Semiologie) systematisiert und in ein neues Bewusstsein gehoben.

Viele große Musikerinnen und Musiker, aber auch Theologinnen und Theologen haben sich zum Gregorianischen Choral geäußert; einige wichtige Zitate begleiten die Leserin und den Leser durch dieses Buch – sie können zum Innehalten und Nachdenken anregen.

Für die Übersetzung der Texte aus der Heiligen Schrift wurden die Einheitsübersetzung (1980, 2016) sowie eigene Übersetzungen herangezogen (sofern nicht anders gekennzeichnet).

Der Verfasser dankt den Herausgebern der Reihe bibel & musik, Prof. Dr. Michael Theobald und Prof. Dr. Wolfgang Bretschneider, für die Aufnahme des Buches in die Reihe – letzterem auch für die intensive fachliche Begleitung.

Frau Dr. Ulrike Voigt sei für ihr aufmerksames und gründliches Lektorat aufrichtig gedankt.

Mülheim an der Ruhr, im Mai 2020
STEFAN KLÖCKNER

1. Einführung

„In dir muss brennen,
was du in anderen entzünden willst!“
(dem hl. Augustinus zugeschrieben)

Im Zentrum dieses Buches steht kein einzelnes Werk der Kirchenmusikgeschichte, sondern ein musikalisches Repertoire, das (und hierin liegt zweifelsohne eine Besonderheit) sowohl in der Geschichte der christlichen Kirchen als auch in der Musikgeschichte die ganze Zeit hindurch, die es existiert, präsent geblieben ist – wenn auch im jeweiligen Grad der Intensität höchst unterschiedlich und mal mehr, mal weniger identifizierbar.

Im Namen „Gregorianischer Choral“ bleibt mit Papst Gregor dem Großen (590–604) eine historische Persönlichkeit lebendig, die im Übergang von der christlichen Spätantike zum Frühmittelalter für die Formung christlicher Theologie und Liturgie von hoher Bedeutung gewesen ist, wenn auch das Kapitel zur Entstehung der gregorianischen Gesänge zeigen wird, dass er letztlich mit der Genese dieses Repertoires nichts zu tun hat. Auch das ist also für ein Buch in einer Reihe singulär, in der bedeutende Einzelwerke berühmter Komponisten besprochen werden: Bis auf ganz wenige Ausnahmen (vor allem bei den Sequenzen und den späteren Werken) kennen wir keinen Autor, keine Autorin im Sinne von Komponisten und Arrangeuren gregorianischer Gesänge.

Neben der musikgeschichtlichen hat der Gregorianische Choral vor allem theologische Relevanz, weil er in der katholischen Kirche, die sich gerne auf „ungebrochene" Traditionen stützt, von seinen Anfängen bis zum heutigen Tag einen wichtigen Platz einnimmt – bis hin zur im 20. Jahrhundert erfolgten Festschreibung einer gewissen offiziellen Verbindlichkeit.

Nun zeigt aber die historische Realität, dass diese Tradition – wie auch viele andere – weniger ungebrochen und linear als vielmehr kurvenreich verläuft, mithin also in sehr unterschiedlichen Graden der Intensität präsent ist. Das mag vor allem daran liegen, dass der Gregorianische Choral zumeist im Zusammenhang mit kirchlichen Krisen und als Faktor der Besinnung auf kirchenmusikalische und liturgische Idealvorstellungen thematisiert wurde. Diese Kontextualisierung ist ihm – alles in allem – nicht gut bekommen, wurde hierdurch doch eher einer ideologischen Aufladung Vorschub geleistet als zur Kultivierung einer lebendigen, gemeindenahen und qualitativ hochstehenden Praxis beigetragen – und das gilt auch für die kirchenamtlichen Äußerungen der letzten 100 Jahre, die für sich gesehen abstrakt und formelhaft bleiben, wenn man sie nicht ins Konkrete hinein übersetzt.

Inhaltlich und terminologisch auf das Motuproprio Papst Pius X. „*Tra le sollicitudine*" (22.11.1903) zurückgreifend, schrieben die Konzilsväter in der am 4. Dezember 1963 verabschiedeten Liturgiekonstitution über die Rolle des lateinischen Liturgiegesangs: „Die Kirche anerkennt den gregorianischen Gesang als der römischen Liturgie eigen; deswegen soll er in den liturgischen Handlungen bei Gleichheit des Übrigen den ersten Platz einnehmen."[1] Die Bedeutung dieser Aussage wird deutlich, wenn man das einleitende Kapitel zu den Aufgaben und zur Stellung der Kirchenmusik im Allgemeinen liest:

> Die musikalische Überlieferung der gesamten Kirche stellt einen Schatz von unschätzbarem Wert dar, der sich unter den übrigen Ausdrucksformen der Kunst vor allem dadurch auszeichnet, dass er als heiliger Gesang, der mit dem Wort verbunden ist, einen notwendigen und wesentlichen Teil der feierlichen Liturgie ausmacht. [...] Daher wird die Kirchenmusik umso heiliger sein, je enger sie mit der liturgischen Handlung verknüpft ist, sei es, dass sie das Gebet inniger zum Ausdruck bringt oder die Einmütigkeit fördert, sei es, dass sie die heiligen Riten mit größerer Feierlichkeit bereichert. [...].[2]

Für die Beurteilung der Qualität liturgischer Musik gelten also dem Konzil zufolge zwei Maßstäbe: Die Kirchenmusik wird „heilig" zum einen dadurch, dass sie mit dem Wort verbunden ist (die Konzilsväter fassen „liturgische Musik" implizit als mit dem Wort verbundenen Gesang auf); zum andern ist sie „heilig" durch ihre enge Verbindung mit dem liturgischen Geschehen. Diese beiden Merkmale ermöglichen also eine zeitgemäße, dynamische und ideologiefreie Definition des Gregorianischen Chorals: Er ist in seinem innersten Wesen elementar wortverbunden – ja, geradezu paradigmatisch ein Maßstab für die Qualität des erklingenden Wortes (auch für das gelesene und gepredigte Wort!). Zudem kann er sich in idealer Weise den verschiedenen liturgischen Situationen anpassen – wobei er für manche Aktionen aber auch formprägend ist und sich somit einer in Minuten getakteten Kurzweil-Liturgie entzieht: Ein gregorianischer Gesang nach einer Lesung *braucht* Raum, um sich zu entfalten! Er *bietet* aber auch den adäquaten Raum für die Meditation des Gehörten, wenn denn gut vorgelesen wurde.

Die anderen Konfessionen

Die in der Kirchengeschichte zu verzeichnenden konfessionellen Abspaltungen (vor allem, was die orthodoxen und die protestantischen Kirchen betrifft) gingen durchweg mit der Herausbildung eines jeweils neuen liturgiemusikalischen Repertoires einher. Größte Eigenständigkeit haben hierbei die ein- und mehrstimmigen Gesänge der russischen und griechischen Orthodoxie erlangt. In den protestantischen Kirchen (lutherisch, reformiert und anglikanisch) entsprechen mit Blick auf die Rolle des Singens in der Liturgie am ehesten die Lieder dem, was in der katholischen Kirche der lateinische Liturgiegesang ist. Viele dieser Gesänge entstammen jedoch, mit Blick auf Melodie und Text, direkt ableitbaren gregorianischen Vorlagen, und so ist es nachvollziehbar, dass auch die protestantischen Kirchen heute den Gregorianischen Choral als integrativen Teil ihrer liturgiemusikalischen Geschichte ansehen, zumal es sich bei ihm um ein vorkonfessionelles Repertoire handelt. Konfessionelle Zuweisungen sind in der aktuellen kirchlichen Praxis zunehmend obsolet geworden: So, wie die katholische Kirche (vor allem in den Ländern, in denen die Reformation eine bedeutende Rolle gespielt hat) selbstverständlich eine große, teilweise ökumenisch ausgerichtete Liedtradition entfaltet hat, so ist der Gregorianische Choral heute auch ein gern gehörtes Gestaltungselement in evangelischen Gottesdiensten.

Der Versuch einer Definition

Gregorianischer Choral – was ist das eigentlich? Eine Definition, die dieses umfangreiche, historisch, musikalisch wie theologisch äußerst komplexe Phänomen andeutungsweise erfasst, gibt es wohl nicht. Vielleicht muss man hierzu einen der Altmeister der Musikwissenschaft, Bruno Stäblein (1895–1978), befragen, der in einem nun schon einige Jahrzehnte alten Artikel folgende Umschreibung versucht hat: „Choral ist ein Sammelbegriff für die einstimmige, instrumentenfreie, weitestgehend diatonisierte und nach sogenannten ‚Kirchentonarten' modal ausgerichtete musikalische Einkleidung der lateinischsprachigen liturgischen Texte der abendländischen katholischen Liturgien."[3]

Um der allein schon sprachlichen Komplexität dieser Definition Herr zu werden, kann man die einzelnen Begriffe nun aufschlüsseln:

- Der Gregorianische Choral ist wesentlich einstimmig! Natürlich wurde er schon der Frühzeit seiner Entstehung stets zusammen mit der Mehrstimmigkeit reflektiert und auch praktiziert. Dies war jedoch weniger für die

Liturgie als für den Unterricht im mathematisch ausgerichteten Fach „Musica" der *Septem artes liberales* gedacht. Wir begegnen in diesem frühen Stadium der Musikgeschichte einer spannenden Dualität: Die Musik in der Liturgie ist ausschließlich der Gregorianische Choral und einstimmig. Die Mehrstimmigkeit ist vor allem ein mathematisches Phänomen, insofern die Proportionen der sukzessiv und der synchron erklingenden Intervalle zahlenmäßig definiert und qualifiziert werden.[4] Zwei Abbildungen in einer Wolfenbütteler Handschrift, die nur zwei Folioseiten voneinander entfernt platziert sind, verdeutlichen dieses Nebeneinander von liturgischer Musik und Musikerziehung: Der liturgische Gesang (Gregorianischer Choral) ist durch seinen Entstehungsmythos vertreten – Gregor schreibt unter göttlicher Inspiration (die Taube als ikonographisches Symbol des Heiligen Geistes) die nach ihm benannten Melodien nieder; freilich schreibt er nur Text – denn Gregorianischer Choral ist nicht zuerst Musik, sondern erklingendes Wort! Das Bild rechts daneben zeigt Frau Musica mit dem maßgeblichen Unterrichtsinstrument für das Fach Musik: das auf den antiken Philosophen Boethius zurückgehende Monochord, auf dem die Äquivalenz zwischen den Intervallen und den mathematischen Proportionen nachzuweisen ist.

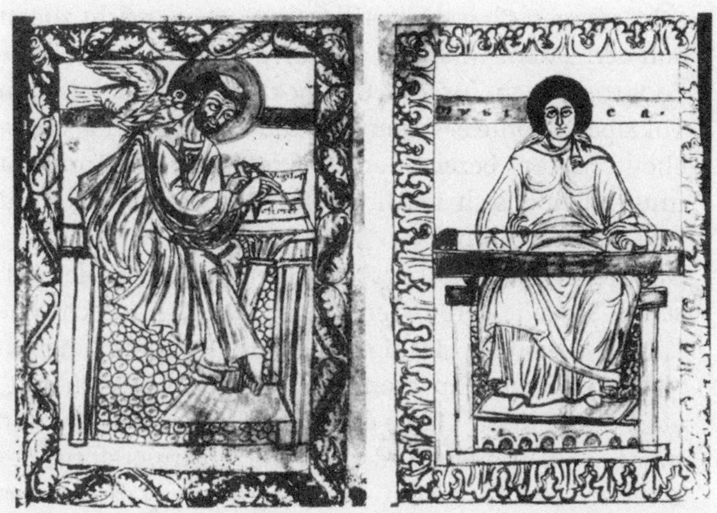

Abb. 1: Zwei Arten von Musik: Papst Gregor und Frau Musica[5]

- Der Gregorianische Choral bedarf keiner Begleitung durch Instrumente. Zwar haben sich im Laufe der Geschichte manche durchaus reizvollen Kombinationen der Gesänge mit instrumentaler Begleitung ergeben (in den letzten Jahrhunderten natürlich vor allem durch die Orgel), aber existenziell für diese Musik sind sie nicht. Manchmal ist es sogar eher störend, wenn der freie, vom Wortrhythmus bestimmte agogische Fluss durch eine metrisierende Instrumentalbegleitung „an die Kette gelegt" wird.
- Die Tonalität der gregorianischen Gesänge wird durch acht Tonarten bestimmt, die sich unter dem Einfluss der antiken Musiktheorie herausgebildet haben und einer je

sehr eigenen Charakteristik folgen. Man spricht zuerst von den „Modi“ (Modus = Tonart); später bleiben diese Tonarten auch für die Entwicklung der klassischen Vokalpolyphonie bestimmend und werden dort als „Kirchentonarten“ bezeichnet. Die gregorianische Tonalität unterscheidet sich deutlich von der „modernen“, in Dur und Moll geteilten.

- Der Gregorianische Choral ist wesenhaft mit der lateinischen Sprache verbunden – was natürlich griechische („Kyrie eleison“, „Hagios o Theos“ etc.) und hebräisch-aramäische Einsprengsel („Alleluia“, „Maranatha“ etc.) einschließt. Unter dem Einfluss der Reformation im 16. Jahrhundert und nach der Liturgiereform des Zweiten Vatikanischen Konzils im 20. Jahrhundert wurden innerhalb klar umrissener Grenzen erfolgreiche Versuche unternommen, gregorianische Melodik mit deutschem Text zu verbinden. Ob aber z. B. für das „Münsterschwarzacher Antiphonale“ (1970er- bzw. 1990er-Jahre) oder für den „Neuendettelsauer Psalter“ (2018) der Begriff der „deutschen Gregorianik“ zielführend ist, kann kontrovers diskutiert werden.
- Die Begriffe „abendländisch“ und „katholisch“ zielen auf eine konfessionelle Abgrenzung: Die orthodoxen Liturgien gehen musikalisch vollkommen andere Wege, und in der protestantischen Kirche bezeichnet der Begriff „Choral“ ein Kirchenlied.

Gregorianischer Choral in der Musikgeschichte

Auch in der Geschichte der abendländischen Musik nimmt der Gregorianische Choral eine wichtige Rolle ein. Er ist nicht nur als eigenständiges Repertoire innerhalb der Kirchenmusik, sondern auch mit Blick auf die Entwicklung der Mehrstimmigkeit und der Vokal- und Instrumentalmusik bis zur Gegenwart (und das auch durchaus im weltlichen Bereich) von hoher Relevanz.

Nur einige wenige Stichworte seien hierzu angeführt:

- Die sakrale Mehrstimmigkeit, deren kunstvolle Entwicklung im 12. Jahrhundert einsetzt, nimmt sich gregorianische Melodien als Basis. Zuerst (z. B. in der Zeit der Notre-Dame-Schule) werden vor allem die Teile eines gregorianischen Gesangs, die solistisch gedacht waren (z. B. Verse im Graduale und Alleluia) mehrstimmig gesetzt; der Rest erklingt nach wie vor einstimmig. Später reduziert sich die akustische Präsenz des Chorals auf Motivanfänge (z. B. der Beginn des Hymnus „Pange lingua gloriosi"), die in einer Komposition die Basis für einen frei komponierten Satz bilden.
- Aus der geistlichen entwickelt sich die weltliche Musik, denn viele Gesänge der Troubadours, Trouvères und Minnesänger sind nur als Texte überliefert; ihre Melodien dürften entweder aus dem Choral entlehnt oder zumindest davon inspiriert gewesen sein. Was in späteren Liederbüchern an melodischem Material vorhanden ist, weist klar in diese Richtung.
- In der geistlichen Chor- und Orgelliteratur der Renaissance, des Barock und der Klassik finden sich viele gre-

gorianische Melodiezitate, die entweder formal-funktional gebunden sind (so z. B. die Psalmtonmodelle in der 1610 entstandenen „*Vespro della Beata Vergine da concerto composta sopra canti firmi*"/„Marienvesper zum Konzertieren komponiert über Cantus firmi", von Claudio Monteverdi) oder assoziativ, aber programmatisch passend eingesetzt werden (wie z. B. im „Magnificat" von Johann Sebastian Bach oder im „Requiem" von Wolfgang Amadeus Mozart).[6]
- Im 19. Jahrhundert erlebt der Gregorianische Choral eine Art kirchlicher Restauration. Er wirkt wie ein Zitat des Religiösen aus mittelalterlicher Zeit und beschwört eine frühere „heile" Welt. Zugleich fasziniert und inspiriert viele Komponisten dieser Zeit vor allem sein archaisch anmutender Klang, der mit einer Atmosphäre des Mystischen konnotiert ist.
- Auch in der Musik der Gegenwart (womit die klassische Moderne des 1962 entstandenen „War Requiems" von Benjamin Britten genauso gemeint ist wie in jüngerer Zeit entstandene Orgelwerke, z. B. von Thierry Escaich) tauchen vermehrt gregorianische Melodien auf.

Spirituelle Aktualität: Nachruf oder Weckruf?

Die durch die Musikgeschichte hindurch bleibende historische Relevanz und die theologische Verortung als kirchenmusikalische Norm sind jedoch nur zwei Gründe, aus denen es reizvoll sein kann, sich heute mit Gregorianischem Choral zu befassen. Ein dritter wichtiger Aspekt ist die spirituelle Dimension, die – nicht zuletzt befördert durch die aktuellen Forschungen der gregorianischen Neumenkunde – in der heutigen musikalischen Praxis die wohl entscheidende Rolle spielt. Noch in den 60er-Jahren des vergangenen Jahrhunderts, als sich Gesellschaft und Kirche bereits zunehmend im Umbruch befanden, war ein kirchenmusikalisches Idealbild verbreitet, das auch den Gregorianischen Choral betraf: „langsam – leise – legato – leidenschaftslos", so hatte beispielsweise das Orgelspiel zu klingen; und der lateinische Liturgiegesang ertönte äqualistisch – jeder Ton war gleich lang gesungen, und Emotion hatte keinen Platz!

Heute – nach intensiven Studien in den frühesten gregorianischen Handschriften – wissen wir: Wie kaum eine andere sakrale Musik vermag es der Gregorianische Choral, das Wort der Heiligen Schrift, das oftmals mit erstaunlicher Kühnheit zur Textgrundlage kompiliert wird, zum Erklingen zu bringen. Diesen Vertonungen liegt ein gelegentlich aufschreckend emotionales und persönliches Verständnis der sakralen Texte zugrunde, das mit jener objektiven Kühle, die man dem Gregorianischen Choral vor allem im 19. und 20. Jahrhundert angedichtet hatte, nichts mehr zu tun hat. Wer sich über die Analyse der Texte, der gewählten Tonart und der individuellen Vertonung der Aussage eines gregorianischen Gesangs annähert, dem wird ein reicher Schatz an lebensnaher, ja, existenzieller Spiritualität eröffnet. Und ist es nicht gerade die Sehnsucht nach geerdeter Spiritualität, die viele Menschen umtreibt und Rat und Hilfe auch bei den Kirchen suchen lässt?

Welch große Chance, diese Gesänge in das eigene Leben hineinklingen zu lassen, sich mit ihnen zu konfrontieren, um so die spirituelle Speisekammer aufzufüllen und dafür das theologische Fast-Food-Angebot der weit verbreiteten inhaltheuchelnden Worthülsen hinter sich zu lassen ... Auf dass niemand mehr hungrig fortgehe, wenn der Herr seiner Kirche zuruft: „Gebt ihr ihnen zu essen!" (Mk 6,37)

Der Gregorianische Choral ist daher weder Abgesang noch Nachklang einer großen kirchlichen Vergangenheit oder sakrale Behübschung einer zunehmend indifferent werdenden und von der Meditationsindustrie stimulierten Religiosität. Er ist auch keine Erkennungsmelodie der Ewiggestrigen in der Kirche, die das kirchliche Latein zu traditionalistischen Beschwörungsformeln gegen Aufklärung und Moderne degradiert haben. Und schließlich entzieht er sich auch dem romantisch motivierten Eskapismus: Begleitmusik zur Weltflucht zu sein, ist seine Sache nicht!

Wie in den Psalmen, deren Texte erstaunlich oft vertont werden, so spiegelt sich auch in diesen Gesängen eine tiefe Erfahrung des menschlichen Betens, Ringens und Suchens, Lobens und Klagens wider – eine Bandbreite an Emotionen und Situationen, der nichts Menschliches fremd ist. Die Liturgie ist der Raum der Begegnung des *ganzen* Menschen mit Gott – ohne Ausblendungen; denn: „Was Gott für rein erklärt hat, das behandle du nicht, als wäre es unrein!" (Apg 10,15).

Das macht den Gregorianischen Choral zum umfassenden und (im guten Sinne) Unruhe stiftenden Weckruf für die betende Seele: Bevor die liturgische Verkündigung einsetzt, gilt es erst einmal, „diese Gesänge an sich geschehen zu lassen" (Godehard Joppich): Wie steht es um meine Überzeugung, wenn ich andere Menschen überzeugen will? Habe ich in mir selbst den Weg bereitet für Gottes Zuwendung, bevor ich anderen von der göttlichen Barmherzigkeit erzählen will? Mit dem eingangs zitierten Wort von Augustinus gesagt: Brenne ich von dem, was ich in anderen entzünden möchte? Dogmatische Lehrsätze und kirchenrechtliche Formeln können genau die Steine sein, die ein liebender Vater seinen Kindern niemals geben wird, wenn sie nach Brot verlangen (Lk 11,11).

So könnte die Verkündigung wieder Authentizität und die verkündigende Kirche ein menschenfreundliches Angesicht bekommen – und der Gregorianische Choral leistet dazu das Seine.

II. Formen des Gregorianischen Chorals

Es ist für die Leserin/den Leser sicherlich nachvollziehbar und einsichtig, dass an dieser Stelle keine umfangreiche gregorianische Formenkunde entfaltet werden kann und soll.[7] Das für den Inhalt dieses Buches notwendigerweise zu Wissende soll jedoch kurz referiert sein.

Das gregorianische Repertoire hält für die beiden wichtigsten Großbereiche der Liturgie, das Stundengebet (*Officium* bzw. *Liturgia horarum*) und Messe (Eucharistiefeier), sämtliche Gestaltungselemente bereit.

Im Stundengebet sind dies:

Hymnen

Mit den Hymnen ist zugleich die älteste Schicht der gregorianischen Gesänge berührt. Dies betrifft hier weniger die aus der Heiligen Schrift stammenden Dichtungen hymnischen Charakters (so in Phil 2, Kol 1, Eph 1 und Joh 1), für die keine Melodien überliefert sind. Die Gattung „Hymnus" verbindet sich vor allem mit dem Kirchenvater Ambrosius von Mailand (339–397), der eine Reihe metrischer Gesänge mit außerbiblischem, aber geistlichem Text schuf, um durch das Singen seine Gemeinde in der Situation eines Kirchenkampfs mit dem arianischen Kaiserhaus beieinander zu halten. Einige heute noch in Gebrauch befindliche Hymnen gehen zumindest hinsichtlich des Textes auf Ambrosius zurück, so z. B.:

- „Veni Redemptor gentium" (von Martin Luther in das deutsche „Nun komm, der Heiden Heiland" übersetzt),
- „Aeterne rerum Conditor" („Ewiger Schöpfer der Dinge"), und
- „Conditor alme siderum" (von Thomas Müntzer übersetzt mit „Gott, heilger Schöpfer aller Stern").

Hymnen sind metrische Strophenlieder, d. h. sie folgen einem festgelegten Versmaß; alle Strophen haben dieselbe Zahl an Hebungen und Senkungen in den einzelnen Zeilen und an Zeilen in den einzelnen Strophen. Dem sog. „Ambrosianischen Dimeter" (das Versmaß, in dem die meisten Hymnen des Ambrosius verfasst sind), liegt ein jambisches Metrum (x – x –) zugrunde. Eine ambrosianische Strophe besteht aus vier Zeilen zu je vier Hebungen und Senkungen; Wortakzent und metrische Betonung (Senkung) fallen dabei nicht immer zusammen (die Senkungen sind durch kleine Striche gekennzeichnet, die Wortakzente durch Unterstreichung der betreffenden Silben):

Qui cóndoléns intéritú	x – x – x – x –
mortís períre saéculúm,	x – x – x – x –
salvásti múndum lánguidúm,	x – x – x – x –
donáns reís remédiúm.	x – x – x – x –

Ein anderes weit verbreitetes Versmaß ist der Trochäus, der aus deiner Abfolge von Hebungen und Senkungen (– x – x) besteht. Hierfür kann als gutes Beispiel der aus dem 8. oder 9. Jahrhundert stammende Marienhymnus „Ave maris stella“ (Meerstern, sei gegrüßt) dienen; sein Verfasser ist unbekannt:

Áve, máris stélla,	– x – x – x
Déi máter álma	– x – x – x
átque sémper vírgo,	– x – x – x
félix caéli pórta.	– x – x – x.

Schließlich sei noch auf eine in der Karolingerzeit sehr beliebte und weit verbreitete Hymnenform hingewiesen, die sog. „Sapphische Strophe“. Ihr liegt ein aus der Antike stammendes und auf die griechische Dichterin Sappho zurückgehendes Metrum zugrunde, das sehr komplex ist.[8] Als Beispiel soll der Hymnus auf das Fest des hl. Johannes des Täufers (24.6.) dienen, dessen Text wohl aus dem 8. Jahrhundert stammt; Guido von Arezzo schuf dafür eine halbversweise in Stufen ansteigende Melodie, die in der Musiktheorie seiner Zeit zur Fixierung der Tonfolgen ut – re – mi – fa – sol – la diente:

Ut queant laxis **re**sonare fibris	– x – x – x x – x – –
mira gestorum **fa**muli tuorum	– x – x – x x – x – –
solve polluti **la**bii reatum	– x – x – x x – x – –
Sancte Iohannes.	– x x – –

Die Hymnen haben in den einzelnen Horen ihren Platz. Sie stehen entweder direkt zu Beginn des Gebetes (so im weltpriesterlichen/gemeindlichen Kontext) oder in der Mitte (so in den meisten Klöstern).

Antiphonale und responsoriale Gesänge

Die Gesänge sowohl für das Stundengebet als auch für die Messe unterscheiden sich in einem wesentlichen formalen Gestaltungsmerkmal. Antiphonale Gesänge (antiphonal, lat.: gegenchörig) werden im Wechsel zwischen zwei einander gegenüber positionierter Gruppen durchgesungen; eine Antiphon eröffnet und beschließt das Stück.

Responsoriale Gesänge (*respondere*, lat.: antworten) stehen fast ausschließlich nach Schriftlesungen, auf die sie „antworten". Sie werden im Wechsel zwischen einer/einem Vorsänger/in und allen gesungen, wobei ein Element (das Responsum, lat.: der Antwortvers) teilweise mehrfach wiederholt wird.

Weitere Gesänge des Stundengebets

Im Zentrum jeder Gebetszeit steht der Gesang der **Psalmen**. Schon in der christlichen Spätantike wurde (maßgeblich durch den Ordensvater Benedikt von Nursia, 480–547) ein fester Kanon gebildet, wann welcher Psalm zu singen sei. Die Zahl der zu singenden Psalmen ist in weltpriesterlicher und klösterlicher Liturgie unterschiedlich; mit der Liturgiereform des Zweiten Vatikanischen Konzils wurden die Psalmen um sogenannte **Cantica** erweitert – liedhafte Texte aus dem Alten und dem Neuen Testament, die jedoch nicht aus dem Buch der 150 Psalmen stammen.

Psalmen und Cantica haben eine signifikante poetische Struktur: Sie sind in Parallelismen aufgebaut, jeweils zwei inhaltlich aufeinander bezogene Zeilen bilden einen Psalmvers (*parallelismus membrorum*, lat.: Parallelität der Glieder – womit die beiden Zeilen gemeint sind), wobei sich die inhaltliche Beziehung **synthetisch** (ergänzend), **antithetisch** (mit gegensätzlichen Sprachbildern), **klimaktisch** (steigernd) oder **synonym** gestalten kann – derselbe Sachverhalt wird mit unterschiedlichen Wörtern ausgedrückt. Hierfür einige Beispiele:

- synonym: „Zeige mir, Herr, deine Wege – lehre mich deine Pfade!“ (Ps 25,4)
- synthetisch: „Gut und gerecht ist der Herr – darum weist er die Irrenden auf den rechten Weg.“ (Ps 25,8)
- antithetisch: „Der Herr ist bei mir, er ist mein Helfer – ich aber schaue auf meine Hasser herab.“ (Ps 118,7)
- klimaktisch: „Sieh doch, wie zahlreich meine Feinde sind – mit welch tödlichem Hass sie mich hassen!“ (Ps 25,19)

Dieser Zweiteiligkeit entspricht auch die musikalische Form: Für jede der acht gregorianischen Tonarten (von ihnen wird später noch die Rede sein) steht jeweils ein zweiteiliges Modell zur Verfügung, das den unterschiedlichen Texten adaptiert werden kann und sie in eine (je nach gewählter Tonart) spezifische Klangfarbe kleidet.

In der Regel wird jedem Psalm eine **Antiphon** zugeordnet, die vorher und nachher gesungen werden soll. Sie wirft ein theologisches Schlaglicht auf den Psalmentext, den sie umrahmt; die Texte der Antiphonen stammen entweder aus dem Psalm selber (psalmogen) oder häufig auch aus Heiligenviten, wenn ein/e Heilige/r an einem Festtag geehrt wird.

Im Laufe der Geschichte wurden die Antiphonen gelegentlich so umfangreich und lang, dass sie sich zu selbständigen Gesängen entwickelten. Gute Beispiele hierfür sind die **Marianischen Antiphonen**, die heute täglich das gemeinsame Stundengebet beschließen (z. B. „Salve Regina" und „Regina caeli laetare").

Eine besondere Gruppe der Psalmodie bilden die sog. **Lukanischen Cantica**, die täglich (und über den Tag verteilt) gesungen werden: das „Benedictus" des Zacharias Lk 1,68–79 in den Laudes (dem Morgenlob), das „Magnificat" Lk 1,46–55 in der Vesper (dem Abendlob) und das „Nunc dimittis" Lk 2,29–32 in der Komplet (Nachtgebet). Diese Gesänge werden ebenfalls auf Psalmodiemodelle gesungen, jedoch aufgrund der Würde der Texte in einer musikalisch etwas ausgeschmückten Form.

Responsoriale Gesänge

Schließlich gibt es im Stundengebet auch noch Antwortgesänge, die in responsorialer Form gehalten sind. Während in den Horen am Tag die Kurzlesung mit einem passenden Kurzresponsorium (lat.: *Responsorium breve*) beantwortet wird, ist für die Antwort auf längere Lesungen in den Lesehoren bzw. den nächtlichen Stundengebeten (Vigilien, lat.: Nachtwachen) ein größeres Responsorium vorgesehen (R. *prolixum*, lat.: ausgedehntes R.). An der Form des Responsorium breve ist das Prinzip der meditierenden und damit vertiefenden Wiederholung eines Elementes gut zu erkennen – hier ein Beispiel zur Demonstration, der Einfachheit halber mit deutschem Text:

V Christus, Sohn des lebendigen Gottes,
* erbarme dich unser.
A Christus, Sohn des lebendigen Gottes,
* erbarme dich unser.
V Du kommst in die Welt:
A * erbarme dich unser.
V Ehre sei dem Vater und dem Sohn und dem Heiligen Geist.
A Christus, Sohn des lebendigen Gottes,
* erbarme dich unser.

Die/der Vorsänger/in (V) singt einen zweiteiligen Vers vor, der von allen (A) wiederholt wird (*Repetitio a capite*, lat.: Wiederholung vom Haupt ab/von vorne); dann singt V einen Vers, auf den A mit der Wiederholung des zweiten Teils vom Einleitungsvers antworten (*Repetitio a latere*, lat.: Wiederholung von der Seite ab).

Auch die gregorianischen Messgesänge kann man in antiphonale und responsoriale einteilen; jedoch hat sich hier eine andere formale Gliederung durchgesetzt, die auch in der allgemeinen Musikgeschichte greifbar geworden ist: eine Aufteilung in „Proprium missae" (*proprium*, lat.: das Eigene) und „Ordinarium missae" (*ordinarium*, lat.: der Kanon, die Richtschnur).

Das Proprium missae

Unter den Gesängen des Propriums werden diejenigen zusammengefasst, die einen feststehenden Platz im Ablauf der Messliturgie haben, jedoch in Textauswahl und Komposition individuell gestaltet sind.

Es sind dies im Einzelnen:

- der **Introitus** (*antiphona ad introitum*, lat.: wechselchöriger Gesang zum Einzug);
- das **Responsorium Graduale** (lat.: der Antwortgesang „an den Stufen" – was den frühkirchlichen Ort im Altarraum bezeichnet, an dem dieser Gesang vorgetragen wurde), es folgt auf die erste Lesung;
- das **Alleluia** vor dem Evangelium; es wird in der österlichen Bußzeit ersetzt durch den
- **Tractus**, eine feierlich ausgestaltete und versweise wechselnde Solistenpsalmodie, die in einem Zug (lat. *tractim*) durchgesungen wird;
- das **Offertorium** (ein zuerst antiphonal, dann später responsorial ausgeführter Gesang zur Gabenbereitung), und
- die **Communio** (ein antiphonaler Gesang, der während des Kommuniongangs gesungen wird).

Die Gesänge des Propriums sind zumeist Unikate, also individuelle Vertonungen eines Textes. Beim Responsorium Graduale, dem Tractus und bei den Alleluia-Vertonungen gibt es aber auch Formelmelodien, in denen ein festgelegter Formelschatz auf unterschiedliche Texte adaptiert wird.

Eine frühmittelalterliche Gattung von Gesängen ist heute fast gar nicht mehr in der Messe vertreten: die Sequenz! Sie entstand durch die Textierung langer Alleluia-Melismen, die nach dem Solovers gesungen wurden (die sog. *melodia sequens versum* – daher der Name dieser Gattung). Im Hochmittelalter nahm die Dichtung von Sequenzen derart überhand, dass das Konzil von Trient (1545–1563) den Gebrauch auf vier reduzierte. Von diesen sind heute nur noch zwei vorgeschrieben, die an ihrem angestammten Platz nach dem Alleluia zu singen sind: zu Ostern „Victimae paschali laudes“ und zu Pfingsten „Veni, Sancte Spiritus“ (nicht zu verwechseln mit dem Heilig-Geist-Hymnus „Veni, creator Spiritus“). Aus den Sequenzen entstanden später nicht wenige muttersprachliche Volksgesänge, die schon früh in der Liturgie beheimatet waren; so diente „Victimae paschali laudes“ als melodisches Vorbild für das seit dem 12. Jahrhundert bekannte „Christ ist erstanden“.

Das Ordinarium missae

Hierunter werden jene Gesänge verstanden, die in der Messfeier einen feststehenden liturgischen Ort haben und zugleich immer denselben Text tragen. Es ist jener Zyklus, der sich in der frühen Neuzeit (14. Jahrhundert) auch in der Mehrstimmigkeit herausbildet (erstmals bei Guillaume de Machaut in der „Messe de Nostre Dame“ 1360) und der heute noch gemeint ist, wenn es in einer Gemeinde heißt: „Der Chor singt eine Messe!“

Das Ordinarium missae besteht aus folgenden Teilen:

- **Kyrie eleison** (griech.: Herr, erbarme dich): Die Anrufungen „Kyrie – Christe – Kyrie eleison“ richten sich zur Gänze an Christus und werden auch durch ihre Nähe zum Bußakt leider allzu oft als Bußruf falsch verstanden. Ursprünglich waren es Huldigungsrufe im antiken Kaiserkult. Die gregorianischen Vertonungen sind entweder sechsteilig (jeder Ruf wird einmal vor- und nachgesungen) oder neunteilig (meist durchkomponiert).
- **Gloria** („Ehre sei Gott in der Höhe“): Der Text hat seine Wurzeln in der Weihnachtsgeschichte des Lukasevangeliums (Lk 2) und entfaltet davon ausgehend einen Lobpreis an den dreifaltigen Gott mit deutlicher Schwerpunktsetzung bei den ersten beiden göttlichen Personen. Die gregorianischen Vertonungen sind als versweiser Wechsel zwischen Vorsänger und Gemeinde strukturiert. Das Gloria ist dem Sonntag (ausgenommen Advent und Österliche Bußzeit) und (Hoch-)Festen vorbehalten.
- **Credo** („Ich glaube an den einen Gott“): Hier ist der lange Text des sogenannten nizäno-konstantinopolitanischen Glaubensbekenntnisses (verabschiedet auf dem Konzil von Konstantinopel 381) vertont; das kleine Credo („Apostolicum“) gehörte ursprünglich nur in den Taufritus der alten Kirche. Auch dieser Text wird im versweisen Wechsel vorgetragen.
- **Sanctus** mit **Benedictus** („Heilig, heilig heilig ist der Herr Gott Sabaoth“/“Gepriesen der da kommt im Namen des Herrn“): Die Akklamation im Hochgebet geht als Text auf eine alttestamentliche Vision (Jes 6 in Kompilation mit einem Vers aus Ps 118) zurück. Es besteht aus

fünf Teilen: Sanctus – Pleni – Osanna – Benedictus – Osanna; diese waren in den gregorianischen Vertonungen schon früh auf mehrere Gruppen verteilt, so dass die Situation der himmlischen Liturgie, die dem Sanctus korreliert (die Engel rufen einander das „Heilig“ zu), im Wechsel der liturgischen Rollen ihre irdische Entsprechung findet.
- **Agnus Dei** (lat.: Lamm Gottes) rundet als Litanei zur Brotbrechung das Ordinarium missae ab. Die einzelnen Rufe sind in der Regel geteilt in eine Intonation durch die/den Vorsänger/in (*Agnus Dei, qui tollis peccata mundi*/ Lamm Gottes, du trägst die Sünde der Welt) und eine darauffolgende Gemeindeantwort; diese lautet zuerst *miserere nobis* (erbarme dich unser), dann – beim letzten Ruf – *dona nobis pacem* (gib uns deinen Frieden).

Früh bereits wurden in der Geschichte gregorianische Ordinariumsgesänge zu festen Zyklen zusammengestellt; jedoch handelt es sich hier immer um die Folge Kyrie – Gloria – Sanctus/Benedictus – Agnus. Das Credo wurde erst auf Drängen Kaiser Heinrichs II. zu Beginn des 11. Jahrhunderts fest in die sonntägliche Messe eingefügt. Daher ist es kompositorisch (melodisch) nicht an einen gregorianischen Messzyklus gebunden. Es gibt nur sechs Credovertonungen, die heute im Graduale Romanum zu finden sind; davon sind fünf mit der gleichen Intonation versehen. Das berühmteste und in unseren Gemeinden am meisten gesungene ist das Credo III, welches aber (wie übrigens auch die sehr weit verbreitete VIII. Choralmesse/Missa „De Angelis“) in sehr später Zeit (wahrscheinlich 14. oder 15. Jahrhundert) geschrieben wurde. Bei beiden Kompositionen ist der Grund für die flächendeckende Beliebtheit zugleich der deutlichste Hinweis auf seine weite Entfernung von den ursprünglichen gregorianischen Quellen: Die Tonalität ist reines „Dur“ – was nicht zu den klassischen acht gregorianischen Tonarten der Frühzeit zu zählen ist.

Einige der Choralmessen-Zyklen sind an liturgische Anlässe gebunden, so z. B. die I. Choralmesse für Ostern, die IV. für Apostelfeste und die XVII. Messe für Advent und Fastenzeit. Die XI. Choralmesse war bis zum Zweiten Vatikanischen Konzil für die normalen Sonntage gedacht; von daher ist vor allem ihr Kyrie heute noch verbreitet. Diese Tatsache hat dazu geführt, dass das Kyrie XI mit der Neuerarbeitung des katholischen Gesangbuchs GOTTESLOB 2013 wieder unter die gregorianischen Choralmessen aufgenommen wurde.

Gelegentlich ist der Entlassungsruf „Ite missa est“ (lat.: Gehet hin in Frieden) dem Kyrie einer Choralmesse nachgestaltet. In diesem Fall (z. B. in der VIII. oder der XI. Messe) wird es dem Ordinarium missae zugerechnet.

Tropen

Bereits in der Entstehungszeit der gregorianischen Gesänge sind auch Tropierungen weit verbreitet. Es handelt sich hierbei um die syllabische Auflösung (eine Silbe auf eine Note) von Melismen (zahlreiche Töne über einer Silbe) durch Unterlegung neugedichteter Texte. Alle Teile des Messpropriums und des Messordinariums waren hiervon betroffen; besonders gerne wurden jedoch die melismatischen Gesänge (so vor allem Kyrie und Alleluia) tropiert.

Schlägt man im Graduale Romanum den Teil für das Ordinarium auf (dies war ursprünglich ein eigenes Buch mit dem Titel „Kyriale Romanum"), so sieht man über nicht wenigen Kyriemelodien Texte wie „Lux et origo", „Cunctipotens genitor" oder „Orbis factor". Hierbei handelt es sich um Zitate der Anfänge jener Tropustexte, mit denen der jeweilige Gesang unterlegt war.

Der Einsatz von Tropen nahm schon früh derart überhand, dass man ihn bereits in der Synode von Meaux 845 zu verbieten versuchte – offensichtlich jedoch vergeblich, denn im Mittelalter entwickelte sich das Tropieren zu einer geradezu olympischen Disziplin. Heute sind Tropierungen in der Messfeier unüblich. Zwar gibt es neuerdings wieder eigene Bücher mit Tropen zu den Ordinariumsgesängen;[9] jedoch ist neben manchen Fragwürdigkeiten hinsichtlich der Qualität der Dichtung einiger Tropen vor allem zu bemängeln, dass die Kyrietropen für eine falsche liturgische Ausrichtung dieses Rufes sorgen: Das Kyrie richtet sich – liturgietheologisch gesehen – zur Gänze an Christus; die Tropendichtungen erliegen jedoch einer symbolischen Fehlannahme, derzufolge alles, was dreimal gesungen wird, trinitarisch gedeutet werden müsse; und so wird das erste Kyrie als an den Vater und das letzte Kyrie als an den Heiligen Geist gerichtet aufgefasst.

Bereits früh ist der Begriff der Tropierung auf alle Formen der Erweiterung einer primären musikalischen Form übergegangen. So gibt es z. B. auch Interpolationstropen, bei denen ganze Abschnitte (Text und Musik) einem vorher schon existierenden Gesang vorangestellt, nachgestellt oder stückweise in ihn eingefügt werden.

Ein Beispiel wird im folgenden Kapitel erörtert, wenn es um die Tradierung der Entstehungslegende des Gregorianischen Chorals geht.

III. Entstehung des Gregorianischen Chorals

Ein Bild – eine Legende: Papst Gregor und die Taube

Es dürfte für das Unterrichtsfach Musik wohl kaum ein Schulbuch geben, in dem dieses Bild fehlt. Es steht für den Beginn abendländischer Musik und dokumentiert den Entstehungsmythos des Gregorianischen Chorals.

Was ist zu sehen?

Zwei Personen sind abgebildet, von der eine aufgrund ihrer Größe das Bild dominiert: Es handelt sich um einen ranghohen Geistlichen, ausgezeichnet mit dem Pallium (der Stola eines Metropoliten), dazu offensichtlich ein kanonisierter Heiliger (wie am Nimbus zu sehen ist). Hier ist der hl. Papst Gregor dargestellt, der von 590–604 die Geschicke der Kirche lenkte. Der Geistliche rechts von ihm trägt eine Dalmatik, das liturgische Gewand eines Diakons. Möglicherweise handelt es sich um Paulus Diaconus (geb. ca. 725/30, gest. kurz vor 800), der eine Lebensbeschreibung des großen Papstes verfasste. Damit ist klar, dass Logik und Intention des Bildprogramms nicht auf historischer Ebene zu suchen sind, denn der

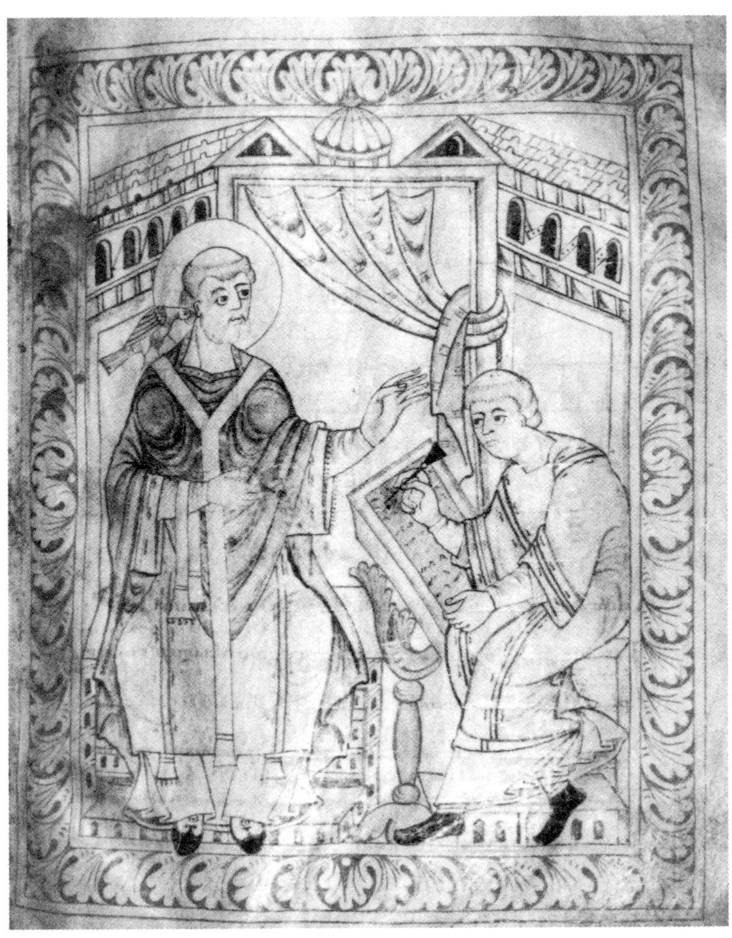

Abb. 2: Papst Gregor als Erfinder der Gesänge[10]

Papst und sein Biograph haben nicht zur gleichen Zeit gelebt.

Eine dritte „Person" ist noch auf dem Bild zu sehen – freilich dargestellt durch ein ikonographisches Symbol: Auf der Schulter des Papstes hockt eine Taube – sie verkörpert den Heiligen Geist! Ihr Schnabel ist am Ohr des Heiligen – sie bringt die Melodien über sein Ohr in sein Herz und der Papst gibt sie weiter: Man sieht es an der Geste des Diktierens, während der Diakon das vom Papst (singend?) Vorgetragene aufnimmt und aufzeichnet. Dieses Bild erzählt – und das ist durchaus programmatisch für Malereien dieser Zeit – keine historische Begebenheit, sondern überliefert eine Legende, die für wahr gehalten werden soll: Gregor der Große ist der Schöpfer und Former der nach ihm benannten Melodien. Aber er hat sie nicht aus eigenem Wollen geschaffen, sondern in einem Akt der göttlichen Inspiration erhalten. „Inspiration" ist hier sehr wörtlich und zugleich in einem gehobenen theologischen Sinn zu verstehen: Der Heilige Geist gibt („haucht") etwas ein (*in-spirare*), das als göttliche Botschaft fixiert und tradiert werden soll. Die Inspiration durch den Heiligen Geist ist also weit mehr und weit verbindlicher als ein künstlerischer Einfall im Sinne romantischer Genieästhetik.

Die Legende von der Schaffung der Gesänge durch Papst Gregor ist nicht nur in den Viten und kirchengeschichtlichen Dokumenten überliefert; sie findet sich auch in liturgischen Gesängen.

So ist in einer italienischen Gradual-Handschrift aus dem 11. oder 12. Jahrhundert ein Tropus zu finden, der dem ersten Stück des Kirchenjahres (dem Introitus des ersten

Adventssonntags: *Ad te levavi animam meam*) vorangestellt ist: *Sanctissimus namque Gregorius cum preces effunderet ad Dominum ut musicum donum ei desuper in carminibus dedisset, tunc descendit Spiritus Sanctus super eum, in specie columbæ, et illustravit cor ejus, et sic demum exortus est canere, ita dicendo : Ad te levavi animam meam …*[11] (Als nämlich der hochheilige Gregor mit Bitten den Herrn bedrängte, ihm die Gabe der Musik/der Melodie zu den Gesangstexten zu schenken, da kam der Heilige Geist über ihn herab in Gestalt einer Taube und erleuchtete sein Herz, und schließlich begann er, wie folgt zu singen: Zu dir erhebe ich meine Seele …)

Der Introitus übernimmt damit die Funktion einer thematischen Dedikation für das ganze Buch, das – nach der Legende – seine Existenz der geistgeleiteten Schöpferkraft des heiligen Papstes verdankt. Offensichtlich handelt es sich also um einen Gründungsmythos, der in dieser Zeit sehr weite Verbreitung gefunden hat und der als zentral wichtig angesehen wurde – obwohl er nachweislich die Historie nicht trifft.

Die Entstehung des Gregorianischen Chorals und die karolingische „renovatio“

In den 50er-Jahren des vergangenen Jahrhunderts fand eine heftige Diskussion mehrerer Thesen zur Entstehung des Gregorianischen Chorals statt. Anlass war die damals bereits einige Jahrzehnte zurückliegende Entdeckung einiger Handschriften mit Melodien, die denen der bekannten gregorianischen ähnelten, aber auf sehr eigene Weise von ihnen abwichen. Nachdem Choralforscher hatten feststellen können, dass es sich um einen „prägregorianischen Gesang“[12] handelte, kam es nun zur Klärung der Frage, wie sich dieses Repertoire historisch und inhaltlich zum bekannten und verbreiteten gregorianischen verhielt.

Hier ist nicht der Ort, die Auseinandersetzung zu schildern, die seinerzeit stattgefunden hat, zumal diese umfassend dokumentiert ist.[13] Daher wird nur die These geschildert, die sich im Laufe des wissenschaftlichen Disputs als wahrscheinlichste herausgestellt hat und heute in der Choralforschung entsprechend rezipiert wird.

Die christliche Spätantike war von einer Vielzahl kirchlicher Zentren geprägt, die sich vor allem innerhalb der Grenzen des implodierenden römischen Weltreiches gebildet hatten und sich hinsichtlich Form und Gestalt des Gottesdienstes z. T. deutlich unterschieden. Liturgisch bzw. liturgiemusikalisch wichtige Zentren waren z. B. die Kirche von Rom, die von Mailand, die von Benevent und das Patriarchat von Aquileia (also auf relativ engem Raum allein schon einmal vier liturgische Zentren mit z. T. deutlich voreinander abweichenden musikalischen Repertoires). Dazu kamen Jerusalem, Byzanz/Konstantinopel, die Kopten in Ägypten (als älteste afrikanische Kirche), später die mozarabischen Christen (auf der iberischen Halbinsel – sie entwickelten ihren Kult unter islamischer Vorherrschaft) und die insularen Zentren Irland, Schottland und England. Auf dem Kontinent, nördlich der Alpen, gab es eine große Liturgie-Familie, die altgallikanischen Liturgien. Natürlich stand man in Kontakt, traf sich zu Synoden und Konzilien, um die wirklich zentralen Fragen der

Glaubenslehre zu entscheiden und vereinheitlichen. Eine gewisse Vielfalt an Riten, Gebeten und Gesängen wurde hingegen offenbar nicht als Gefahr für die Einheit der Kirche gesehen – wie folgendes sehr aufschlussreiches Beispiel zeigt: Papst Gregor der Große hatte den Bischof Augustinus von Canterbury (+ 604) nach England gesandt, um dort die Kirche aufzubauen; er wurde so der erste Bischof von Canterbury und gilt als „Apostel der Engländer“. Papst und Bischof standen in regem Briefaustausch; viele Fragen wurde auf diesem Wege erörtert. Auf diese Weise halten wir heute noch ein Zeugnis in Händen, das die Vielfalt der vorhandenen Riten und Gebräuche dokumentiert. So fragte der Bischof:

„Da es nur *einen* Glauben gibt, warum sind die kirchlichen Gewohnheiten so verschieden, und warum wird die Messe in der römischen Kirche nach anderem Gebrauch und nach wieder anderem in den Kirchen Galliens gefeiert?“

Die Antwort des Papstes zeugte übrigens von dessen großem und weitem Geist:

> Deine Brüderlichkeit kennt den Gebrauch der römischen Kirche, da Du in derselben aufgewachsen bist. Aber magst Du in der römischen, gallischen oder einer andern Kirche etwas gefunden haben, was dem allmächtigen Gott besonders gefallen kann, so ist es mir recht; wähle sorgfältig aus und führe in der englischen Kirche, welche erst neubegründet im Glauben ist, das Beste ein, was Du von vielen Kirchen zusammenbringen konntest. Denn wir sollen eine Sache nicht wegen des Ortes, sondern die Orte wegen der Sache lieben.

> Wähle also von den einzelnen Kirchen dasjenige aus, was fromm, gottesfürchtig und ordnungsgemäß ist, bringe es in ein Buch und hinterlege es in den Herzen der Engländer zur bleibenden Gewohnheit.[14]

Der musikalische Austausch zwischen Rom und Franken

Ende des 8. Jahrhunderts kam es zu einer politisch motivierten Entente zwischen dem römischen Papst und dem Geschlecht, das inzwischen weite Teile Frankens und Germaniens beherrschte: den Karolingern. Dieses Bündnis sollte seinen kulturellen bzw. kultischen Ausdruck finden: Die Karolinger – vor allem Pippin und sein Sohn Karl (der Große) – setzten ein gewaltiges Austauschprogramm ins Werk, das sich auch auf die Feier des Gottesdienstes bezog: Er sollte in allem – Text, Ritus und Gesang – bis ins Detail „römisch" sein, d. h. so gefeiert werden, wie der Papst dies in Rom tat. Welche teils skurrilen Ergebnisse diese Treue in der Übertragung römischer liturgischer Verhältnisse auf Franken hervorbrachte, zeigt folgende kleine Begebenheit: In Rom war es üblich, dass der Papst die sonn- und festtäglichen Gottesdienste nach einem festgelegten Plan in den zahlreichen römischen Stadtkirchen feierte (Stationsgottesdienste). So wurden z. B. die drei Gottesdienste an Weihnachten auf die Basiliken Santa Maria Maggiore (*Missa in nocte*, lat.: Messe in der Nacht, „Christmette") und San Pietro (*Missa in die*, lat.: Messe am Tag, „Hochamt") sowie auf die Kirche am Hofe des kaiserlichen Gesandten von Byzanz, Santa Anastasia (*Missa in aurora*, lat.: Messe im Morgengrauen, „Hirtenmesse") verteilt. Diese Ordnung fand unverändert Eingang auch in die fränkischen Messbücher – obwohl vor Ort weder mehrere Kirchen noch überhaupt Kirchbauten dieses Namens vorhanden waren, in denen ein Bischof oder Abt zelebrieren bzw. zwischen denen er hätte wechseln können.

Für alles, was man aufschreiben konnte (biblische und liturgische Texte), kamen Bücher nach Franken. Rasch wurde dabei schon deutlich, dass hier die in Franken gewünschten grammatikalischen und inhaltlichen Standards durch diese römischen Bücher nicht eingehalten wurden: Die biblischen Texte waren teilweise fehlerhaft – wie auch die liturgischen, die dazu noch unvollständig überliefert wurden.

Als besonders problematisch gestaltete sich die verordnete Übernahme der Gesänge; in Franken gab es seit Langem bereits ein liturgiemusikalisches Repertoire (altgallikanisch), das nun zugunsten des altrömischen verdrängt werden sollte – so war es der Wunsch des Königs und auch der des Papstes. Es kamen „lebendige" Gesangbücher – Kantoren – aus Rom, um in Franken die Gesänge zu implementieren. Die Übernahme konnte jedoch nicht funktionieren! Zu tief waren die vorhandenen altgallikanischen Gesänge verwurzelt und mit ihnen das musikalische Idiom. Die Repertoires überlagerten sich, und so bildete sich ein Mischprodukt heraus, das wohl überwiegend vom altgallikanischen Choral und nur sehr wenig von seinem altrömischen Pendant geprägt war.

Die so entstandenen Abweichungen traten rasch zu Tage und wurden auch als solche wahrgenommen. Beide Seiten

– Franken und Römer – unterstellten sich im Laufe der folgenden Jahrzehnte mehrfach gegenseitig entweder „kulturelle Barbarei“ (so die Römer über die Franken) oder charakterliche Schwäche und Boshaftigkeit, um durch bewusst falsches Vorsingen die Einheit zwischen Franken und Rom unmöglich zu machen (so die Franken über die Römer). So unterhaltsam auch die gegenseitigen Unterstellungen heute noch zu lesen sind – im Kern gehen alle an der wirklichen Ursache vorbei. Es handelte sich weder um kulturelle Minderbegabung noch um klerikale Charakterschwäche, sondern wohl eher um einen unvermeidlichen „Crash“ der Kulturen, mit dem die mediterrane Ästhetik hinsichtlich Stimme, Tongebung und Melodiebildung (Mikrotonschritte, Verzierungen, Portamenti etc.) auf eine diesseits der Alpen beheimatete Vorstellung von Singen und Klingen stieß.[15] Nicht Boshaftigkeit und mangelnde Kultur führten dazu, dass das altrömische Repertoire schließlich nicht in Franken implementiert werden konnte: Es war schlicht und einfach die umfassende Erfahrung einer kulturellen Alterität: „Man braucht den Gregorianischen Gesang gar nicht für ‚orientalisch‘ zu halten, um sich vorzustellen, dass römische Musik, römisches Musikhören und -empfinden von dem der Franken sehr verschieden gewesen sein muss. Man denke nur daran, wie fremd uns noch heute, nach einigen Jahrhunderten abendländischer Musikgeschichte, bodenständige Musik selbst anderer europäischer Völker mitunter ist und wie schwer es sogar dem Geübten fällt, Musik aus anderen Kulturkreisen richtig aufzufassen und aufs Papier zu bringen, vom Nachsingen ganz zu schweigen.“[16]

Irgendwann war es jedoch notwendig, den Streit um den „wahren und echten römischen Gesang" zu entscheiden, und nun kommen wir zu dem eingangs vorgestellten Bild mit Papst Gregor und der Taube zurück.

Auch in Franken war die Legende von der Schaffung der Gesänge durch Inspiration des Heiligen Geistes bekannt und verbreitet. Diese Geschichte wurde nun aufgegriffen und erweitert: Schaut man das obige Bild genauer an, so sieht man, dass der schreibende Diakon/Mönch auf seiner Wachstafel mit dem Griffel keine Buchstaben notiert, sondern musikalische Zeichen. Es handelt sich um Neumen, die sich in der Folgezeit entwickelt und in der heutigen Schweiz sowie in Süddeutschland beheimatet haben: die sog. St. Galler Notation.

Die Botschaft des Bildes, das um das Jahr 1000 entstanden ist, ist somit klar; es will sagen: Was wir hier in St. Gallen und Umgebung niedergeschrieben haben und als Gesangsrepertoire praktizieren, ist genau jenes, was der heilige Papst Gregor – die höchste liturgiemusikalische Autorität der Spätantike und des Mittelalters – durch Inspiration des Heiligen Geistes empfangen hat. Aus der Legende wurde auf diese Weise eine gesetzte Tatsache.

De facto ist aber der Gregorianische Choral (zumindest was ein Großteil des Proprium missae betrifft) in Franken zwischen den Jahren 760 (kurze Zeit nach der ersten offiziellen Begegnung zwischen Frankenkönig und Papst) und 789 entstanden.[17]

Ein Blick in die damalige Praxis: Die Institutio canonicorum der Synode von Aachen (816)

Die Akten der Synode von 816,[18] die Ludwig der Fromme bereits zwei Jahre nach dem Tod seines Vaters Karl einberufen hatte, können als erstes ausführliches Dokument gelten, in dem der liturgische Gesang als musikalische Aufgabe des Klerus reflektiert wurde.[19] Die Kapitel 114 bis 145 bilden eine Kanonikerregel, in der die Musik als Teil des Stundengebets thematisiert wird. Mit Rekurs auf die Klosterregel des hl. Benedikt (Regula Benedicti) wird hier vom Klerus verlangt, „dass Herz und Stimme zusammenklingen sollen …" (*mens concordare debet cum voce*). In Kapitel 133 werden musikalische Anforderungen an den Klerus formuliert: Die Geistlichen sollen nicht stolz, sondern demütig die Texte vortragen, aber mit der Milde des Vortrags beim Lesen und Singen zur geistlichen Auferbauung der Hörenden beitragen. Die Einstellung zur Musik ist grundsätzlich positiv: Nicht nur die Erhabenheit der Worte, sondern auch die Süßigkeit des Klangs darf, ja soll die Zuhörer erheben. Ein darauffolgendes Zitat von Isidor von Sevilla vertieft eindrücklich, wie hoch der Wert des Gesangs in der karolingischen Liturgie eingeschätzt wurde:

> Der Kantor soll, wie uns von den heiligen Vätern überliefert ist, in Betracht seiner Stimme wie seiner Kunst ausgezeichnet und berühmt sein. Die Kantoren sollen ob der ihnen verliehenen Gabe nicht hochmütig, sondern bescheiden gegenüber ihren Mitbrüdern sein. Es kommt ihnen zu, je nach der Zahl der Kleriker, dem

Grad des Festes und den zeitlichen Gegebenheiten den Gesang auszudehnen und die Stimmen der anderen zu leiten. Sie sollen den Klang der Vokale deutlich und zierlich hervorbringen. Die in dieser Kunst weniger erfahren sind, sollen besser schweigen, bis sie es gelernt haben. Die Psalmen sollen sie nicht hastig und mit starker und ungezügelter Stimme, sondern schlicht und deutlich und mit zerknirschtem Herzen rezitieren, auf daß das Herz der Singenden genährt und den Ohren der Zuhörenden geschmeichelt werde. Denn wenn man auch andere Gesänge des Gottesdienstes mit erhobener Stimme vortrage, so sei doch bei der Psalmodie die Stimme zurückzuhalten. Man solle Sorge tragen, daß einige ältere, lebenserfahrene Brüder abwechselnd am Unterricht des Kantors teilnehmen, damit diejenigen, die lernen sollten, nicht schwänzen oder schwatzen. Kantoren, die sich weigern, das ihnen von Gott Geschenkte weiterzugeben, sollen streng bestraft werden.[20]

IV. Verschriftung des Gregorianischen Chorals

Gesprochenes und geschriebenes Wort

Kurze Zeit nach der Entstehung des Gregorianischen Chorals beginnt seine schriftliche Fixierung, die zuerst jedoch nicht die Melodien umfasst, sondern nur den Text. Von Anfang gilt dieser als das Wesentliche an den Gesängen; deswegen wird er als erstes in liturgischer Ordnung aufgeschrieben. Nicht etwa, dass man Melodien zu dieser Zeit nicht hätte aufschreiben können: Bereits die frühesten musiktheoretischen Schriften der karolingischen Zeit wiesen Wege hierzu!

Wenn man in der Frühzeit der Überlieferung des Gregorianischen Chorals keine Notenschrift zur Fixierung von Musik finden kann, dann wohl vor allem deswegen, weil man von einer Tradierung *par cœur* (auswendig) auszugehen hat: Die Gesänge wurden in einem auf viele Jahre angelegten Lernprozess des Vor- und Nachsingens mündlich weitergegeben. Hierbei ging es nicht um einen rein disziplinarischen Akt des Auswendiglernens, sondern um die Verwirklichung eines theologischen Ansatzes, durch den seit frühchristlicher Zeit dem Wort eine zentrale Rolle zugewiesen wird – bis hin zum Gedanken der besonderen

Verinnerlichung des Wortes im Sinne einer bleibenden Inkarnation.

Es spiegelt sich hier etwas wider, das im Französischen („par cœur“) bzw. im Englischen („by heart“) besser ausgedrückt ist, als es mit dem deutschen Wort „auswendig“ geschehen kann: Die heiligen Worte sollten dem betenden Menschen im wahrsten Sinne „in Fleisch und Blut“ übergehen; sie sollten seine Lebensgrundlage, die Basis seiner leiblichen und geistlichen Existenz sein.[21]

Noch in der christlichen Spätantike verdichtete sich dieses Konzept der auf das Wort bezogenen „Inkarnation“ in der monastischen Spiritualität der Wüstenväter. Diese waren Männer, die zumeist alleine lebten und sich durch Feldarbeit einen kargen Existenzunterhalt sicherten. Nicht wenige hatten einen Schüler, der sich eine Zeit lang zu ihnen gesellte und das tägliche Leben mit ihnen teilte.

Ein wichtiger Aspekt ihrer Ausbildung war eine spezielle Form der Meditation. Des Morgens kam der Schüler zum Meister und sagte: „Vater, gib mir ein Wort des Lebens!“ Und der Meister nannte ihm ein Wort, maximal einen Halbsatz aus der Heiligen Schrift. Die Meditation bestand nun darin, dieses Wort oder diesen Halbsatz den ganzen Tag über zu murmeln und zu bedenken. Wichtig war: nicht schweigend bedenken, sondern halblaut sprechend und immer wiederholend, bis sich nach langen Stunden im physischen „Zerkauen“ dieses Wortes der geistliche Nährwert erschloss. Von der Kuh, die ihre Speise herunterschluckt, um sie wieder aufzustoßen und erneut durchzukauen, hatte dieser Vorgang seinen Namen: *ruminari* – wiederkäuen. Er bezeichnet eine intensivste Inkarnation des heiligen Wortes, das im ständigen Wiederholen dem Betenden physisch und spirituell in Fleisch und Blut übergeht. Zugleich erhielt das Wort durch das ständige Aussprechen (die Tongebung) einen Klangleib, eine konkrete hörbare Gestalt. Das Wort wurde Fleisch!

Omne verbum sonat. Cum enim est in scripto, non verbum, sed verbi signum est; quippe inspectis a legente litteris occurrit animo, quod voce prorumpat.[22] (Jedes Wort klingt. Wenn es nämlich in Schriftform ist, ist es kein Wort, sondern nur ein Zeichen für ein Wort. Und so sieht der Lesende, sobald er die Buchstaben erblickt, im Geiste das, was mit der Stimme hervortreten soll.)

Dieser Satz des heiligen Augustinus (354–430) fasst die antike christliche Auffassung vom erklingenden Wort auf großartige Weise zusammen. Nur das Wort, das man hören kann (weil es erklingt), ist im Vollsinne „Wort" – ein geschriebenes Wort ist nur ein Symbol für das erklingende und kann es nie ersetzen, weil nur die akustische Dimension eine aktuelle und vom menschlichen Atem getragene Verleiblichung (Inkarnation) bedingt.

In diesem Zusammenhang sei ein kurzer Vorgriff auf die Verschriftung der Musik erlaubt, die bezogen auf den Gregorianischen Choral ca. 70 Jahre später einsetzte: Ab ca. 880 nachweislich (möglicherweise jedoch auch schon früher) sind eigenständige musikalische Notationen greifbar, die sich sogleich in einer großen Vielfalt verbreiten, jedoch eines gemeinsam haben: Sie alle sind mnemotechnisch ausgerichtet, setzen also nach wie vor das auswendige Beherrschen (bzw. das einmal Auswendiggelernthaben) der Melodien voraus. Sie helfen auf dem

Wege der Erinnerung nur dem, der die Gesänge kennt – die Niederschrift der Melodie ist also allerhöchstens Gedächtnisstütze. Die ersten und für die Interpretation des Gregorianischen Chorals besonders wichtigen Handschriften setzen also das Prinzip „hören – verinnerlichen/Fleisch werden lassen – wiedergeben" voraus. Erst um das Jahr 1030 wird ein Paradigmenwechsel einsetzen: Mit der durch Guido von Arezzo entwickelten Notationsweise wird es möglich sein, unbekannte und neue Gesänge allein aus der Niederschrift zu erlernen, ohne sie vorher einmal gehört zu haben.

Die Niederschrift der Texte

Bereits kurz nach der „Admonitio generalis" Karls des Großen 789 entstanden die ersten Messtextsammlungen (Antiphonarien; sie werden auch als „Cantatorium"/Gesangbuch oder „Graduale" bezeichnet), in denen die Texte der Gesänge und gelegentlich auch die Tonarten, in denen sie stehen, in liturgischer Reihenfolge niedergeschrieben wurden. Die sechs wichtigsten dieser Bücher sind von René-Jean Hesbert 1935 in einem Buch synoptisch aufbereitet worden,[23] um auf diese Weise die erstaunliche Stabilität zu dokumentieren, die hinsichtlich der Verbreitung der gregorianischen Gesänge für die Zeit von ca. 800–ca. 880 nachweisbar ist – und das auch noch über einen größeren Raum hinweg.

MODŒTIENSIS	RHENAUGIENSIS	BLANDINIENSIS
FERIA II.	FERIA II. (pag. 14)	FERIA II AD SANCTOS NEREUM (fol. 101v) ET ACHILLEUM.
	ANT. Judica me Domine nocentes me expugna. PSALM. ipso.	ANT. Judica Domine nocentes me PSALM. ipso.
RESP. GRAD. Exurge Domine et intende judicio meo. (fol. 9) Deus meus et Dominus meus in causa mea. ℣. Effunde framea.	GRAD. Exsurge & intende. ℣. Effunde framea & conclude.	RESP. GRAD. Exsurge Domine & intende judicium meum. ℣. Effunde framea
	OFF. Eripe me de inimicis meis.	OFF. Eripe me de inimicis meis doce me facere voluntatem tuam. ℣. Exaudi me in tua justicia.
	AD COM. Erubescant & conturbentur.	AD COM. Erubescant & revereantur simul qui gratulantur malis meis induantur pudore & reverentia qui maligna loquuntur super me. PSALM. XXXIIII.
FERIA III.	FERIA III.	FERIA III AD SANCTAM PRISCAM.
	ANT. Nos. autem gloriari oportet in cruce Domini nostri Ihesu Christi [1] in quo. PSALM. Deus misereatur nostri.	ANT. Nobis autem gloriari oportet in crucem Domini nostri Ihesu Christi [1] in quo & salus vita est resurrectio nostra per quem salvati & liberati sumus. PSALM. Deus me(us) [2].
RESP. GRAD. Ego autem dum mihi molesti essent. ℣. Judica Domine nocentes me.	GRAD. Ego autem dum mihi molesti essent induebam me ciliciae & humiliabam. ℣. Judica me Domine.	RESP. GRAD. Ego autem dum mihi molesti essent induebar cilicio. ℣. Judica Domine noc(en)tes [2] me.
	OFF. Custodi me Domine de manu.	OFF. Custodi me Domine de manu peccatoris. ℣. Dixi Domino Deus meus es tu.
	AD COM. Nos autem gloriari oportet in cruce Domini nostri Ihesu Christi [1].	AD COM. Nos autem gloriare oportit. PSALM. ut supra. ITEM ALIA. Adversum me exercebantur qui sedebant in porta & in me psallebant qui bibebant vinum ego vero orationem meam ad te Domine. PSALM. LXVII [3]
	(1) ms. : xpi.	(1) ms. : xpi. (2) Trou dans le ms. (3) Il faudrait : LXVIII.

Abb. 3: Antiphonale Missarum Sextuplex – die ältesten Texthandschriften

COMPENDIENSIS	(K) CORBIENSIS	SILVANECTENSIS
FERIA. II^{a}. STATIO AD SANCTOS NEREUM ET ACHILLEUM.	FERIA II. STATIO AD SANCTOS NEREUM ET ACHILLEUM. [CAP.] LXXIIII.	FERIA II. STATIO AD SANCTUM NEREUM ET ACHILLEUM.
ANT. Judica Domine nocentes me expugna inpugnantes me adprehende arma et scutum et exsurge in adjutorium meum Domine virtus salutis meae. PSALM. ipsum.	ANT. (Plagis Deuteri.) Judica Domine nocentes me expugna inpugnantes me adprehende arma & scutum & exurge in adjutorium meum Domine virtus salutis meę. PSALM. Effunde frameam.	[ANT.] Judica Domine nocentes me. PSALM. Effunde framea.
RESP. GRAD. Exsurge Domine et intende judicium meum Deus meus et Dominus meus in causam meam. ℣. Effunde framea et conclude adversus eos qui me persecuntur.	RESP. GRAD. Exurge Domine & intende judicio meo Deus meus & Dominus meus in causam meam. ℣. Effunde frameam & conclude adversus eos qui me persecuntur.	RESP. GRAD. Exsurge Domine & intende. ℣. Effunde frameam [1].
OFF. Eripe me de inimicis meis Domine ad te confugi doce me facere voluntatem tuam quia Deus meus es tu. ℣. I. Exaudi me in tua justitia et ne intres in judicio cum servo tuo Domine.	OFF. Eripe me de inimicis meis Domine ad te confugi doce me facere voluntatem tuam quia Deus meus es tu.	OFF. Eripe me de inimicis meis. ℣. I. Exaudi me in tua justitia.
COM. Erubescant et revereantur simul qui gratulantur malis meis induantur pudore et reverentia qui maligna locuntur super me. PSALM. Judica Domine nocentes.	COM. (Auhenticus Tetrardus.) Erubescant & revereantur simul qui gratulantur malis meis induantur pudore & reverentia qui maligna locuntur adversum me.	COM. Erubescant & revereantur. PSALM. Judica Domine.
FERIA. III^{a}. AD SANCTAM PRISCAM.	FERIA III. [CAP.] LXXV.	FERIA III^{a}. STATIO AD SANCTAM PRISCAM.
ANT. Nobis autem gloriari oportet in cruce Domini nostri Ihesu Christi [1] in quo et salus vita et resurrectio nostra per quem salvati et liberati sumus. PSALM. Deus misereatur nostri.	ANT. (Plagis Deuteri.) Nos autem gloriari oportet in cruce Domini nostri Ihesu Christi [1] in quo est salus vita & resurrectio nostra per quem salvati & liberati sumus. PSALM. Deus misereatur nostri.	[ANT.] Nos autem gloriari oportet. PSALM. Deus misereatur nostri.
RESP. GRAD. Ego autem dum mihi molesti essent induebant me cilicio et humiliabam in jejunio animam meam et oratio mea in sinu meo convertetur. ℣. Judica Domine nocentes me expugna inpugnantes me adprehende arma et scutum et exsurge in adjutorium mihi.	RESP. GRAD. Ego autem dum mihi molesti essent induebam me cilicio & humiliabam in jejunio animam meam & oratio mea in sinum meum [2] convertetur. ℣. Judica Domine nocentes me expugna inpugnantes me apprehende arma & scutum & exurge in adjutorium mihi.	RESP. GRAD. Ego autem cum mihi molesti essent. ℣. Judica Domine nocentes me.
OFF. Custodi me Domine de manu peccatoris et ab hominibus iniquis eripe me. ℣. I. Eripe me ab homine malo a viro iniquo libera me. ℣. II. Qui cogitaverunt subplantare gressus meos absconderunt superbi laquęum mihi.	OFF. Custodi me [3] Domine de manu peccatoris & ab hominibus iniquis eripe me Domine.	OFF. Custodi me Domine de manu peccatoris. ℣. I. Eripe me Domine ab omine malo. ℣. II. Quia cogitaverunt. ℣. III. Dixit Domino Deus meus es tu.
COM. Adversum me exercebantur qui sedebant in porta et in me psallebant qui bibebant vinum ego vero orationem meam ad te Domine. PSALM. Salvum me fac Deus. AD REPET. Obscurentur. (fol. 17)	COM. (Authenticus Tritus.) Adversum me exercebantur qui sedebant in porta & in me psallebant qui bibebant vinum ego vero orationem meam ad te Domine tempus beneplaciti Deus in multitudine misericordie tuę.	COM. Adversum me exercebantur. PSALM. Salvum me fac Deus.
(1) ms. : xp̄i	(1) ms. : xp̄i. (2) ms. : meo, corrigé en : meū (1re main). (3) ms. : me me.	(1) ms. : frāmeā.

Die einzelnen Textquellen sind:

- **M:** das Cantatorium von Monza, geschrieben um 830;
- **R:** das Graduale von Rheinau, geschrieben um 800;
- **B:** das Graduale von Mont-Blandin – das älteste Buch in dieser Zusammenstellung, es wurde um 790/800 geschrieben;
- **C:** das Graduale von Compiègne, geschrieben um 850;[24]
- **K:** das Graduale von Corbie, geschrieben nach 853, und
- **S:** das Graduale von Senlis, geschrieben um 880.

Innerhalb einiger Jahrzehnte ist also gewährleistet, dass die Gesänge in weitgehend gleicher Reihenfolge und gleicher Textform fast flächendeckend im Bereich des christlichen Europa verbreitet sind. Jedoch: Die Einheitlichkeit ist zwar deutlich, erreicht aber keine 100 Prozent! Immer wieder ist festzustellen, dass Elemente fehlen oder zusätzliches Eigengut vertreten ist. Diese Feststellung wird später auch noch mit Blick auf die Melodien wichtig werden.

Ein derart umfassender kultureller Umbau ist nicht denkbar ohne ein hochwirksames Instrumentarium und ein passendes Rahmenprogramm: die karolingische „renovatio".

Karl der Große versammelte an seinem Hof ab dem letzten Viertel des 8. Jahrhunderts zahlreiche Gelehrte aus ganz Europa (so z. B. Alkuin, Paulus Diaconus und Theodulf von Orléans), die gewährleisteten, dass die Bildung, die für einen derart großen kulturellen Umschwung vonnöten war, in höchster Qualität an der Aachener Hofschule gebündelt wurde.

Einzelne Elemente dieses Programms waren u. a.:

- die Gründung und umfangreiche Ausstattung einer Hofbibliothek, in der sich alle erreichbaren Werke der Kirchenväter (besonders des Augustinus und Gregors des Großen), aber auch Bücher der säkularen antiken Schriftsteller befanden;[25]
- die Vereinheitlichung der Schrift; zu diesem Zweck wurde eine neue Standardschrift entwickelt (die karolingische Minuskel als Kleinbuchstaben – für die Großbuchstaben wurde eine römische Schrift zur Majuskel weiterentwickelt). Diese Standardschrift erlaubte das problemlose Kopieren von Vorlagen und erleichterte die Lektüre;
- die Erarbeitung und Verbreitung qualitativ gesicherter Textfassungen in Modellhandschriften der Bibel (Alkuin legte eine überarbeitete Version der Heiligen Schrift vor) sowie der Messtexte (vor allem der Gebete durch Sammlung in Sakramentaren) bis hin zu einer verbesserten Version der Benediktus-Regel, unter der der Reformabt Benedikt von Aniane (vor 750 – 821) alle Klöster des Frankenreichs in den Benediktinerorden integrierte;
- die Anlage einer Gesetzessammlung mit reichsweit geltenden Vorschriften;
- Bemühungen um eine einheitliche Zeitrechnung innerhalb des fränkischen Reiches (*computus*), so dass man davon ausgehen konnte, dass die liturgischen Feiern des Kirchenjahres reichsweit nicht nur in derselben Form, sondern auch zur selben Zeit begangen wurden.

Wie habe ich geweint unter deinen Hymnen und Gesängen, tief bewegt von dem Wohllaut der Stimmen deiner Kirche. Jene Stimmen, sie fluteten in mein Ohr, und durch sie ward die Wahrheit in mein Herz eingeflößt und fromme Gefühle wallten in ihm auf, die Tränen strömten und mir war so selig in ihnen zumute.

AURELIUS AUGUSTINUS (UM 398)

Nur im Rahmen eines so weitgespannten Programms war es möglich, die annährend einheitliche Verbreitung eines derart umfassenden liturgiemusikalischen Repertoires wie des Gregorianischen Chorals in Angriff zu nehmen. Das organisatorische und geistliche Rückgrat dieses Prozesses war der Benediktinerorden mit seiner liturgischen Prägung und dem Auftrag zur pädagogischen Arbeit.

Erste Handschriften

Für den Versuch, die Melodien des Gregorianischen Chorals niederzuschreiben, entwickelte man ab dem Ende des 9. bzw. Beginn des 10. Jahrhunderts eine Fülle an verschiedenen Zeichen, die in unterschiedlichen Schreibsystematiken geordnet wurden. Grob gesehen, unterscheidet man heute zwei Arten der Verschriftung:

1. Zeitlich zuerst entstehen Handschriften, die das auswendige Beherrschen der zuvor in oraler Tradition erlernten Melodie voraussetzen. Diese Arten der Notation sind rein mnemotechnisch, rufen also etwas Gelerntes assoziativ aus dem Gedächtnis wieder hervor. Man kann aus ihnen nicht eine Melodie erlernen oder wiedergeben, die man zuvor nicht gehört oder anderweitig kennengelernt hat. Da sie die Melodien nicht in Tonschritten auf Linien und Zwischenräumen abbilden, nennt man sie **„adiastematisch"**.[26] Der große Vorteil dieser Notationen ist ihre Fähigkeit, durch eine sehr detaillierte Modifikation der Zeichen feinste rhythmische Nuancierungen zum Ausdruck zu bringen. Um an

einen weiter oben bereits entfalteten Gedanken anzuknüpfen: So, wie das geschriebene Wort nur Zeichen für das vollgültige, nämlich das erklingende Wort ist, so stehen die adiastematischen Neumen für eine bestimmte Betonung des Wortes, die der für den Text gewählten Aussageintention entspricht und sich in der Vertonung niederschlägt.

II. Später entwickelt sich die Notation zur **Diastematie** – d. h.: Die Handschriften benutzen eine Schreibsystematik, die es ihnen erlaubt, die Melodien exakt hinsichtlich der Abfolge von Ganz- und Halbtonschritten zu fixieren, so dass man hieraus auch Gesänge erlernen kann, die man zuvor noch nie gehört oder gesehen hat. Dem Vorteil der eindeutigen Darstellung melodischer Verläufe steht als Nachteil der weitgehende Verlust der Fähigkeit gegenüber, den nuancierten Rhythmus abzubilden.

III. Dieses Buch konzentriert sich auf zwei adiastematische Handschriften, und zwar die wichtigsten: Da ist zum einen die *St. Galler Notation* (benannt nach dem Kloster St. Gallen in der Schweiz); sie ist in zahllosen Codices zwischen dem Beginn des 10. Jahrhunderts und dem 15. Jahrhundert zu finden. Zum anderen gilt die Aufmerksamkeit der *Metzer (oder lothringischen) Notation*, von der es mit Blick auf die Messgesänge nur einen relevanten Codex gibt (Stadtbibliothek Laon, Codex 239).[27]

Die St. Galler Notation

Hier handelt es sich um eine Akzentnotation, d. h. die aus der antiken Vortragslehre (Prosodie) stammenden Hilfszeichen z. B. für das Heben (Hochton, *accentus acutus* ´) und Senken der Stimme (Tiefton, *accentus gravis* `) stehen für Töne innerhalb einer Melodie und können zu Tonfolgen zusammengesetzt werden.

Ein Hochton und ein Tiefton über einer Silbe /\ werden so zur Clivis Λ in der St. Galler Handschrift /|.

Ein Tiefton und ein Hochton über einer Silbe \/ werden zum Pes[28] ✓ in der St. Galler Notation ✓.

Die Dreitonfolge Tiefton – Hochton – Tiefton heißt Torculus \/\, er sieht in der St. Galler Notation so aus ∫|.

Dieses System lässt sich beliebig erweitern, so dass für alle Melodiefolgen Zeichen zur Verfügung stehen.

An der St. Galler Notation kann man wohl am Besten zeigen, warum die handschriftlichen Zeichen für die gregorianischen Melodien seit dem frühen Mittelalter bereits als Neumen bezeichnet werden. Das griechische Wort *neuma* bedeutet soviel wie „der Wink" oder „die Geste". Möglicherweise ist an dieser Nomenklatur abzulesen, dass man schon früh den Gregorianischen Choral durch eine Art gestische Singleitung führte, indem man die Neumen in die Luft zeichnete und die Gesänge so der Schola oder dem Konvent wieder in die Erinnerung zurückrief. Was lag näher, als diese Gesten und Zeichen zur Grundlage einer Schrift zu machen, mit der die Melodien fixiert und memoriert werden konnten?

Das auf Pergament gemalte Dirigierzeichen hat jedoch einen gewichtigen Nachteil gegenüber dem in die Luft gezeichneten: Die Dimension „Zeit“ geht verloren! Man sieht dem geschriebenen Zeichen im Nachhinein nicht mehr an, in welchem Tempo die Hand einmal den Gesang geführt hat. So muss denn das geschriebene Zeichen modifiziert werden, damit im Lesen sofort klar wird: Was steht für eine beschleunigte und was für eine verlangsamte Singweise, und welche Zeichen meinen ein normal durchschnittliches Tempo?[29]

Zur Modifikation der Zeichen stehen – grob gesehen – drei Möglichkeiten zur Verfügung:

a. Das Zeichen selber kann verändert werden. Wird aus dem runden (kurrenten) Pes ein eckiger , so bezeichnet dies die Nichtkurrenz der Neume – der Pes wird verlangsamt gesungen. Dasselbe gilt für den kurrenten Torculus , dessen nicht kurrentes Pendant so aussieht. Die agogische Verlangsamung des Tempos erklärt sich hier schon alleine durch die Veränderung des Schreibflusses (rund in eckig oder Drehung des Zeichens um 90°) – was jedem sofort einleuchtet, der dies einmal mit einem Federkiel ausprobiert.
b. Dem Zeichen wird etwas hinzugefügt – so macht die Hinzuzeichnung eines Episems (griech.: das „Daraufgesetzte“) eine Neume nicht kurrent: Ein normalwertiger Einzelton wird durch ein Episem zum nicht kurren-

ten. Erhält eine normalwertige Clivis ꟷ ein Episem ꟷ, dann wird sie hierdurch nicht kurrent.

c. Hinzugefügt werden können auch rhythmisch spezifizierende Buchstaben. Diese sind als „Romanus-Buchstaben" oder *litterae significativae* (lat.: bezeichnende Buchstaben) bereits seit dem Frühmittelalter bekannt und werden u. a. in einem fiktiven Brief ausführlich beschrieben.[30] Hier sind vor allem „c" (*celeriter*, lat.: rasch), „t" (*tenete/tenere*, lat.: haltet an, anhalten), „st" (*statim/strictim*, lat.: sofort anschließen) und „x" (*expectare*, lat.: warten) zu nennen.

Diese wenigen Hinweise reichen bereits aus, um zu verdeutlichen, welche Informationen aus der Neumenschrift herauszulesen sind, welche Betonungen also den Schreibern damals wichtig waren, so dass sie diese mittels der Neumen entsprechend kodifizierten. Die z. T. sehr differenzierten agogischen Hinweise sind nicht primär auf die Musik bezogen, sondern auf das Erklingen des Textes; mit ihnen wird verdeutlicht, welche Worte also im Zentrum der Aussage stehen und welche nachgeordnet sind. Dabei kann es – je nach Kontext – zu sehr unterschiedlichen Betonungen innerhalb ein und desselben Satzes kommen.

Bevor wir einige Beispiele aus dem Repertoire des Gregorianischen Chorals studieren, soll das Prinzip an deutschen Texten verdeutlicht werden. Der folgende Satz hat einen klaren Sinnakzent:

/

Ihr werdet in eurem schweren Leiden Trost erlangen!

Dieser Sinnakzent kann noch verstärkt werden, wenn er durch eine Verlangsamung der vorausgehenden Wörter vorbereitet wird:

/
Ihr werdet in eurem **schweren Leiden** Trost erlangen!

Die verbleibenden Silben/Wörter sind kurz und fließend zu halten; sie strömen auf den Betonungsakzent zu. Es sei denn, aus dem Kontext heraus ergibt sich die Notwendigkeit, eine weitere Betonung einzusetzen, z. B. wenn es um einen Gegensatz zwischen Menschen geht, die – aus welchen Gründen auch immer – ungetröstet bleiben werden, während hingegen den direkten Adressaten des Gesangs eine tröstliche Verheißung zuteilwird; dann jedoch wird sich womöglich auch am Ende des Textes der Betonungsakzent auf „erlangen“ verschieben. Denn es ist im Gegensatz zu den Ungetrösteten nicht mehr der Trost wichtig, sondern dass ihn die Angesprochenen wirklich erhalten werden:

(Jene bleiben ungetröstet):
/ /
Ihr werdet in eurem schweren Leiden Trost erlangen!
(Die anderen jedoch nicht ...)

Und vielleicht ein letztes kleines Beispiel noch, das ebenfalls die Funktion von Neumen zeigt: Mit ihnen kann ein Text artikuliert, also sinnvoll gegliedert werden – eine Funktion, die in der modernen Grammatik die Satzzeichen übernehmen.

Hierzu ein inzwischen schon prominentes Beispiel aus dem Bereich der Lektorenschulungen: „Gott aber hat ihn am dritten Tag auferweckt und hat ihn erscheinen lassen, zwar nicht dem ganzen Volk, wohl aber den von Gott vorherbestimmten Zeugen: uns, die wir mit ihm nach seiner Auferstehung von den Toten gegessen und getrunken haben." (Apg 10,40 f.) Wer als Lektorin oder Lektor unvorbereitet in diesen langen Satz hineinstolpert, macht gerne eine Pause nach dem Wort „Auferstehung" – was zu geradezu kannibalischen Sinnverschiebungen führt. Würde es sich um eine gregorianische Antiphon mit Neumennotation handeln, so stünden vielleicht zwei kleine Zeichen da:

> „... uns, die wir mit ihm nach seiner Auferstehung st
> von den Toten ^{x} gegessen und getrunken haben."

Um eine unliebsame Sinnentstellung zu vermeiden, müssen die Worte „Auferstehung von den Toten" zusammengenommen werden – daher nach „Auferstehung" ein „st" (*statim*, lat.: sofort weiter). Zur Absicherung der richtigen sinnvollen Artikulation kann dann nach „Toten" ein „x" (*expectare*, lat.: warten) stehen.

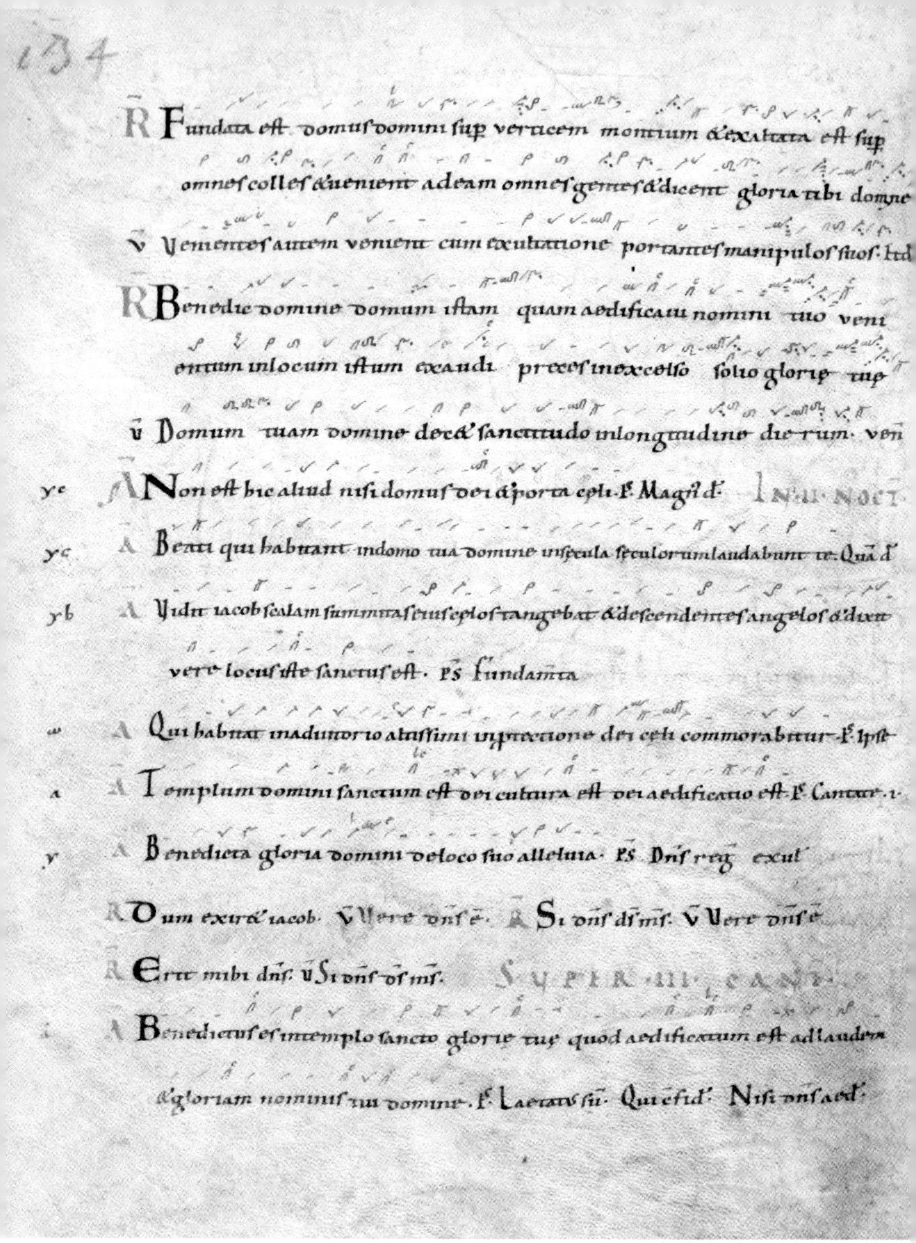

Abb. 4: Codex 390/1 der Stiftsbibliothek von St. Gallen („Antiphonar des Hartker“)

Abb. 4 stammt aus einer der prominentesten Handschriften der Stiftsbibliothek von St. Gallen: Die Codices 390 und 391 bilden zusammen das Antiphonar des Hartker – eine um das Jahr 1000 entstandene Stundengebetshandschrift.[31]

Einige Antiphonen aus den Gesängen zum Fest der Kirchweih („In dedicatione ecclesiae") seien herausgegriffen: Das Prinzip der *Ver*tonung als Niederschlag einer *Be*tonung des Textes ist auch in diesen lateinischen Beispielen sehr gut nachzuvollziehen. Die Analyse braucht die Kenntnis des melodischen Verlaufs nicht – allein die agogisch wirksamen Neumen sind schon deutlich genug.[32]

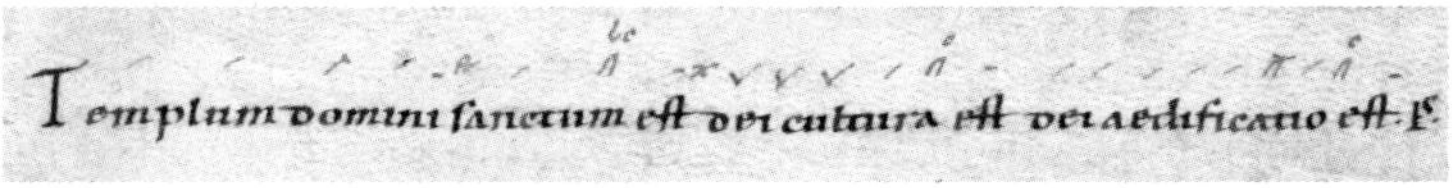

Abb. 5: Antiphon „Templum Domini"

Der Text lautet: *Templum domini sanctum est dei cultura est dei aedificatio est.* (Der Tempel des Herrn ist heilig – er ist Gottes Pflanzung – er ist Gottes Bauwerk.)

Die Zusatzzeichen und Buchstaben helfen, die Gliederung des Textes richtig zu erfassen: der erste sinntragende Akzent „**do**mini" wird durch eine Neume mit einem Episem gekennzeichnet. Um die dreimal mit einem *est* endenden Satzteile inhaltlich richtig zuzuordnen, steht nach „domini" ein „st" (*statim, lat.:* sofort weiter) und nach „sanctum est" ein „x" (*expectare*, lat.: warten). Damit ist die grammatikalisch exakte und inhaltlich sinnvolle Zuordnung eindeutig geregelt.

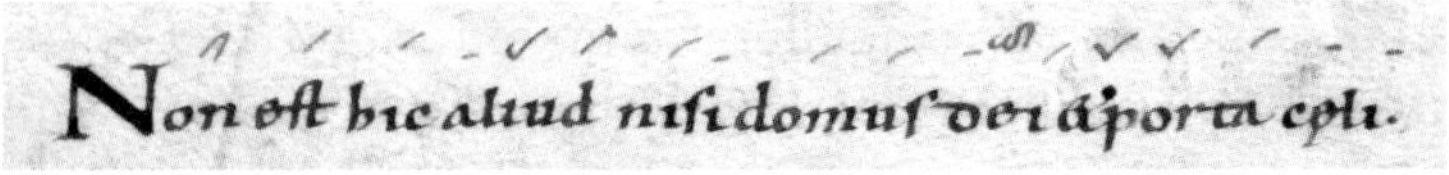

Abb. 6: Antiphon „Non est hic aliud“

Der Text lautet hier: *Non est hic aliud nisi domus dei & porta c(a)eli* (Nichts anderes ist hier als das Haus Gottes und die Pforte des Himmels.)

Ein Zeichen springt sofort ins Auge: Auf der Endsilbe des Wortes *aliud* steht eine Neume mit einem Episem – dieser Ton ist also nicht kurrent. Für eine normalerweise agogisch leichte Endsilbe, mit der sich ein Wort entspannt, ist dies bemerkenswert: Offensichtlich soll die Spannung eben nicht abgebaut, sondern gehalten werden! Der Grund erhellt sich aus dem inhaltlichen Kontext der Bibelstelle (Gen 28,17): Jakob träumt in der Wüste eine große Theophanie mit der Verheißung zahlreicher Nachkommenschaft. Als er erwacht, liegt sein Kopf auf einem Stein, und um ihn herum ist nichts als Öde und Wüstenei. Und doch wird Jakob diesen Ort *Bet-El* (Haus Gottes) nennen, denn die Verheißung sichert ihm und Israel Nachkommenschaft und Überleben.

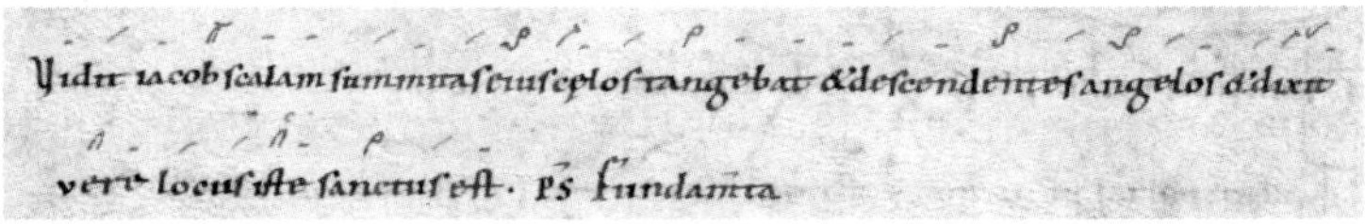

Abb. 7: Antiphon „Vidit Iacob“

Der Text lautet: *Vidit iacob scalam summitas eius c(a)elos tangebat & descendentes angelos & dixit vere locus iste sanctus est.* (Jakob sah die Leiter, die mit ihrer Spitze den Himmel berührte und herabsteigende Engel – und er sprach: Wahrhaftig, dieser Ort ist heilig!)

Durch die nicht kurrente Neume auf „ia*cob*" wird dem Wortakzent entsprochen, denn hebräische Namen sind in der Regel endbetont. Wieder macht die nicht kurrente Neume auf „*eius*" darauf aufmerksam, dass die Sinnspitze der Aussage nun direkt bevorsteht: Die Leiter ist so hoch, dass sie (sogar) *den Himmel* berührt! So können die Engel auf ihr niedersteigen – ein wahrhaft heiliger Ort!

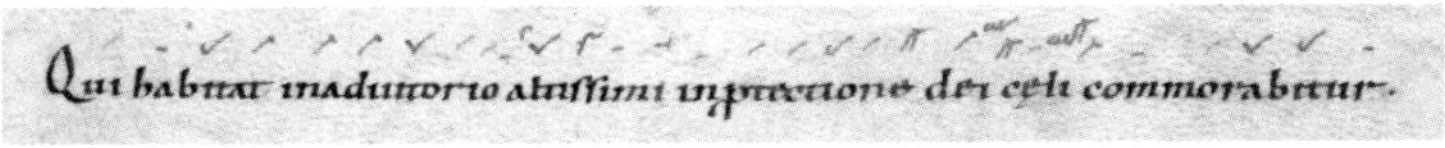

Abb. 8: Antiphon „Qui habitat"

Hier lautet der Text: *Qui habitat in adiutorio altissimi in p(ro)tectione dei c(a)eli commorabitur*. (Wer in der Hilfe des Höchsten wohnt, bleibt im Schutz des Gottes der Himmel.)

Textlich geschieht hier Erstaunliches: Die beiden ersten Zeilen des Psalms 91 sind eigentlich eine inhaltliche Disposition für den folgenden Vers: „Wer im Schutz des Höchsten wohnt und ruht im Schatten des Allmächtigen, → der sagt zum Herrn: Du bist für mich Zuflucht und Burg, mein Gott, auf den ich vertraue!" Zu sehen ist eine durch eine Reihe von nicht kurrenten Neumen hervorgerufene, rhythmische Intensivierung von „Qui habi*tat in adiutorio*" und eine Neume mit Episem bei „altissi*mi*" – also soll hier ein Einschnitt gemacht werden. Dadurch entsteht jedoch eine andere grammatikalische Zuordnung: Aus dem zweiten Halbsatz wird eine Aussage, die sich final an den ersten Halbsatz anschließt (Wer ruht → der sagt). Der Text vermittelt durch die vielen nicht kurrenten Neumen eine intensive Ruhe – das Ruhen in Gott manifestiert sich im Zur-Ruhe-Kommen in seiner „Burg“, der Kirche.

Die Metzer (lothringische) Notation

Der Metzer Schreibweise, allein vertreten durch die Handschrift 239 der Stadtbibliothek von Laon, liegt die Systematik einer Punktnotation zugrunde. Vor allem ihre Einzeltonzeichen sind im Codex so angeordnet, dass man (freilich sehr vage) den melodischen Verlauf absehen kann: Auf- und absteigende Linien stehen für eine entsprechende Melodieführung; unisonische Anschlüsse gibt die Handschrift recht exakt wieder.

Für die Bezeichnung kurrenter bzw. nicht kurrenter Werte wählt der Schreiber von Laon einen anderen Weg als den, welchen die St. Galler Handschriften gehen: Er zeichnet einen Punkt (Punctum) für den raschesten Ton; für etwas weniger rasche Werte bis zum gewichtigsten Einzelton wird ein Uncinus gesetzt,[33] der je nach Wertigkeit des Tones stufenlos vergrößert werden kann: Gelegentlich ist der Schlussstrich in die Höhe sehr lang !

Abb. 9: Zunahme der Nichtkurrenz im Einzeltonzeichen von Laon

Für nicht kurrente Mehrtongruppen wählt die Metzer Notation ebenfalls eine sehr eindrückliche Schreibweise: Nicht kurrente Gruppen werden disgregat geschrieben – d. h., sobald sich die Tonfolge verlangsamen soll, zieht der Schreiber die Töne graphisch auseinander (*dis-gregare*); eine nicht kurrente Mehrtonneume besteht also aus mehreren Einzeltonzeichen.

So wird der kurrente Pes nicht kurrent zu einer Zeichenfolge „Uncinus – Virga". Ebenso ist es mit der kurrenten Clivis, die nicht kurrent aus zwei übereinander stehenden Uncini besteht.

Der Schreiber von Laon imaginiert auf diesem Wege eine Entsprechung zwischen räumlicher Ausdehnung und agogischer Verlangsamung; hierzu gehört auch das Setzen des Buchstaben „a" (*augete*, lat.: dehnt/intensiviert), der stets zwischen Tonzeichen angebracht ist, um eine besonders intensive Verlangsamung des Tempoflusses anzuzeigen: hier als Beispiel ein nicht kurrenter Pes mit einem *augete*: .

Diese kurzen Einblicke sollen genügen; im Zusammenhang mit den Betrachtungen einzelner Stücke im weiteren Verlauf wird davon weiter die Rede sein.

Ein Paradigmenwechsel: Diastematische Notationen

Bereits im 9. Jh. bestand die Möglichkeit, Melodien vollständig so zu notieren, dass sie auch für denjenigen lesbar waren, der sie nicht kannte. So verwies z. B. der Musiktheoretiker Hucbald von St. Amandus in seinem um 890 verfassten Traktat „De harmonica institutione" auf die Möglichkeit, Melodien mittels der Buchstabenreihe des

Der Jubilus ist ein Laut, der verkündet, dass das von etwas angefüllt ist, das sich mit Worten nicht sagen lässt. [...] Und wenn die Sprache dir nicht helfen kann, du aber auch nicht schweigen darfst, was bleibt dir anderes übrig, als dass du jauchzest, dass das Herz sich freut, ohne ein Wort zu sagen, und die unermesslichen Weiten der Freude nicht in die Grenzen der Silben spannt.

AURELIUS AUGUSTINUS (UM 420)

Alphabets eindeutig aufzuschreiben, indem er jedem Ton einen Buchstaben zuordnete. Wenn man also für die erste Notation gregorianischer Gesänge diese Möglichkeit nicht in Anspruch nahm, dann hatte dies seine Gründe: Man baute und vertraute zuallererst auf die orale Tradition, um die Gesänge „in Fleisch und Blut“ übergehen zu lassen und *par cœur* zu beherrschen.

Mit dem Beginn des 11. Jahrhunderts wurden in Bereich des heutigen Südfrankreich und in Italien Schriften entwickelt, mit denen die Melodien perfekt diastematisch aufgezeichnet werden konnten. Das Paradigma der Verschriftung änderte sich: Die Aufzeichnung der Gesänge diente nun nicht mehr der Re-Memoration des Auswendiggelernten, sondern die Schrift wurde zum Medium, um die Melodien selber in ihrem Verlauf eindeutig entschlüsselbar darstellen und verbreiten zu können.

Drei dieser diastematischen Schriften seien im Folgenden kurz vorgestellt.

Guillaume de Volpiano und der Codex H 159 der Medizinischen Fakultät von Montpellier

Guillaume de Volpiano (oder auch Willelmus de Cluny, ca. 960–1031) war ein bedeutender Musiktheoretiker, Musiker und Architekt; zugleich war er auch der 39. Abt des Klosters St. Bénigne in Dijon. Unter seiner Ägide, vielleicht sogar von ihm selbst, wurde gegen Ende seines Lebens (1030 oder 1031) ein Tonar mit den gregorianischen Propriumsgesängen der Messe geschrieben. Dieses Buch, das wohl für sein Kloster in Dijon bestimmt war, 1846 aber zufällig in der

Bibliothek der Medizinischen Fakultät von Montpellier wiederentdeckt wurde, hat zwei Besonderheiten.

Zum einen ist es nicht – wie die allermeisten anderen Handschriften mit Gregorianischem Choral – in der liturgischen Reihenfolge des Kirchenjahres geschrieben (also beginnend mit dem Ersten Advent), sondern bietet die Gesänge nach Kategorien gesammelt an: Zuerst kommen alle antiphonalen Gesänge (Introiten und Communiones, innerhalb jeder Gruppe nach Tonarten geordnet und in jeder Tonart nach aufsteigendem Anfangston). Dann folgen die Alleluia-Vertonungen und die Tracten, dann die Gradualien und schließlich die Offertorien.

Zum anderen ist jeder Gesang in doppelter Notation vertreten: Es finden sich zentralfranzösische adiastematische Neumen und darunter eine Buchstabennotation, die die Melodie in genauer Folge wiedergibt. Hierfür werden die beiden Oktaven des Gesamtambitus im Gregorianischen Choral aufsteigend mit den Buchstaben von a bis p bezeichnet.[34] Die chromatisch veränderbare Stufe h (si^{b} oder si^{h}) ist durch den Buchstaben „i“ vertreten; ein schräges i meint den Ton si^{b}/b, ein gerades i den Ton si^{h}/h. Somit sind alle Töne eindeutig darstellbar.

Der Codex H 159 von Montpellier ist kein liturgisches Buch, sondern hat mit Sicherheit eine Bestimmung mit pädagogischem bzw. musiktheoretischem Hintergrund, was für eine gesteigerte Bedeutung im Sinne einer normativen Funktion spricht. Dazu könnte auch passen, dass in der Buchstabenreihe gelegentlich spezielle Zeichen für Miktrotonschritte auftauchen, deren genaue Bedeutung jedoch noch genauer erforscht werden muss.

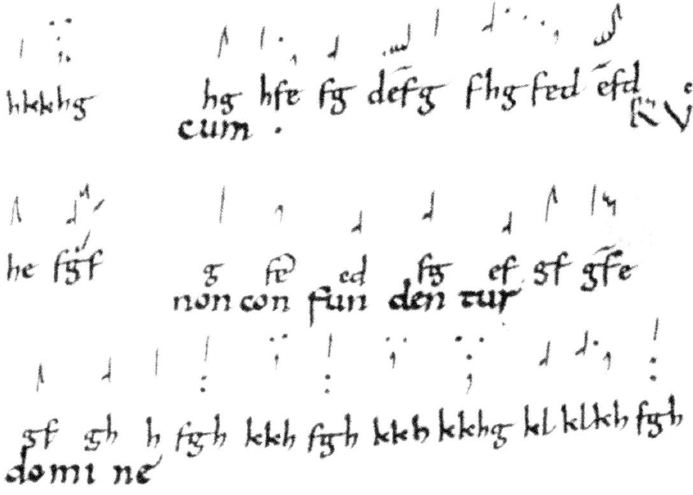

Abb. 10: Doppelnotation im Codex Montpellier H 159

Die Handschrift 903 der Pariser Bibliotèque Nationale/Graduale von St. Yrieix

In der Mitte des 11. Jahrhunderts entstand das Graduale von St. Yrieix, eine liturgische Handschrift (Graduale in Reihenfolge des Kirchenjahres), und zwar in aquitanischer Neumenschrift. Hierbei handelt es sich um Neumen, die zumeist aus Punkten und kleinen Strichen bestehen und die um eine geritzte (daher kaum sichtbare) Linie herum in genauen Abständen gruppiert sind. Einige Neumen stehen für ein konkretes Intervall, so dass aus dieser Anordnung die Melodie eindeutig zu entschlüsseln ist.

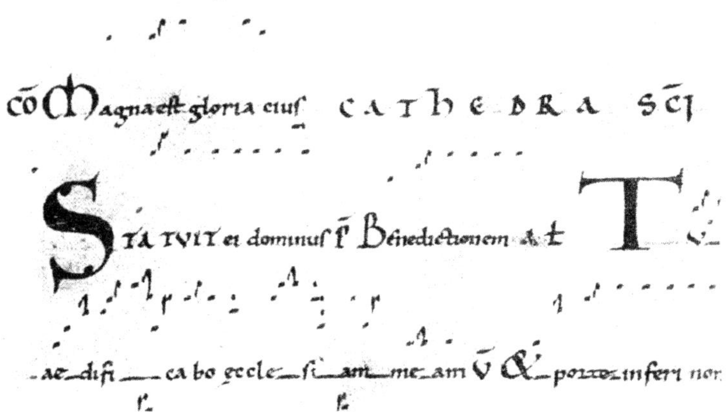

Abb. 11: Aquitanische Notation, diastematisch: Der Codex Yrieix

Die aquitanische Notation war im Süden Frankreichs verbreitet und aufgrund ihrer guten Lesbarkeit sehr geschätzt. Ihr Gebrauch ist später auch für den Norden Spaniens nachgewiesen.

Der Codex wurde ebenfalls von einem musiktheoretisch sehr bewanderten Praktiker geschrieben, dessen Interesse es war, die eindeutige tonartliche Einordnung der Gesänge zu leisten und ihren unzweifelhaften melodischen Verlauf zu verschriftlichen. Von Relevanz ist auch, dass Aquitanien in direkter Nähe zu Okzitanien liegt, einer kulturell äußerst reichen und historisch bedeutenden Region, in der sich im 11. bis 13. Jahrhundert verschiedene kulturelle und religiöse Einflüsse überlagerten. Die Bündelung der verschiedenen großen Straßen, die durch Europa nach Nordspanien führten und zum „Jakobsweg" (dem zentralen Pilgerweg nach

Santiago de Compostela) gehörten, boten die Möglichkeit zum Austausch wichtiger religiöser, wirtschaftlicher und kultureller Güter, zur Realisierung neuer Errungenschaften und zur Entwicklung neuer Gedanken.[35] Pilgerwege sind wie Adern einer Kulturlandschaft.

In diesem Kontext ist es nicht verwunderlich, dass unter den hier zusammenstoßenden zahlreichen musikalischen Einflüssen das Bedürfnis aufkam, die Melodien des Gregorianischen Chorals sicher und eindeutig fixieren und weitergeben zu können.

Guido von Arezzo und der Codex 34 der Biblioteca capitolare di Benevento

Die Handschrift 34 der Kapitelsbibliothek von Benevent ist zwischen 1080 und 1100 geschrieben und gehört zu den bedeutendsten diastematischen Zeugnissen des Gregorianischen Chorals. Das Notationssystem kann gewissermaßen als „Pate" für unser heutiges verstanden werden, denn hier wird das Prinzip der stufenweisen melodischen Fortschreitung (Linie – Zwischenraum – Linie – Zwischenraum ...) konsequent angewendet. Jede Notenzeile besteht aus drei Linien, von denen zwei farbig markiert sind: die F-Linie rot und die C-Linie gelb. Dazwischen befindet sich eine geritzte, jedoch nicht farblich hervorgehobene Linie. Auf bzw. zwischen diese Linien wurden nun mit einer breiten Feder die Neumen so geschrieben, dass der melodische Verlauf mit etwas Übung direkt abzulesen ist. Dafür sind die rhythmischen Aussagen bis auf ganz wenige Ausnahmen völlig verschwunden.

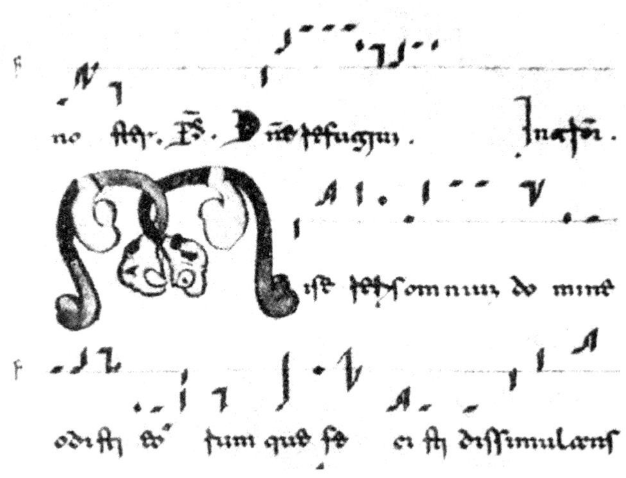

Abb. 12: Beneventanische Notation, diastematisch: Der Codex Benevent 34

Diese Notation geht auf musiktheoretische Entwicklungen zurück, die sich mit dem Namen des Mönchs Guido von Arezzo (ca. 992–1050) verbinden. In einem Brief an einen wohl fiktiven Bruder Michael erklärte Guido sein System, mit dem es möglich war, innerhalb kürzester Zeit einen unbekannten Gesang zu erlernen, ohne dass ihn jemand vorsingen oder langwierig in oraler Tradition vermitteln musste. „Denn seit ich anfing, nach diesem Verfahren die Knaben zu unterrichten, konnten einige schon am dritten Tage ganz unbekannte Melodien mit Leichtigkeit absingen, was in anderer Weise nach vielen Wochen nicht hätte geschehen können.“[36] Damit – so stellte Guido fest – war es möglich, die Lehrzeit im Gregorianischen Choral von ca. zehn auf ein bis maximal zwei Jahre zur verkürzen:

Musicorum et cantorum magna est
distantia.
Isti dicunt, illi sciunt, quae componit
musica.
Nam qui facit, quod non sapit,
definitur bestia.

Zwischen den Musikern und den
Kantoren klafft eine große Lücke:
Letztere sagen (nur), jene (aber)
wissen, was die Musik zusammenhält.
Wer nämlich (nur) praktiziert, was
er nicht weiß, der wird (zu Recht)
Bestie genannt.

GUIDO VON AREZZO (UM 1030)

> Denn wenn jene zu Gott fromme Gebete verrichten für ihre Lehrmeister, welche bisher kaum in zehn Jahren eine unvollständige Kenntnis des Gesanges in deren Schule sich erwerben konnten, was wird denn wohl für uns und unsere Mitarbeiter geschehen, die wir im Zeitraum eines, höchstens zweier Jahre einen vollendeten Sänger bilden?[37]

Davon hörte auch Papst Johannes XIX., der Guido zu sich kommen ließ und sich selbst als Versuchsobjekt für seine Methode zur Verfügung stellte:

> Sehr erfreut war der Papst bei meiner Ankunft; er unterhielt sich viel mit mir und legte mir verschiedene Fragen vor; und indem er unser Antiphonar wie ein Wunderwerk oft durchsah und die vorangehefteten Regeln wiederholt durchlas, gab er sich nicht eher zufrieden und stand nicht eher von seinem Sitze auf, bis er seinem Wunsche gemäß einen Vers, den er bisher noch nicht singen gehört, erlernt hatte, so daß er, was er bei Andern kaum für möglich hielt, in eigener Person so schnell als richtig erkannte.[38]

Es geht nun also nicht mehr um das Betonen und Erklingenlassen des Textes, also das Verinnerlichen als Akt einer Spiritualität des „erklingenden Wortes", sondern um die möglichst eindeutige Fixierung der Melodie; ihre einwandfreie Weiterverbreitung scheint nun das wichtigste Anliegen zu sein. Mit diesem Paradigmenwechsel endet eine zentral wichtige Epoche des Gregorianischen Chorals.[39]

Die Möglichkeit zur raschen Verbreitung eindeutig gesicherter Melodiefassungen kam zudem gerade dem Papst sehr zupass. Im 11. Jh. setzte mit dem Streben nach Vormachtstellung des Heiligen Stuhls ein erneuter Prozess der energischen Vereinheitlichung kirchlicher Verhältnisse ein, diesmal jedoch unter päpstlicher Vorherrschaft. Die Tatsache, dass zu dieser Zeit noch nicht einmal in Italien der Liturgiegesang einheitlich war, wurde nun offensichtlich als nicht mehr hinnehmbar empfunden: Südlich von Rom gab es beneventanischen, in Mailand nach wie vor den nach der großen kirchlichen Autorität Ambrosius benannten „ambrosianischen“ Choral. So sollte mit dem Codex Benevent 34 höchstwahrscheinlich ein Normkodex für die konsequente und vollständige Einführung der gregorianischen Gesänge in Benevent geschaffen werden. Papst Stephan IX. hatte als Reformer im Zuge der kirchenpolitischen Neuordnung Süditaliens angesichts vieler noch immer verbreiteter beneventanischer Eigengesänge diesen Schritt 1057/58 angemahnt. Schon als Abt von Montecassino verbot er in seinem Einflussbereich den *ambrosianus cantus*, worunter jedoch alles zu verstehen ist, was nicht römischer Gesang war![40]

v. Wie ein gregorianischer Gesang entsteht – ein Gang durch eine imaginäre Werkstatt mit drei Räumen

Nach dem historischen Gang durch Entstehung und Verschriftung des Gregorianischen Chorals soll nun ein Weg durch eine imaginäre Werkstatt beschritten werden, der den fiktiven Entstehungsprozess eines Gesangs nachzeichnet – fiktiv insofern, als es sich um einen systematischen Gang handelt, um die wesentlichen Elemente zu erfassen; es geht also nicht um ein historisches Nacheinander einzelner Arbeitsschritte.

Die Werkstatt besteht aus drei Räumen, die jeweils einem Arbeitsgang gewidmet sind.

Die Kompilation der Texte

Im ersten Raum werden die Texte ausgewählt und gegebenenfalls zusammengestellt. Das setzt voraus, dass bereits jetzt eine klare inhaltliche Vorstellung von der Aussage, die gemacht werden soll, vorhanden ist. Der liturgische Anlass gibt hierzu den wichtigsten und konkretesten Schlüssel. Hierzu eine kurze Übersicht der Textgrundlagen:[41]

	Anzahl im Graduale	Text AT	davon Psalmen	NT	andere
Introiten	163	134	101	12	2
Gradualien	125	108	102	5	1
Alleluia-Verse	158	66	61	14	6
Tracten	25	19	16	–	–
Offertorien	11	95	82	5	2
Communiones	161	77	63	66	–

Die Tabelle zeigt: Der überwiegende Teil der Gesänge (bis auf Alleluia-Verse und Communiones)[42] trägt Texte aus dem Alten Testament (zuallermeist aus den Psalmen)! Zwar haben die Christen von Anfang an auch die Schriften des Alten Bundes als Teil ihrer Heiligen Schrift betrachtet. Aber diese wurden vor Christus (und damit auch lange vor der Herausbildung christlicher Feste und ihrer konkreten liturgischen Gestalt) geschrieben, was also eine hermeneutische Brücke notwendig machte: Welche Interpretationshilfen für das Verständnis alttestamentlicher Texte in der christlichen Kirche gab es, und welche wurden zur Zeit der Entstehung der gregorianischen Gesänge benutzt?

Die wichtigsten Hilfestellungen geben die Kirchenväter mit ihren Auslegungen alttestamentlicher Texte; hierfür sind die Psalmenpredigten („Enarrationes in psalmos“) des hl. Augustinus einschlägig. Aber auch die Schriften anderer frühchristlicher Autoren können gut herangezogen werden, um zu verdeutlichen, wie bestimmte theologische Topoi des Alten Testaments auf die christliche Heilsgeschichte bezogen und entsprechend ausgelegt wurden. In diesem Zusammenhang lohnt sich für Psalmentexte auch ein Blick in die frühesten karolingischen Psalter, weil sie (wie der Stuttgarter Psalter)[43] Textglossen haben, die – zumeist inspiriert von den Auslegungen des hl. Augustinus – helfen, den Psalmentext neutestamentlich zu „lesen" und zu verstehen. Das kann auf die künstlerische Ausgestaltung der Bildprogramme ausgedehnt werden, denn auch die Illustrationen (im Stuttgarter Psalter sind es allein 316!)[44] sind hierfür höchst aufschlussreich.[45] Sie sind mitten im Psalmentext angebracht und geben auf spannende Weise Aufschluss darüber, wie der entsprechende Psalm aus christlicher Sicht verstanden wird. Hierfür zwei Beispiele:

Das in Abb. 13 gezeigte Bild steht mitten im Psalm 23 bei den Versen *Nam etsi ambulavero in medio umbrae mortis, non timebo*

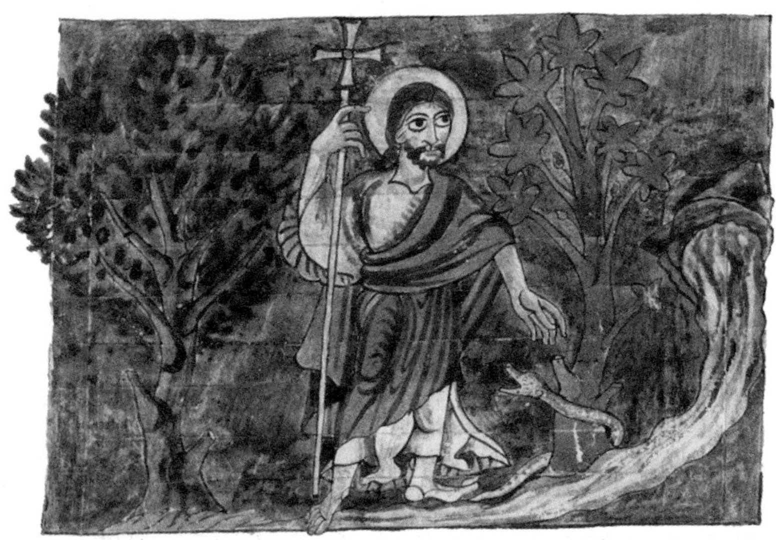

Abb. 13: Stuttgarter Psalter, Illustration zu Psalm 23

mala, quoniam tu mecum es. Virga tua et baculus tuus ipsa me consolata sunt. (Und wenn ich auch wandern werde in der Mitte des Todesschattens, so fürchte ich kein Unheil, denn du bist bei mir. Dein Stecken und dein Stab haben mich getröstet.) Auf dem Bild ist keine Todesschattenschlucht zu sehen, sondern ein Ausschnitt aus dem Paradies.[46] Mit der Schlange (rechts am Baum), die den Menschen zum Ungehorsam gegenüber Gott verführt hat, begann die Todesverfallenheit aller Kreatur. Dagegen steht Christus; der Stab des Trostes und der Hilfe ist sein Kreuzstab. Zudem hält der Erlöser ihn mit der rechten Hand,[47] während die linke, auf das Diesseits verweisende Hand die Bedrohung der Schlange in Schranken hält. So wird Christus zum Hirten, der die bedrängte Seele auf die grüne Aue und an frisches Wasser führt; der paradiesische Zustand ist wieder hergestellt – durch Christi Kreuzesopfer!

Mitten im Psalm 24 ist die Abb. 14 zu finden, die auf eine besondere christologische Interpretation der großen „Tor-Liturgie“ hinzielt, mit welcher der Psalm endet: *Adtollite portas principes vestras et elevamini portae aeternales et introibit rex gloriae. Quis est ipse rex gloriae? Dominus fortis et potens, dominus potens in praelio.* (Hebt, ihr Tore, eure Häupter, und hebt euch, ihr uralten Pforten, und der König der Herrlichkeit wird einziehen. Wer ist dieser König der Herrlichkeit? Der Herr, stark und mächtig – der Herr, mächtig im Kampf!)

Dieser kurze Dialog wird noch einmal fast wörtlich wiederholt – das macht den beinahe kultisch anmutenden Charakter des Textes aus: Zwei Chorgruppen stehen einander gegenüber und rufen sich diese Sätze zu. Die liturgische Verortung im Advent („Macht hoch die Tür, die Tor macht

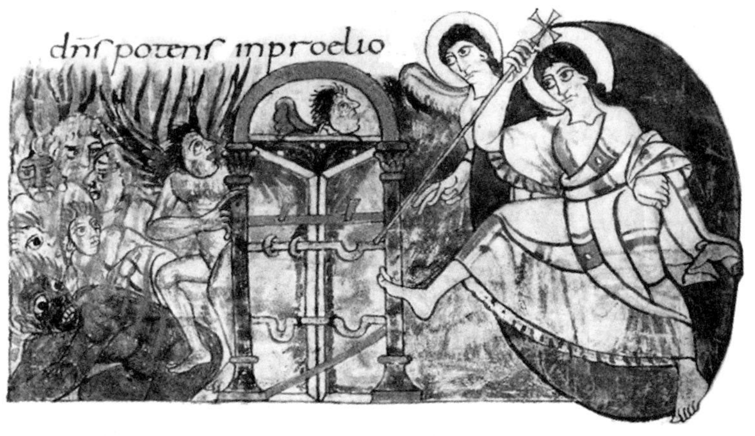

Abb. 14: Stuttgarter Psalter, Illustration zu Psalm 24

weit, es kommt der Herr der Herrlichkeit") ist also nicht die wichtigste Zuordnung; die Illustration weist in eine andere Richtung: Zu sehen ist hier Christus, der an die Pforten der Unterwelt stürmt und dort Einlass begehrt, um nach seinem Tod die Seelen der Menschen, die vor ihm gelebt haben und gestorben sind und folglich historisch von ihm nichts wissen konnten, aus der Hölle herauszureißen und dem Fürsten der Unterwelt den Kopf zu zertreten.[48] Diese Bedeutung des „Tor-Dialogs" hat auch in einem gregorianischen „Canticum triumphale" (ein österliches Siegeslied) seinen Niederschlag gefunden, das seit dem 9. Jahrhundert in der Liturgie der Osternacht bezeugt ist:[49]

Cum Rex gloriae Christus infernum debellaturus intraret et chorus angelicus ante faciem eius portas principum tolli praeciperet, sanctorum populus qui tenebatur in morte captivus voce lacrimabili clamaverat: Advenisti desiderabilis quem expectabamus in tenebris, ut deduceres hac nocte vinculatos de claustris: Te nostra vocabant suspiria, te larga requirebant lamenta, tu factus es spes desperatis, magna consolatio in tormentis. Alleluia. (Als Christus, der König der Ehren, die Unterwelt betrat, um sie niederzukämpfen, und der Chor der Engel vor seinem Antlitz die Pforten der Fürsten zu heben gebot, da rief das Volk der Heiligen, das im Tode gefangen gehalten wurde, mit zu Tränen rührender Stimme: Gekommen bist du, Ersehnter, auf den wir in der Finsternis warteten, damit du uns, die wir gefesselt sind, in dieser Nacht aus dem Kerker herausführst: Dich riefen immer unsere Seufzer, dich erflehten unsere reichen Klagen, du wurdest zur Hoffnung der Verzweifelten, ein großer Trost in den Qualen. Halleluja.)

Eine weitere Brücke als neutestamentliche Interpretationshilfe alttestamentlicher Texte bietet die Lehre vom mehrfachen Sinn der Schrift an, die bereits mit dem Neuen Testament beginnt und von den Kirchenvätern als festes hermeneutisches Programm systematisch entfaltet wurde. Seit der Alten Kirche wurde der Buchstaben-Sinn (der reale und historische Inhalt) unterschieden von einem höheren (geistigen, mystischen) Verständnis, das auf dem geschichtlichen aufbaute und es in eine andere inhaltliche Dimension führte.

Als erster entfaltete Origenes (185–254) dieses Gedankengut in seinem Schrifttum; er entwickelte eine dreifach gestufte Lehre vom Verständnis der Schrift, die einem qualitativ fortschreitenden Erkenntnisprozess entspricht:

Der *historische* Sinn gibt die wörtliche Bedeutung des Textes wieder; der zweite, *allegorische* (oder auch *tropologische*) Sinn wendet ihn auf die elementaren Grundsätze des Glaubens an, und der dritte (*moralische*) Sinn bezieht ihn unmittelbar auf das Leben und Wirken des einzelnen Menschen und skizziert das von ihm erwartete Handeln.[50]

Johannes Cassianus baute um 430 durch Hinzufügung einer vierten Bedeutung (der *anagogischen* bzw. *eschatologischen* Deutung: der Bezug zu den letzten Dingen) diese Gedanken zur „Lehre vom vierfachen Schriftsinn" aus, die sich dann bis ins hohe Mittelalter hielt und von der man sich erst zu Beginn der Renaissance abwandte.

Als bewährtes Beispiel für den vierfachen Schriftsinn kann das Wort „Jerusalem" dienen; Cassian bringt es selber vor und löst es wie folgt auf:

Es bedeutet 1. die historische Stadt Jerusalem (historisch), 2. im allegorischen Sinne die Kirche Christi, 3. im moralischen Sinn die menschliche Seele und 4. im eschatologischen Sinn das zukünftige, himmlische Jerusalem.

Die im Frühmittelalter verbreitete Auffassung von „Symbol" meint – auch hierin ist diese Zeit Erbin der Antike – weit mehr als eine reine zeichenhafte Stellvertretung: Ein Symbol vertritt seine Sache nicht, sondern hat Anteil an ihr und kann sie (zusammen mit deutenden Worten) zur vollen Erscheinung bringen. Das muss immer im Sinn behalten werden, wenn man bedenkt, wie die verschiedenen Deutungsebenen im Prozess der Textkompilation für die Schaffung gregorianischer Gesänge zusammenwirken – was z. B. kann das Wort „Jerusalem" alles bedeuten, wenn der Introitus des vierten Sonntags der österlichen Bußzeit mit dem Ausruf beginnt: „Laetare Ierusalem, et conventum facite omnes qui diligitis eam!" (Freue dich, Jerusalem, und versammelt euch alle, die ihr sie liebt!)

Textkompilation – zwei Beispiele

An einem der letzten Tage vor Weihnachten steht im Graduale Triplex[51] (S. 27) der Introitus „Veni, et ostende nobis".

Sein Text lautet: *Veni, et ostende nobis faciem tuam, Domine, qui sedes super Cherubim: et salvi erimus.* (Komm und zeige uns dein Angesicht, Herr, der du über den Cherubim thronst, und wir werden heil sein.)

Der Mut, mit dem die Textkompilatoren in den Psalm 80 (lat. Zählung Ps 79) eingreifen, aus dem dieser Text genommen ist, lässt einem den Atem stocken. Das begreift sofort, wer sich die Originalgestalt des Psalmtextes (Ps 80,2–4) vor Augen führt:

Text des Psalms[52]	***Text des Introitus***
2: Qui regis Israel intende	Veni,
qui deducis velut ovem Ioseph,	et ostende nobis faciem tuam,
qui sedes super Cherubim appare	Domine,
3bc: Excita potentiam tuam	qui sedes super Cherubim:
et **veni** ut salvos facias nos	et salvi erimus.
4: **Domine** Deus virtutum	
converte nos **et ostende faciem tuam**	
et salvi erimus.	

Die fett gedruckten Wörter werden für den Introitus gebraucht, der Rest entfällt. Ein wichtig erscheinendes Wort wird ergänzt: „nobis" – komm und zeige *uns* dein Angesicht, so beten die Menschen zur Zeit der Entstehung des Gesangs und so beten sie es heute – mit gleichbleibender Aktualität.

Eine weitere Beobachtung: Der Text wird so umgestellt, dass bildlich gesprochen fast kein Stein auf dem anderen bleibt! So entstehen grammatikalisch neue Zusammenhänge und das im Kontext des zu Ende gehenden Advents wichtigste Wort steht nun vorne: „Veni" – *komm*!

Natürlich kannten diejenigen, die diesen Gesang schufen, den Psalter soweit auswendig, dass die Kompilation dieses Textes als Neudichtung und Fokussierung eines neuen Inhalts für sie jederzeit erkennbar war. Dennoch wirkt der aus weitem Geist gespeiste Mut, so mit Textkorpora der Heiligen Schrift umzugehen, für uns heute sehr erstaunlich und herausfordernd – vor allem, wenn man an die Skrupel denkt, die in manchen Gemeinden aktuell vorherrschen, in denen man sich schon scheut, zu Beginn einer Lesung statt „Brüder" einmal „Schwestern und Brüder" zu sagen.

In diesem Kontext sei noch ein Beispiel angeführt, bei dem die Textkompilation so weit geht, dass der inhaltliche Bezug völlig geändert wird.

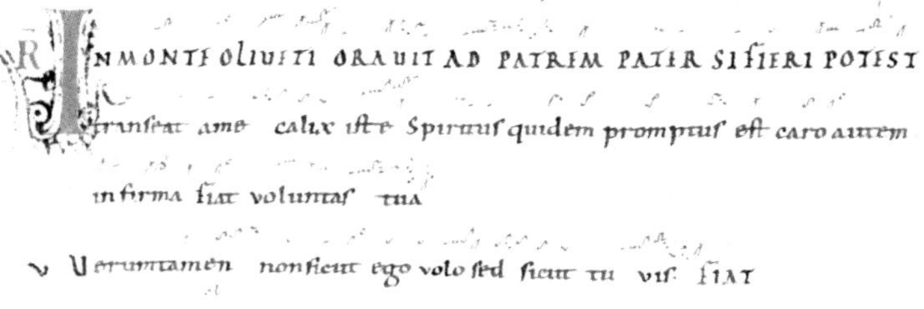

Abb. 15: Responsorium „In monte Oliveti"

Der Text des Responsorium prolixum lautet: *In monte oliveti oravit ad Patrem: Pater, si fieri potest, transeat a me calix iste. Spiritus quidem promptus est, caro autem infirma – Fiat voluntas tua*. V.: *Verumtamen non sicut ego volo sed sicut tu vis. Fiat* ... (Am Ölberg betete er zum Vater: Vater, wenn es möglich ist, gehe dieser Kelch an mir vorüber! Der Geist ist gewisslich willig, das Fleisch aber ist schwach. – Es geschehe dein Wille! V. Wahrlich, nicht wie ich will, sondern wie du willst. – Es geschehe ...)

Es fällt sofort auf, dass diese Sätze aus dem 26. Kapitel des Matthäusevangeliums aus zwei unterschiedlichen Situationen zusammengefügt worden sind: Da ist der Vers 39 mit dem Gebet Christi an den Vater, zu dem ein Satz aus dem Vers 41 (die Mahnung Jesu an seine Jünger, zu wachen und zu beten, da der Geist willig, das Fleisch aber schwach sei) hinzugefügt wird. Ein neuer Inhalt entsteht so, über dessen Kühnheit man wieder nur staunen kann: Jesus wird vorgestellt als ein schwacher Mensch, der seine Angst und die Versuchung, dem kommenden Leiden auszuweichen, dem Vater im Gebet bekennt. In dieser Textkompilation eines gregorianischen Gesangs schlägt sich eine lange Gebetstradition nieder. Es geht um das Sich-Einfühlen in die menschliche Situation des Jesus von Nazareth – eine frühe Form der Compassio. So kommt der Mensch Jesus den leidenden Menschen aller Zeiten nahe.

Welch ein weiter und offener Geist könnte in der Verkündigung und der Feier des Gottesdienstes heute walten, wenn wir diese Beispiele ernst nähmen – und dann realisierten, dass der Gregorianische Choral der „der römischen Liturgie eigene Gesang" ist?

Die gregorianischen Tonarten – oder: Warum es nicht egal ist, welcher Text mit welcher Melodie erklingt

Wir betreten nun den zweiten Raum unserer fiktiven „Werkstatt“ zu Erstellung eines gregorianischen Gesangs: Hier wird der Text mit einer Melodie verbunden.

Es ist durchaus nicht gleichgültig, welcher Text mit welcher Melodie in welcher Tonart erklingt. Um sich das klarzumachen, reicht es, sich einmal vorzustellen, wie der Text des Stabat-Mater-Liedes „Christi Mutter stand mit Schmerzen“ klingen würde, wenn man ihn auf die Melodie von „Lasst uns loben, freudig loben“ („Gotteslob“ 2013, Nr. 489) singen würde – unpassend, es würde so zu einer Karikatur. Oder man singt den Ostertext „Dies ist der Tag, den Gott gemacht“ versuchsweise auf die Melodie des Adventsliedes „Oh Heiland, reiß die Himmel auf“ – auch dies wird Kopfschütteln hervorrufen; denn mag der Text auch hinsichtlich Silbenzahl und Reimschema passen: Die Melodie hat ihren eigenen Charakter! Sie ist von der musikalischen Stimmung her und mit Blick auf ihre liturgische Einbindung eindeutig anders kontextualisiert.

So ist es auch im Repertoire des Gregorianischen Chorals – vor allem mit Blick auf Vertonungen von Introiten, Offertorien und Communiones, da hier nicht die Technik der Typuskomposition angewandt wird, es sich mithin also um individuelle Vertonungen handelt.

Aus dem Ende des 15. Jahrhunderts ist ein Spruch zur Charakterisierung der gregorianischen Tonarten überliefert, den der Musiktheoretiker und Komponist Adam von

Fulda (1445–1505) mit dem Hinweis zitiert, er stamme von einem gewissen Guido – man darf, ohne zu sehr in Spekulation zu geraten, vermuten, dass damit Guido von Arezzo gemeint ist:

Omnibus est primus,	Ist der erste (Ton)[53] für alle,
sed est alter tristibus aptus.	so ist der andere (zweite)
	für die Traurigen geeignet.
Tertius iratus,	Der dritte ist zornig,
Quartus dicitur fieri blandus.	vom vierten sagt man, er schmeichle.
Quintum da laetis,	Den fünften gib den Fröhlichen,
sextum pietate probatis.	den sechsten den in der
	Frömmigkeit Erprobten.
Septimus est iuvenum,	Ist der siebte für die Jugend,
sed postremus sapientium.	so der letzte für die Weisen.

Die hier geschilderten Charakteristika der einzelnen Tonarten sind nicht alle eindeutig zu entschlüsseln. Wenn die erste „für alle“ ist – was wäre daran spezifisch? Wie klingt eine „schmeichelnde“ Tonart; kann man das tatsächlich mit dem IV. Ton verbinden? Und wie klingen Lieder für „die Weisen“?

Aber einige konkrete Hinweise gibt es doch; weiter unten werden Beispiele dafür folgen. So nehmen wir diesen Spruch vor allem für die Tatsache, dass es schon früh ein Bedürfnis gab, bestimmte Charakteristika für manche Tonarten festzulegen.

Wie wird nun eine gregorianische Tonart gebildet? Wie entstehen die unterschiedlichen Tonarten überhaupt? Die Komplexität der hiermit angesprochenen Materie erlaubt es nicht, dieses Thema hier erschöpfend zu entfalten. Es sollen einige Hinweise genügen.[54]

Gemäß einer theoretischen Setzung, die von Guido von Arezzo fixiert wird, aber schon viel früher in der Praxis gebräuchlich war, ist der Schlusston eines Stückes immer auch der Grundton im Sinne einer Tonart für die gesamte Komposition. Die aus der Spätantike in das Karolingerreich übernommenen musiktheoretischen Regeln fußen auf der Betrachtung eines sogenannten Tetrachords – ein Tonraum, der drei Tonschritte umfasst und als Rahmenintervall eine Quart aufweist. Innerhalb dieses Tetrachords kann es maximal nur einen natürlichen Halbtonschritt geben (das zur Verfügung stehende Tonmaterial stelle man sich ungefähr vor wie die Abfolge der weißen Tasten auf dem Klavier). Der Rest sind Ganztonschritte. So gibt es vier verschiedene Viertonräume, die sich wie folgt unterscheiden:

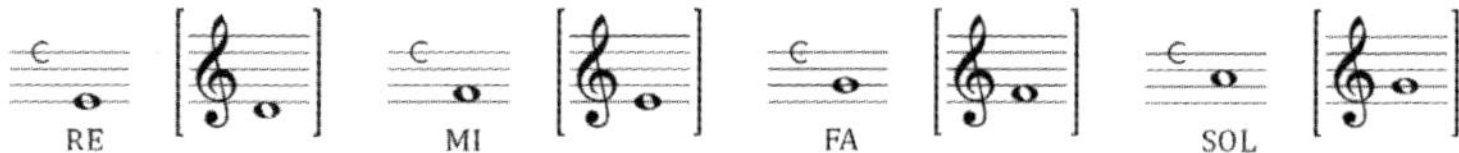

Abb. 16: Grundtöne gregorianischer Tonarten

Somit gäbe es als gregorianische Grundtöne die Tonstufen re, mi, fa und sol – zur Vereinfachung in absolute Tonhöhen „übersetzt“: d, e, f und g.[55]

In der gregorianischen Musiktheorie wird nun jeder dieser Grundtöne mit einem aus dem Griechischen stammenden Namen belegt:

-re- („d“)	Protus (griech.: der Erste)
-mi- („e“)	Deuterus (griech.: der Zweite)
-fa- („f“)	Tritus (griech.: der Dritte)
-sol- („g“)	Tetrardus (griech.: der Vierte).

Für jeden dieser Grundtöne gibt es zwei Tonarten: Bei der ersten Variante ist der Ambitus des Stückes (sein gesamter Melodieumfang) so gehalten, dass der Grundton ganz am unteren Rand liegt. Diese Variante wird „authentisch“ genannt. Bei der zweiten Variante liegt der Grundton ungefähr in der Mitte des Gesamtambitus; sie heißt „plagal“. So entsteht das System der acht Tonarten (mit einem griechischen Fremdwort „Oktoechos“ bezeichnet); aus diesen acht Tonarten entwickeln sich in der Mehrstimmigkeit später die acht Kirchentonarten:

Ton	gregorianischer Name	später bezeichnet als
I	Protus authenticus	dorisch
II	Protus plagalis	hypodorisch
III	Deuterus authenticus	phrygisch
IV	Deuterus plagalis	hypophrygisch
V	Tritus authenticus	lydisch
VI	Tritus plagalis	hypolydisch
VII	Tetrardus authenticus	mixolydisch
VIII	Tetrardus plagalis	hypomixolydisch.

Damit sind die acht gregorianischen Tonarten beschrieben. Sie zeichnen sich also durch charakteristische Intervallfolgen und melodische Gefüge um den Grundton herum aus. Für jede dieser Tonarten existiert ein eigenes

Melodiemodell, das für das Singen von Psalmen benutzt werden kann.

Darüber hinaus hat sich noch ein Psalmodiemodell entwickelt, das keiner gregorianischen Grundtonart korrespondiert, aber weite Verbreitung gefunden und auch in der Musikgeschichte seine deutlichen Spuren hinterlassen hat: der „tonus peregrinus".

Hierbei handelt es sich um eine sehr charakteristische Melodie, die ursprünglich nur einem einzigen Psalm vorbehalten war: dem Psalm 113 (114). Er beginnt mit den Worten *In exitu Israel de Aegypto* (Als Israel auszog aus Ägypten). Dieses Gedächtnis an den Exodus mit der beginnenden *peregrinatio* (Pilgerschaft) Israels hat ihm seinen Namen eingebracht. In diesem Zusammenhang sei ein kleiner historischer Exkurs erlaubt: Schon Martin Luther verband den Gesang seines deutschen „Magnificat" mit diesem Psalmtonmodell und begründete eine Tradition, die sich bis heute gehalten hat.

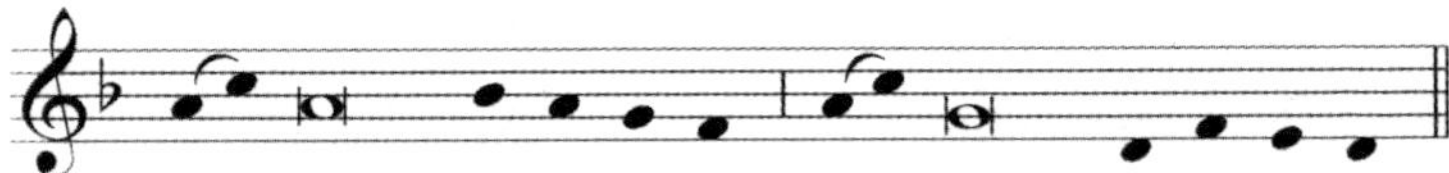

Abb. 17: Psalmtonmodell des „tonus peregrinus"

Zum Abschluss des Besuchs im zweiten Werkstattraum sollen einige Stücke genauer betrachtet werden; ein besonderes Augenmerk liegt dabei auf dem Verhältnis zwischen Text/Inhalt und Tonart/Melodie.[56]

Ich wollt heut gerne eine deutsche Messe haben. Ich gehe auch damit um. Aber ich wollt ja gerne, dass sie eine rechte deutsche Art hätte. Denn dass man den lateinisch Text verdolmetscht und lateinisch Ton oder Noten behält, lass ich geschehen. Aber es laut (= klingt) nicht artig noch rechtschaffen. Es muss beides – Text und Noten, Akzent, Weise und Gebärde – aus rechter Muttersprach und -stimme kommen, sonst ist's alles ein Nachahmen, wie die Affen tun.

MARTIN LUTHER (1523)

Der Introitus des vierten Fastensonntags „Laetare Ierusalem“

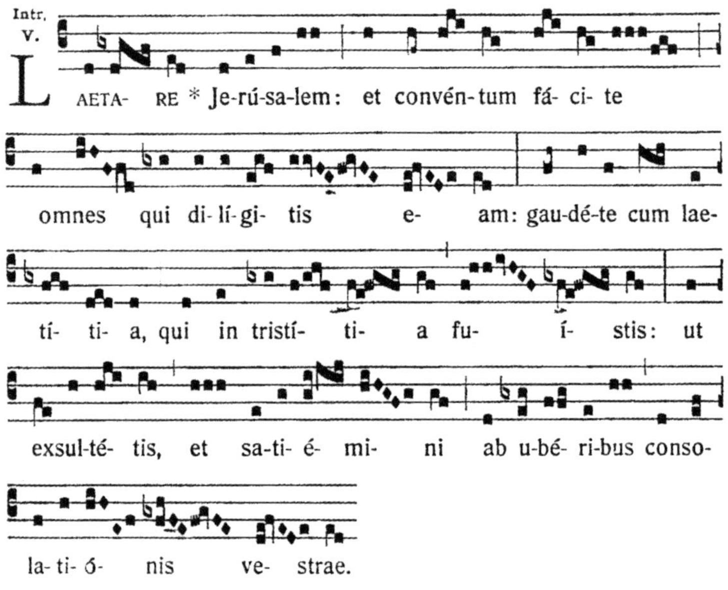

Abb. 18: Introitus „Laetare Ierusalem“

Quintum da laetis – den fünften (Ton) gib den Fröhlichen ... Bei kaum einem anderen Stück wird diese Tonartzuweisung logischer greifbar als bei diesem Einzugsgesang, der (nach evangelischer Tradition) auch heute noch dem Sonntag seinen Namen gibt – „Laetare“!

Das Stück eröffnet die vierte Fastenwoche und steht damit an prominenter Stelle; denn die österliche Bußzeit ist geteilt in inhaltliche Schwerpunktsetzungen: Die ersten vier Wochen thematisieren die Tauferinnerung und sind sehr stark auf die Taufe in der Osternacht konzentriert, auf die sich in diesen Wochen die Katechumenen besonders vorbereiten. Ab dem Passionssonntag (fünfter Sonntag der Fastenzeit, mit der „geschlossenen Zeit") rückt dann das Leiden Jesu deutlicher in den Fokus.

Schon die Fassung des Introitustextes ist aufschlussreich:

Vulgata-Text	*Text des Introitus*
Laetamini cum Hierusalem	Laetare Ierusalem:
et exultate in ea	et conventum facite
omnes qui diligitis eam:	omnes qui diligitis eam:
gaudete cum ea gaudio universi	gaudete cum laetitia
qui lugetis super eam:	qui in tristitia fuistis:
ut sugatis et repleamini	ut exsultetis et satiemini
ab ubere consolationis eius ...	ab uberibus consolationis vestrae.

Aus dem Aufruf, sich *mit* Jerusalem zu freuen, wird die Anrede *an Jerusalem selber:* Christlich betrachtet handelt es sich um die Kirche, die hiermit angesprochen wird: Versammelt euch in ihr und freut euch alle, die ihr zuvor traurig wart – eine Aufforderung, die mit Blick auf die Täuflinge ihren Sinn hat. In diesem Sinne geschieht auch die textliche Neufassung, mit der aus „qui lugetis super eam" (die ihr über sie geweint habt) zu „qui in tristitia fuistis" (die ihr in Trauer wart): Das „Über-Jerusalem-Weinen" ist ein Topos aus dem Alten Testament (vgl. die Lamentationen des Propheten Jeremia), der im Neuen Testament nur einmal eine Entsprechung findet (Lk 19,41). Im Introitus aber ist etwas anderes angesprochen: In Trauer sind die Nicht-Getauften, die noch nicht in die Kirche integriert waren, nun aber durch das Licht Christi erleuchtet wurden und sich an den Brüsten der (sakramentalen) Tröstungen sattsaugen können. Dem würde gewissermaßen spiegelbildlich genau entsprechen, dass sich alle Introiten der Osterwoche (in der die Neugetauften in weißen Kleidern gehen – bis zum 2. Ostersonntag, der deswegen *Dominica in albis*, „weißer" Sonntag, heißt) an die neuen Christen wenden und ihnen ihr Schicksal, ihre neue Würde, gleichsam zusingen.[57] Dies geschieht vor allem in Bildern der Exodusthematik (also des Auszugs aus der Gefangenschaft, des Durchgangs durch das Rote Meer und der Inbesitznahme des verheißenen Landes), die theologisch und rituell mit der christlichen Taufe korrespondiert:

- Montag: *Introduxit vos Dominus in terram fluentem lac et mel ...* (Der Herr hat euch hineingeführt in das Land, in dem Milch und Honig fließen ...)
- Dienstag: *Aqua sapientiae potavit eos ...* (Mit dem Wasser der Weisheit hat er sie getränkt ...)
- Mittwoch: *Venite benedicti Patris mei, percipite regnum ...* (Kommt, ihr Gesegneten meines Vaters, nehmt das Reich in Besitz ...)
- Donnerstag: *Victricem manum tuam, Domine, laudaverunt pariter ...* (Deine siegreiche Hand lobten sie vereint ...)
- Freitag: *Eduxit eos Dominus in spe ...* (Der Herr führte sie hinaus in Hoffnung ...)

– Samstag: *Eduxit Dominus populum suum in exsultatione ...* (Der Herr führte sein Volk hinaus in Jubel ...).

Der Introitus zum vierten Fastensonntag ist also ein Freudengesang, der einen Vorgeschmack auf die Teilhabe an der Gemeinschaft der Kirche vermitteln soll – für die in der Osternacht neu zu Taufenden und für die, die sich mit ihnen zusammen in der letzten Wochen vor der Taufe vorbereiten und dabei an ihre eigene Eingliederung in die Kirche erinnern.

Der Tractus des Palmsonntags „Deus Deus meus"

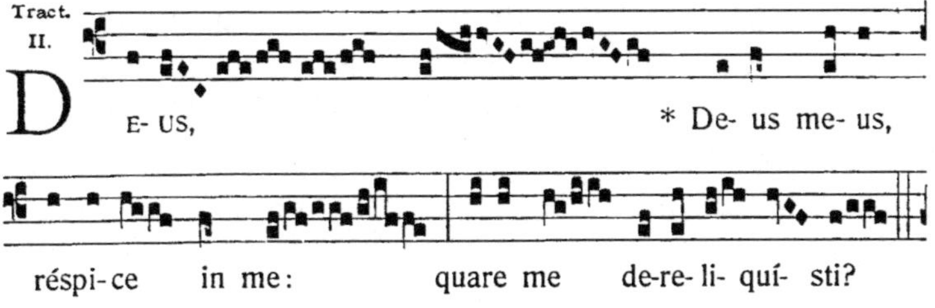

Abb. 19: Tractus „Deus, Deus meus" (1. Vers)

Mit 14 Versen ist dieser Tractus eine der längsten gregorianischen Kompositionen im heutigen Messrepertoire. Die Tracten (es gibt sie nur in zwei Tonarten – im II. und im VIII. Ton) werden von zwei Solisten *tractim* (also in einem Zug, ohne Wiederholung von Teilstücken) vorgetragen. Sie gehen auf eine sehr alte Solopsalmodie zurück und gehören zum ältesten Kernbestand des Repertoires. Liturgisch ist es dem Palmsonntag zugeordnet, steht also am Beginn der Heiligen Woche.

Der Text stammt aus dem 22. Psalm, der seit den Niederschriften der Evangelien von größter Bedeutung ist: Dem sterbenden Christus am Kreuz werden die einleitenden Worte in den Mund gelegt: „Mein Gott, mein Gott – warum hast du mich verlassen?“[58] Gleich zweimal finden sich innerhalb des Textkorpus von Ps 22 im Stuttgarter Psalter Kreuzigungsdarstellungen – der neutestamentliche Bezug ist also theologisch klar verortet.[59] Weist der auf Guido von Arezzo zurückgehende Spruch den II. Ton der Traurigkeit zu (*alter est tristibus aptus*), so sehen wir an diesem Beispiel, dass auch Angst und beinahe zornige Erregung und Verzweiflung zu dieser Tonart zu passen scheinen. In der Mitte des Tractus ertönt der melodisch und rhythmisch intensiv gestaltete Aufschrei aus höchster Not und existenzieller Bedrohung: *Libera me de ore leonis* – Befreie mich aus dem Rachen des Löwen! Dem gegenüber steht gleich zu Beginn des Tractus das Hinabsteigen an den untersten klanglichen Rand des Ambitus gregorianischer Melodien: Hier ruft jemand „aus der Tiefe“!

Auch bei diesem Stück sind die Textkompilatoren gezielt ans Werk gegangen – nach den zusammenhängenden acht Versen zu Beginn haben sie mit den Versen 18, 19, 22, 24 und 32 eine Auswahl getroffen, die die biblische Geschichte der Kreuzigung aufnimmt und begleitet: Sie beginnt mit der Klage des Verzweifelten, welche im bereits erwähnten Schrei nach Befreiung ihren Höhepunkt findet und mündet in eine Haltung der Ergebung: „Die ihr den Herrn fürchtet und ehrt – preist ihn!“ Gott wird gelobt, auf seine Gerechtigkeit setzt der Betende all sein Vertrauen. So leuchtet am Ende eine vertrauensvolle Stimmung auf – aus „Mein Gott, warum hast du mich verlassen?“ wird „Vater, in deine Hände befehle ich meinen Geist!“

Introitus des Mittwochs der Karwoche „In nomine Domini“

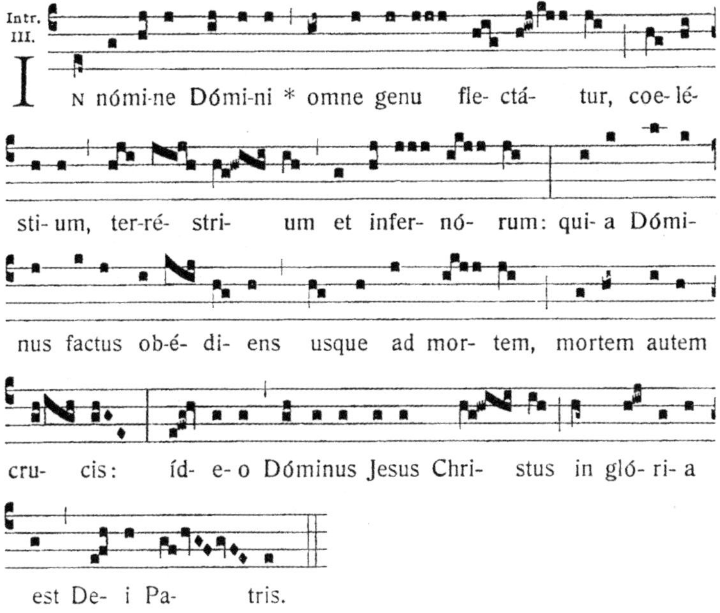

Abb. 20: Introitus „In nomine Domini“

„Tertius iratus!“ – zornig soll die dritte Tonart sein, jedoch trifft diese Charakterisierung wohl nicht das eigentlich

Gemeinte: Die großen Intervallsprünge in Kompositionen des III. Modus verleihen diesen einen temperamentvollen und energischen Grundzug. Im vorliegenden Stück kann man das besonders gut gleich am Anfang sehen: Innerhalb der ersten Worte springt die Melodie über den Raum einer Septime und erreicht in der dritten Zeile sogar die None über dem Grundton. Der hier vorgetragene Text wird zur aufrüttelnden Proklamation: Vor Christus soll jedes Knie sich beugen – im Himmel sowie auf und unter der Erde!

Erstaunlich ist hier wieder einmal die Textkompilation. In der Übersetzung der entsprechenden Passage aus dem Philipperbrief wird das deutlich:[60]

> Er war Gott gleich, hielt aber nicht daran fest, Gott gleich zu sein, sondern er entäußerte sich und wurde wie ein Sklave und den Menschen gleich. Sein Leben war das eines Menschen; er erniedrigte sich und war gehorsam bis zum Tod, bis zum Tod am Kreuz. Darum hat ihn Gott über alle erhöht und ihm den Namen verliehen, der größer ist als alle Namen, damit alle im Himmel, auf der Erde und unter der Erde ihr Knie beugen vor dem Namen Jesu und jeder Mund bekennt: Jesus Christus ist der Herr zur Ehre Gottes, des Vaters.

Im Text des Introitus wird die Reihenfolge umgedreht: „Im Namen des Herrn soll jedes Knie sich beugen – der Himmlischen, der Irdischen und derjenigen in der Unterwelt: Denn der Herr war gehorsam bis zum Tod, sogar bis zum Tod am Kreuz! Deswegen ist der Herr Jesus Christus in der Herrlichkeit Gottes, des Vaters." Im Zentrum des Textes steht nicht

In seinen Psalmpredigten weist Augustinus darauf hin, dass hier Christus zu seinem Vater redet, denn zu ihm kann auch er „Herr“ sagen. Es handelt sich also um eine *Vox Christi ad Patrem*, mit der sich der eben Auferstandene Gott zuwendet und dessen Beistand preist: Du hast deine Hand über mich gehalten – wunderbar ist dein Wissen um mich! Der letzte menschliche Schrei am Kreuz „Mein Gott, warum hast du mich verlassen?“ mündet nun in das Flüstern der unfasslichen Auferstehungsbotschaft. So ist auch hier der Eingriff in die Gestalt des Originaltextes mit der Umstellung der Verse nachvollziehbar: Die wichtigste Aussage (V. 18) ist den anderen Gedanken (V. 5 und 6) vorangestellt. Im Psalm selber ist natürlich nicht von „Auferstehung“ die Rede – es ist die Ambivalenz der Begriffes *exsurgere/resurgere* (wieder vom Schlaf aufstehen), die assoziativ genutzt wird.

Wieso aber nun ausgerechnet am höchsten Fest der Christen, an Ostern, ein Einzugsgesang, der mit so feinen und diskreten musikalischen Farben aufwartet? Fast fühlt man sich an eine Textzeile eines modernen geistlichen Liedes von Arnim Juhre erinnert: „Sing nicht so schnell dein Glaubenslied, sing nicht so laut, so grell ...“. Mag für Weihnachten z. B. gelten, dass man Ort und Zeit festmachen und ins Wort bringen kann („... und sie gebar ihren ersten Sohn ...“), so gilt das für Ostern nicht – denn nirgendwo in der Heiligen Schrift steht der Satz: Da stand er von den Toten auf! Weihnachten *ist*, Ostern *wird!* Diejenigen, die zum Glauben an die Auferstehung gelangt sind, wurden überzeugt durch das Zeugnis der schon Glaubenden. Das ist ein Prozess, und der braucht Zeit. So beginnt Ostern gregorianisch eben nicht mit einem großen feierlichen Tusch, sondern leise, fast flüsternd. Erst im Alleluja bricht der Jubel los – dann aber schwingt sich die Melodie mit großem Impetus in ungeahnte Höhen auf!

Wie müsste ein Ostergottesdienst hinsichtlich liturgischer und musikalischer Gestaltung beginnen, um diesem erstaunlichen Befund des gregorianischen Osterintroitus zu entsprechen?

Die rhythmische Gestalt des erklingenden Wortes

Wir betreten nun den dritten und letzten Raum unserer imaginären gregorianischen Werkstatt: Der Text ist geformt; er hat seine Tonart und seine melodische Gestalt – nun wird die Melodie mit einem Rhythmus versehen. Präziser ausgedrückt: Der Textrhythmus wird in Musik gesetzt – was in dieser Form nur bei der metrisch ungebundenen Einstimmigkeit möglich ist. Die Interpretation eines Textes, also die Intention seiner Aussage, schlägt sich nieder in seiner Betonung. Betonung im rhetorischen Sinn entsteht durch verschiedene Parameter, z. B. Beschleunigen und Verzögern der Rezitation, Heraushebung eines wichtigen Wortes durch Intensivierung des Akzentes, Heben und Senken der Stimme, also die Gestaltung der Sprachmelodie. Von der *Be*tonung zur *Ver*tonung eines Textes ist es also nur ein kleiner Schritt, indem man diese Parameter in musikalische Mittel umsetzt.

Zwei Techniken, mit denen dies im Gregorianischen Choral erreicht wird, sollen hier vor allem betrachtet werden; die bereits weiter oben geschilderte Modifikation graphischer Zeichen (Kurrenz und Nichtkurrenz) zum Ausdruck unterschiedlicher rhythmischer Sachverhalte ist für diesen Arbeitsgang das perfekte Medium:

1. Durch den Wechsel von Beschleunigung und Verlangsamung ergibt sich eine Priorisierung der einzelnen Wörter. Jedes Wort hat einen Wortakzent (die wichtigste Silbe, die dem Wort seine „Seele" gibt). Werden aber mehrere Wörter zu einem Satz zusammengefügt, so muss man priorisieren, denn niemals sind in einem Satz alle Wörter für den Sinn von gleicher Bedeutung: Welche Wörter sind wichtig, welche nachgeordnet?

Dabei kann ein Text je nach liturgischer Situation unterschiedlich betont werden. So beginnt die Stundengebetsantiphon „Ecce Dominus veniet" in den Laudes des 1. Adventssonntags mit einer Heraushebung des Wortes *Ecce*:

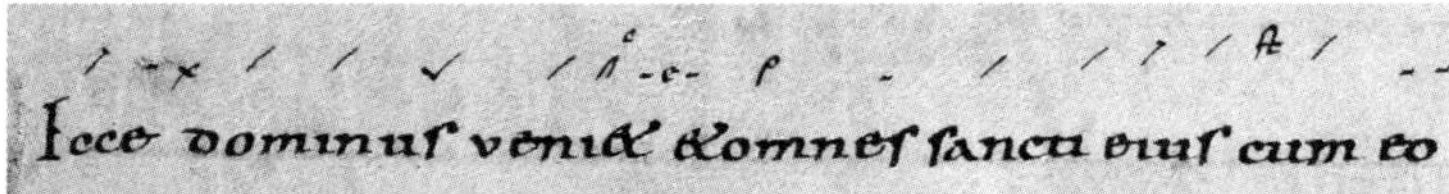

Abb. 23: Beginn der Stundengebetsantiphon „Ecce Dominus"

Wie ein Ausrufezeichen wird es der folgenden Aussage („Seht! Der Herr wird kommen und alle seine Heiligen mit ihm ...") vorangestellt: Die Virga zu Beginn trägt ein Episem; nach dem Wort grenzt ein „x" (für *expectate*, wartet!) die Einleitung rhythmisch ab.

Dem gegenüber beginnt die Communio, der derselbe Text zugrunde liegt, mit der Hervorhebung eines anderen Wortes – besonders gut zu sehen ist dies an den Zeichen der

Handschrift von Laon; die ersten Worte werden rasch rezitiert, und erst bei „veniet“ steht eine Neume (Uncinus mit „t“/*tenete*, haltet an!), die diesem Sinnakzent klare Priorität einräumt:

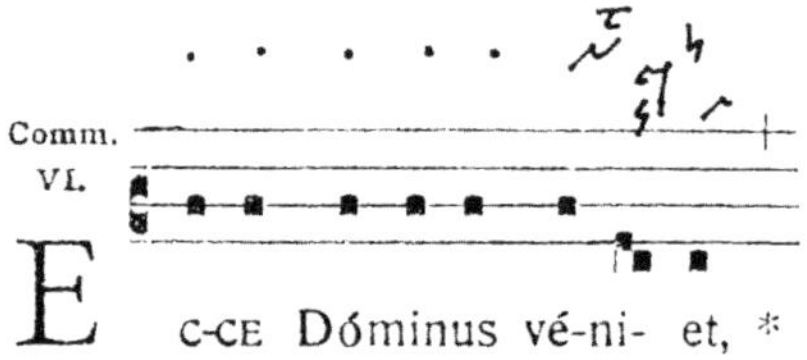

Abb. 24: Beginn der Communio „Ecce Dominus“

Der Gesang erklingt in den letzten Tagen vor Weihnachten, die Geburt Christi steht also direkt bevor. Daher ist es hier wichtig, sich des „veniet“ zu vergewissern: Er kommt gewisslich, ja – er steht schon im Eingang und begehrt Einlass!

Ein Text – und zwei situativ bedingt unterschiedliche Betonungen!

2. Will man die rhetorischen Mittel in den gregorianischen Gesängen genauer studieren, so lohnt sich ein Blick auf die Art und Weise, wie die Endsilbe eines Wortes gestaltet ist. Normalerweise (außer bei einsilbigen oder endbetonten Wörtern) ist die Endsilbe leicht und entspannt; sie ist prioritär gegenüber dem Wortakzent zurückgenommen, der die normale Betonung des Wortes trägt und auch in größeren semantischen Zusammenhängen die Aufgabe eines übergeordneten Sinnakzentes übernehmen kann. Wenn nun die Endsilbe eines Wortes oder einer grammatikalisch

zusammengehörenden Wortgruppe rhythmisch verlängert (aufgestaut) wird, dann ist mit Blick auf die rhetorische Dimension besondere Aufmerksamkeit geboten. Entweder wird dieses Wort noch einmal besonders abgerundet und erfährt damit eine Heraushebung – oder der Stau auf der Endsilbe eines Wortes gilt der Vorbereitung einer folgenden Betonung: Das wichtige Wort steht also noch bevor!

Durch welche Mittel wird nun die rhythmische Intensivierung bzw. Verlängerung der Endsilbe ausgedrückt?

Es kann dies ein Einzelzeichen sein, das durch Episem oder Zusatzbuchstaben nicht kurrent ist: .

In Laon kann der Uncinus stark vergrößert werden , um diese Nichtkurrenz anzuzeigen.

Auch Mehrtonneumen – wie z. B. die Bi-Virga (SG , L) oder ein Torculus, bei dem die zweite und dritte Note nicht kurrent sind (SG , L), haben diesen Effekt und wirken schon beim Lesen der Handschrift wie massive rhetorische Signale. Aber auch der Quilisma-Scandicus (L , SG) auf der Endsilbe eines Wortes wirkt so: Wenn sich normalerweise die Stimme am Ende senkt, so scheint diese Neume genau das Umkehren der Energie anzuzeigen – fast als bekäme der Singende zugerufen: Haltet die Spannung und führt sie weiter! Und auf eine letzte Neumenkonstellation soll in diesem Zusammenhang verwiesen sein – auch sie hat eminent rhetorischen Charakter: Des Öfteren wird zur Heraushebung eines Wortes der Wortakzent mit einem kurrenten Pes vertont – danach geht die Melodie wieder zur Ausgangstonstufe zurück. Wird jedoch der Pes über dem Wortakzent nicht rasch, sondern verlangsamt gesungen, und die Melodie geht anschließend nicht hinunter, sondern bleibt auf der Tonstufe, so ist dies Signal für eine Intensivierung auf das kommende Wort/den kommenden Satz hin. Im folgenden Beispiel findet man dies Vorgehen gleich zweimal:

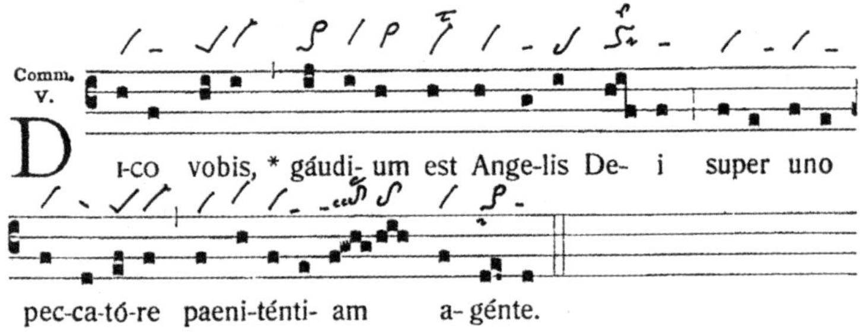

Abb. 25: Communio „Dico vobis“ mit St. Galler Neumen

Die Communio bringt den wohl wichtigsten Satz aus der Evangelienperikope vom verlorenen Groschen, einer der drei Erzählungen aus dem 15. Kapitel des Lukasevangeliums, die den Abweg des Sünders aus der Perspektive dessen erzählen, der etwas verloren hat: der Hirt das eine von 100 Schafen, die Hausfrau einen Silbergroschen und der Vater seinen jüngeren Sohn. Jedesmal geht es um das Wiederfinden und um die Freude, die daraufhin vorherrscht. So lautet der Text der Communio: „Ich sage euch: Freude herrscht vor den Engeln Gottes über einen Sünder, der Buße tut.“ Gleich an zwei Stellen begegnet uns die Neume, mit der die Spannung auf das Folgende hin offen gehalten werden soll: *Dico* ***vobis****: Gaudium est … super uno pecca****tore*** *paenitentiam* *agente*. Der Zorn über den Sünder und das Gefühl der Genugtuung des (Selbst-)Gerechten kann so groß nicht sein wie die Freude, die man über einen Sünder empfindet, der freilich Buße tut! Vielleicht wird denen, die den Worten diese Betonung gaben, die Predigt im Ohr geklungen haben, die Gregor der Große am 29. September 591 in Rom gehalten hat und die den Verlust und das Wiederfinden der Drachme (des Silbergroschens) noch einmal in einen größeren theologischen Zusammenhang stellt:

> Da der Drachme ein Bild eingeprägt ist, hat die Frau die Drachme verloren, als der Mensch, nach dem Bild Gottes geschaffen, durch die Sünde die Ebenbildlichkeit seines Schöpfers aufgab. Die Frau entzündete jedoch eine Leuchte, weil Gottes Weisheit in Menschennatur erschien. Eine Leuchte ist ja ein Licht in einen irdenen Lampe, ein Licht in einer irdenen Lampe ist aber auch die Gottheit im Fleisch. [...] Nachdem also das Haus umgekehrt wurde, wird die Drachme gefunden, weil im Menschen die Ebenbildlichkeit mit dem Schöpfer in Folge des beunruhigten Gewissens wieder hergestellt wird.[62]

Hier kommt also eine ganz andere theologische Dimension ins Spiel, die von des Menschen genereller Sündenverfallenheit und neuen Zuwendung zu Gott als Teil der Erlösung, der Heilsgeschichte, spricht. Von hier aus erhellt vielleicht auch noch eine andere Neume, und zwar die mit Episem und „t“ (*tenete*) versehene Virga über *est*. Kann damit lediglich das Abfangen der agogischen Energie des zurückliegenden Sinnakzentes *gaudium* intendiert sein? Oder ist es eine Vorbereitung auf das Wort *angelis* – dann aber: Aus welchem Grund sollte dies der Fall sein? Auch hier gibt uns Gregor in seiner bereits erwähnten Predigt einen deutlichen Hinweis, der damit ansetzt, dass es sich um eine von zehn wertvollen Drachmen gehandelt habe, die der Frau verlorengegangen sei:

> Doch dürfen wir keineswegs unberücksichtigt lassen, warum jene Frau als Sinnbild der Weisheit Gottes zehn Drachmen besaß. Eine davon hat sie verloren, nach ihrer Suche jedoch wiedergefunden. Der Herr hat nämlich die Natur der Engel und Menschen erschaffen, damit sie ihn erkenne. Da sie nach seinem Willen in Ewigkeit bestehen sollte, erschuf er sie ohne Zweifel nach seinem Ebenbild. Die Frau aber besaß zehn Drachmen, denn es gibt neun Ordnungen der Engel. Um jedoch die Zahl der Erwählten zu vollenden, wurde als zehnte Ordnung der Mensch erschaffen, der selbst nach seinem Sündenfall dem Schöpfer nicht verloren ging, weil ihn die ewige Weisheit wiedergewann, als sie im Fleisch mit Wundern wie ein Licht aus irdener Lampe erstrahlte.[63]

Die zehnte Drachme – die Zurechnung des Menschen zum Ordo der Engel im Himmel – war verloren und wurde nun durch die Umkehr der Sünder zu Gott wiedergefunden: In der Freude der Engel erklingt also der Jubel über die wieder hergestellte Vollständigkeit und Integrität der irdischen und überirdischen Reihen.

Zum Abschluss dieses Kapitels (gleichsam am Ausgang der „Werkstatt“) seien noch drei kurze Beispiele für eine auffällige rhythmische Ausgestaltung von Texten betrachtet:

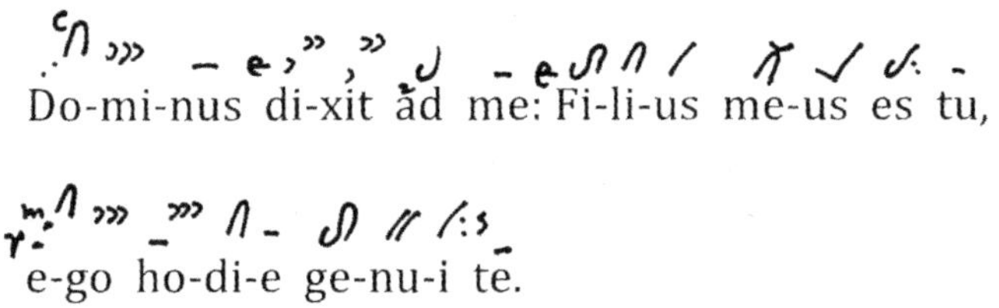

Do-mi-nus di-xit ad me: Fi-li-us me-us es tu,

e-go ho-di-e ge-nu-i te.

Abb. 26: Text und Neumen des Introitus „Dominus dixit“

Die Melodie ist bei diesem Beispiel von sekundärer Wichtigkeit; der Text mit den Neumen reicht aus, um zu sehen, dass in dieser kurzen Antiphon, mit der die erste Weihnachtsmesse (*in nocte*, lat.: in der Nacht) eröffnet wird, drei Stellen durch rhythmische Intensivierung hervorgehoben sind. Das fällt besonders auf, weil ansonsten die benutzten Werte durchweg kurrent, also rasch sind.

Folgt man also dem Wechsel zwischen kurrenten und nicht kurrenten Werten, so ergibt sich die Betonung:
Dominus dixit ad me: Filius ***meus*** *es tu: ego* ***hodie*** *genui* ***te***. (Der Herr sprach zu mir: MEIN Sohn bist du – HEUTE habe ich DICH gezeugt.) Diese Betonung entsteht durch die nicht kurrenten Neumen (Clivis, Pes) über „meus“, durch die Anfangsartikulation über „**ho**die“ und durch die vorbereitende Dehnung auf „ge-**nu**-i“, die zusammen mit

dem Schwung der Endsilbe auf das abschließende „te" hinführt.

So kurz der Text ist, so bemerkenswert ist er doch für die Eröffnung des Weihnachtsfestes: Es spricht (aus der Sicht der Kirchenväter) Gott Vater zu seinem Sohn, der seit Urzeiten Anteil an seinem ewigen „Heute" hat und den er zugleich mit der Verkündigung in ein zeitliches, geschichtliches „Heute" hineingezeugt hat.[64] Angesichts des kleinen wehrlosen Kindes, das in ärmlichste Verhältnisse hineingeboren wurde, klingt es wie ein Bekenntnis des himmlischen Vaters: „Du, ja – DU – bist es, den ich sende zu den Menschen, um sie zu retten ... mein Sohn!"

Hier der Beginn des Introitus der dritten Weihnachtsmesse (*Missa in die*, lat.: Messe vom Tag):

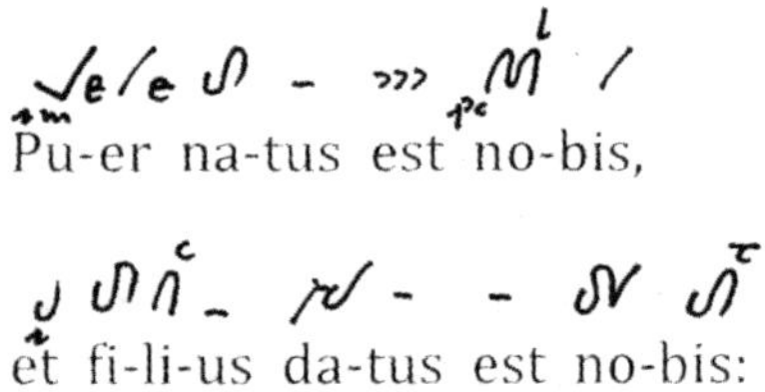

Pu-er na-tus est no-bis,

et fi-li-us da-tus est no-bis:

Abb. 27: Text und Neumen des Introitus „Puer natus est"

Zuerst ist die Gestalt des Textes auffällig: Während die griechische Version (die Septuaginta) die Stelle mit ὅτι παιδίον ἐγεννήθη ἡμῖν (heute ist euch ein Knabe/ein Knecht geboren) übersetzt, weist die im 4. Jahrhundert entstandene lateinische Vulgataübersetzung bereits in eine christliche Deutung: *Parvulus enim natus est nobis* (nämlich: ein Knäblein ist uns geboren). In der Theologie der Kirchenväter ist jedoch schon sehr früh der Gedanke zu finden, dass die Geburt Christi ins menschliche Fleisch der Beginn seines Leidensweges ist, bildlich gesprochen, dass das Holz der Krippe und das des Kreuzes von demselben Baum stammen.[65] Meint *puer* also doch weniger den Knaben als den (Gottes-)Knecht, der für uns geboren ist als Erlöser und Wegweiser? Die verlangsamte Bewegung über *puer* (nicht kurrenter Pes) scheint diesen Befund zu stützen: Mit überquellendem Jubel hat das zuerst einmal nichts zu tun. Erst wenn geschildert wird, dass die Herrschaft auf den Schultern dieses Knechtes/Kindes ruht, erreicht die Melodie ihren Höhepunkt (*imperium*) – welch ein Paradox: Die Herrschaft liegt beim Knecht!

Als nächstes fällt die Tristropha über dem Wort *est* auf: drei rasche Töne auf einer Tonhöhe, die in dieser Position wie eine drängende Vorbereitung auf das folgende Wort hin wirken: *nobis*! Für uns ist dieser Knecht geboren (besonders herauszuheben ist hier der Wechsel der Vokabel vom Hebräisch-Griechischen „euch“ zum Lateinisch-Deutschen „uns“). Mit dem nächsten Halbsatz steht ein Wechsel in der Betonung an: Das Wort *filius* (inhaltlich parallel zum eröffnenden *puer*) ist rasch und zielt auf das folgende *datus*, das mit einer nicht kurrenten Note beginnt. *datus* hat ganz verschiedene Bedeutungen: Es kann „geschenkt“ oder „gegeben“ heißen, aber auch „überliefert“ und „ausgeliefert“ (im Lat. *tradere*, verraten, klingt noch das *dare* mit). Wie sähe eine zur Erschließung des spirituellen Gehalts dieser Stelle geeignete Übersetzung nun vielleicht aus? „Ein Knabe/Ein Knecht ist geboren für *uns*, und der Sohn – *ausgeliefert* ist er uns ...“.

Das Offertorium der dritten Weihnachtsmesse beginnt so:

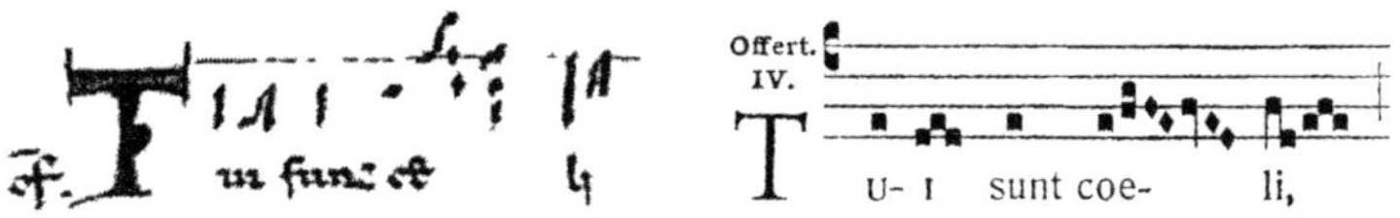

Abb. 28 a und b: Beginn des Offertoriums „Tui sunt coeli" nach Codex Benevent

Die hier gezeigte Melodiefassung folgt der um 1080 in Benevent geschriebenen Handschrift Bv 34 (fol. 19 v).

Die beiden frühen Handschriften St. Gallen und Laon wählen zu Beginn auf der Nachsilbe des Wortes „Tui" Zeichen für eine agogisch stark verzögerte Bewegung: Von den drei Tönen sind die beiden letzten nicht kurrent! Der hymnische Text, der im Mondsee-Psalter unter Verweis auf das Kolosser-Canticum (Kol 1,16) kommentiert wird[66] (die Herrschaft Christi über alle Kreatur, die aus ihm hervorgegangen ist, „die sichtbaren und die unsichtbaren Dinge") –, tritt uns in einer melodisch und agogisch stark zurückgenommen Fassung entgegen, als wolle die konkrete Form den Inhalt nicht in Aussage-, sondern in Frageform präsentieren: „DEIN sind etwa die Himmel – und DEIN die Erde ...?" Die Melodie verlässt den Halbton-/Kleinterzbereich zu Beginn fast überhaupt nicht. Wenig später bricht sie jedoch nach oben aus: „Den Erdkreis und was ihn erfüllt – DU hast das alles gegründet?"

Wir stehen an Weihnachten vor einem kleinen Kind, auf dem ein unglaublicher Druck an Erwartungen lastet: Der prophezeite Erlöser, König, Herrscher – er liegt als Sinnbild der Schwäche und Hilflosigkeit vor den Augen der Menschen, die es zuerst einmal nicht fassen können: DAS soll nun die Lösung unserer Probleme sein? Die Zumutung, die seine Wehrlosigkeit darstellt, wird bis zu seinem irdischen Lebensende bestehen bleiben: „Musste nicht der Messias all das erleiden?“ Das Staunen jedoch, oftmals der Anfang des Glaubens, beginnt an der Krippe ...

VI. Betrachtung einiger Stücke aus dem gregorianischen Repertoire

Die „Werkstatt“ des Gregorianischen Chorals wurde nun verlassen – in den drei Arbeitsräumen entstanden die Textfassung und die Melodie, deren rhythmische Ausgestaltung auf eine klare Vorstellung von der Betonung des zugrundeliegenden Textes hinweist. Natürlich gilt dies zuerst für die singulären Gesänge, die vor allem bei Introiten, Offertorien und Communiones zu finden sind, während in den Gattungen „Graduale“, „Tractus“ und „Alleluia“ viele Stücke als Formelkompositionen gestaltet sind: Es gibt einen Vorrat an Formeln (meist in syntaktisch gliedernder Funktion – so z. B. zu Beginn, in der Mitte und am Ende eine Satzes), die unterschiedlichen Texten adaptiert werden. Dabei wird aber niemals „stur“ unterlegt, sondern stets sehr gekonnt der konkrete Text vertont, indem der jeweiligen Akzentkonstellation und Silbenzahl durch kleine melodische Veränderungen entsprochen wird.

Nun werden sechs Kompositionen (drei mit alt-, drei mit neutestamentlicher Textgrundlage) noch einmal genauer betrachtet und erschlossen.

Communio „Cum invocarem te“

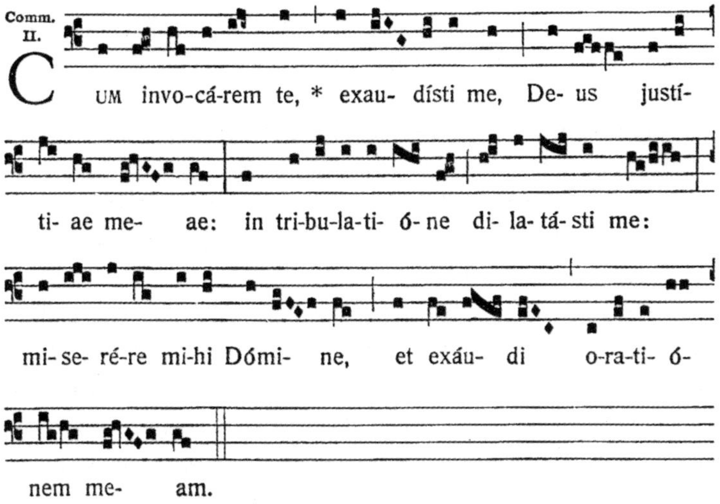

Abb. 29 a: Communio „Cum invocarem“

Der Text steht in Psalm 4,2, erscheint jedoch gegenüber der heute verbreiteten Vulgatafassung verändert: Im Psalter der Vulgata ist der erste Satz als Aussage gehalten (*Cum invocarem exaudivit me Deus iustitiae meae* – Als ich rief, erhörte mich der Gott meiner Gerechtigkeit); diese Textfassung – sie entstammt dem Psalterium Gallicanum – ist auch im Stuttgarter Psalter zu finden. Hingegen weist der zeitlich früher entstandene Mondseepsalter bereits die aus dem Psalterium Romanum stammende Textfassung mit einer persönlichen Ansprache auf, die auch dem gregorianischen Gesang zugrunde liegt: *Cum invocarem te, exaudisti me, Deus iustitiae meae* (Als ich zu dir rief, hast du mich erhört, Gott meiner Gerechtigkeit).[67] Beide Textfassungen sind also schon früh bezeugt; dass es einen Personenwechsel im Verb gibt, reflektiert bereits Augustinus in seinen Psalmenpredigten.[68]

Der Psalm 4 wird früh bereits als Gesang Davids, aber auch als Gesang Christi und jedes Gerechten gedeutet, der Not erlitten, Gott um Hilfe angerufen und Rettung erfahren hat. Die Kirchenväter verstehen ihn zumeist als Wendung gegen die Widersacher, also gegen die, „die bezweifeln, dass Gott sich für das, was in der Welt des Menschen vorgeht, interessiert oder auf Gebete hört."[69] Von daher ist es nicht erstaunlich, dass die marginalen Kommentare des Stuttgarter Psalters diesen Text als Ansprache an die ungläubigen und „geifernden" Juden (*ad Iudaeos increpandos*) interpretieren, die das Wort der Predigt Christi nicht annehmen.

Die Communio ist bereits in den Handschriften des 10. Jahrhunderts dem Dienstag der 1. Fastenwoche zugeordnet. Dort ist sie auch heute noch zu finden. Auch die vorausgehenden Gesänge sind gleich geblieben; sie alle folgen den Leitgedanken „Gott, du bist meine Zuflucht von jeher" (Introitus) – Wenn „mein Gebet aufsteigt wie der Weihrauch vor deinem Angesicht" (Graduale) – dann wirst du mich stets erhören; und so „hoffe ich auf dich, denn in deinen Händen steht meine Zeit" (Offertorium). Es geht also zum einen um das Rufen zu Gott als dem einzigen Fels der Zuflucht, der das Flehen des Gerechten hört und ihm hilft. Zugleich sind alle Texte des Propriums Reflexionen des Betenden, der wie ein lyrisches Ich die rechte Art des Gebetes bedenkt: vertrauensvoll, ohne ein Thema auszublenden, immer in dem Bewusstsein um die dauerhafte Präsenz Gottes, an den sich alles Beten richtet.

Im Laufe der Zeit sind zwei Perikopen aus dem Matthäusevangelium diesem Choralproprium (und damit auch der Communio) zugeordnet worden. Bereits im Mittelalter wurde an diesem Tag Mt 21,10–17 gelesen:[70] Im Zentrum steht die sog. Tempelreinigung – Jesus treibt die Händler und Geldwechsler aus dem Tempel heraus und ruft dabei mit Rückgriff auf Jes 56,7 aus: „Mein Haus soll ‚Haus des Gebetes‘ heißen – ihr aber habt eine Räuberhöhle daraus gemacht!“ Erklingt nun hierzu die Communio mit dem Text aus Ps 4, so ist die gegen die religiöse Praxis der Juden seiner Zeit gerichtete Interpretation vorherrschend.

Heute wird am Dienstag der 1. Fastenwoche ein anderes Evangelium gelesen, das jedoch genau zur anderen inhaltlichen Schwerpunktsetzung der Communio passt: Mt 6,7–15. Dort geht es um das richtige (und nicht wortreich scheinheilige) Beten, zu dem Jesus seine Jüngerinnen und Jünger erziehen will. Im Mittelpunkt dieser Perikope steht das Vater Unser als Modell, in welcher Haltung wir uns an den himmlischen Vater wenden dürfen und sollen.

Die Wahl der Tonart (Protus) gibt in den handschriftlichen Überlieferungen ein kleines Rätsel auf: Wiewohl der Ambitus der Melodie geradezu „klassisch“ die Quinte über dem Grundton nicht übersteigt und sich dafür auf die Unterquarte hinabsenkt, was auf einen fast modellhaften Protus plagalis verweist, wird dieser Gesang schon sehr früh dem authentischen Protus (I. Ton) zugerechnet.[71] Tatsächlich bleibt es ambivalent, denn auch eine Zuweisung zum II. Ton, dessen Charakteristik für dramatische Inhalte stehen kann, scheint nicht falsch zu sein. Auf der anderen Seite erklingt sehr oft die Tonstufe -la-, die als Rezitationsebene des I. Psalmtons etabliert ist. Die Frage der Einordnung in die I. oder II. Tonart muss jedoch sowieso nur derjenige entscheiden, der zu dieser Communio Psalmverse singt.

Spannend ist der agogische Duktus des erklingenden Textes, so wie er aus den Neumen herauszulesen ist. Die Melodie schwingt sich zu Beginn auf und hat als erstes Ziel (vorbereitet durch die Torculus-Bewegung samt der Liqueszenz auf *invocarem*) das Wort *te*. Das Wort *exaudisti* weist jene Neumenkonstellation auf, die wir bereits weiter oben schon kennengelernt haben: Durch einen nicht kurrenten Pes und eine Virga wird die Betonungsenergie weitergeleitet auf das abschließende *me*. So korrespondieren die beiden wichtigsten Pole des Gebetes: Ich rief DICH an – und du erhörtest MICH! Der Beter steht hier mit seiner ganzen Existenz und all seiner Erfahrung dafür ein und bezeugt gegen die Zweifler – und wohl auch gegen die inneren Anfechtungen – „Gottes Hilfe in seinem eigenen Leben, die ihn zum lebendigen Beweis dafür macht, dass ein guter Mensch von Gott alles im Überfluss bekommt.“[72] Die nächste Stelle, die aufhorchen lässt, ist über der Endsilbe des Wortes *tribulationem* zu finden. Mit einer energisch aufsteigenden Bewegung wird das Abphrasieren des Wortes verhindert; der agogische Fluss führt weiter: *dilatasti me* (du hast mir Raum geschaffen) ist der Zielpunkt der Bewegung. Die zentrale Aussage ist erreicht; die innere Weite ist der große Freiraum der Bewegung, die nun wieder möglich ist, nachdem Gott am betenden Menschen gehandelt hat. So groß ist dieser neugewonnene Raum, dass Gott selbst darin umhergehen kann: „Die Not der Heiligen kennt nicht nur keine Bedrängnis und Enge, sondern schließt die Weite ein. [...] Darum spricht Gott von seinen Heiligen, von denen er weiß, dass sie weit sind und im Haus ihres Herzens nach Länge und Breite ausgedehnte Räume haben: ‚Ich werde in ihnen wohnen und umhergehen‘ (2 Kor 6,16; Lev 26,12). [...] Die Seele, die der Wahrheit gehorcht, wird weit wie der Himmel, breitet sich aus und wird zum Festsaal der Weisheit und Wahrheit [...].“[73]

Mit dem Ausruf *„Miserere mihi* – Erbarme dich meiner“ wird die agogische Energie wieder aufgenommen.

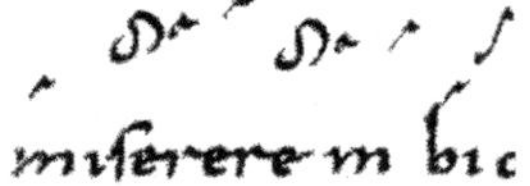

Abb. 29b: Ausschnitt aus der Handschrift Laon 239

Drei Neumierungen sind hier von Bedeutung. Diesmal gibt uns vor allem die Handschrift von Laon die entsprechenden Hinweise, indem über „miserere“ zwei besondere Torculusbewegungen stehen, bei denen jeweils die zweiten und die dritten Töne verlangsamt sind. Zuerst wird der Wortakzent („mise*ré*re“) besonders vorbereitet; dann staut sich die Energie am Ende des Wortes auf das folgende *mihi* hin, das wiederum mit einem nicht kurrenten Pes auf der Endsilbe abgerundet und zugleich auf Domine hin ausgespannt wird. An Intensität und Nachdrücklichkeit ist diese Passage kaum zu übertreffen. Dazu trägt auch bei, dass das folgende Wort *Domine* – die Anrede „Herr“ – (sie ist nur in einer der beiden Psalterfassungen, im Psalterium Romanum, vorhanden; der Text der Communio folgt also vollständig dieser Version) wie eine Kadenzbewegung gestaltet ist, in welcher der melodische Fluss zur Ruhe kommt. Es kann sich aber um keinen Abschluss handeln, denn die Melodie schließt auf -do-, eine Stufe unter der Finalis. Diese Kadenz rundet das eingeschobene *Domine* ab und öffnet sich zugleich auf den folgenden Satzschluss hin, mit dem die Aussage zu Ende gebracht wird.

Ein Hinweis zur Melodie ist hier noch notwendig: Die Fassung des Graduale Triplex stimmt bei „miserere mihi“ nicht mit den frühesten Handschriften überein, denn es steht dort kein Torculus. Die Melodieüberlieferung hat sich hier im Laufe der Jahrhunderte verändert. Im Codex Benevent 34 ist eine frühere Fassung zu finden, die mit den Handschriften von Laon und Einsiedeln zu harmonisieren ist.

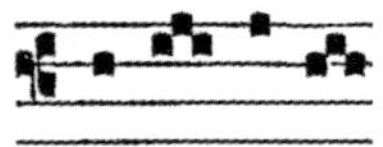

mi- se- ré-re

Abb. 30: Aus der Communio „Cum invocarem“, Melodiefassung nach Codex Benevent

Introitus „Salus populi“

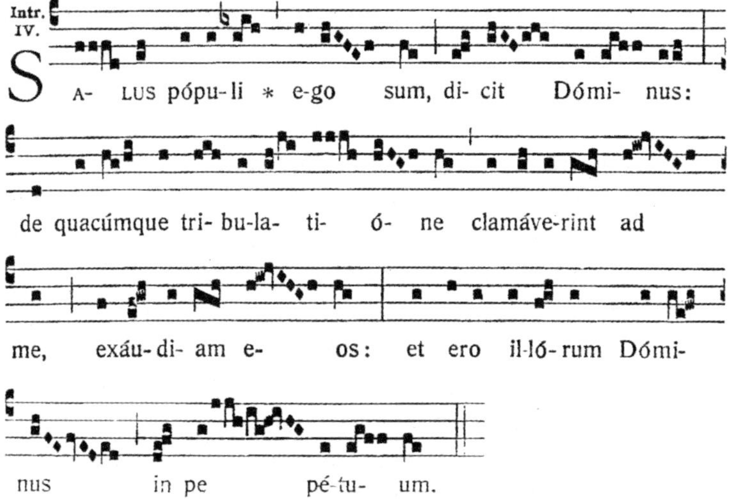

Abb. 31 a: Introitus „Salus populi“

Im Graduale Triplex ist als Textquelle dieses Gesangs Ps 36 mit den Versen 39, 40 und 28 angegeben – freilich mit einem relativierenden „cf.“ (*confer* bzw. *conferatur*, vergleiche) zuvor: Dies ist ein deutlicher Hinweis auf Textkompilationen! So ist es auch hier geschehen – und noch weit mehr!

Hier eine Gegenüberstellung der beiden Textversionen: Psalm 36 (Vulgata bzw. Stuttgarter Psalter)

39 Salus autem iustorum a Domino et protector eorum in tempore tribulationis

40 et adiuvabit eos Dominus et liberabit eos et eruit eos a peccatoribus et salvabit eos quia speraverunt in eo.

28 Quia Dominus amat iudicium et non derelinquet sanctos suos; in aeternum conservabuntur. Iniusti punientur et semen impiorum peribit. (Aber das rettende Heil der Gerechten kommt vom Herrn, und er wird ihr Schutz sein in Zeiten der Bedrängnis; und der Herr wird sie befreien und sie herausreißen aus der Schar der Sünder und er wird sie retten, denn sie haben auf ihn gehofft. Denn der Herr liebt den Rechtsspruch, und er wird seine Heiligen nicht verlassen; in Ewigkeit werden sie bewahrt werden. Die Ungerechten werden bestraft werden, und der Samen der Gottlosen wird vergehen.)

Die Übersetzung des Introitustextes lautet: „Ich bin das Heil der Völker, spricht der Herr. Aus welcher Not auch immer sie zu mir rufen werden – ich werde sie erhören. Und ich werde ihr Herr sein in Ewigkeit."

Von einer Textkompilation im eigentlichen Sinn kann man hier nicht sprechen; denn es wurden keine Sätze oder Wörter zusammengestellt. Der dramatisch anmutende Eingriff geschieht dadurch, dass der Inhalt der Psalmverse als wörtliche Rede Gott selber in den Mund gelegt wird, so dass der Psalmtext beinahe wie eine Nacherzählung einer göttlichen Ansprache klingt. Zu Beginn fällt noch etwas anderes auf: Das Wort *ego* ist grammatikalisch redundant, denn *sum* enthält bereits die 1. Person Singular: Ich bin! Wenn nun *ego* hinzutritt, so kann dies nur mit einer besonderen Betonung adäquat übersetzt werden: „Das Heil des Volkes – *ich* bin es!, spricht der Herr". Durch diesen Anspruch auf Exklusivität sind Alternativen von vornherein ausgeschlossen: Gott ist nicht nur die Rettung der Bedrängten, er will auch, dass diese ihn als einzige Instanz anrufen und um Hilfe bitten. Das Versprechen, das Gott dem Mose aus dem brennenden Dornbusch heraus gegeben hat – „Ich bin der ‚Der-für-euch-da-ist‘“ (Ex 3,14f.) – muss zu einem exklusiven Verhältnis zwischen ihm und seinen Erwählten führen. Hier wird etwas vom „eifernden Gott“ spürbar, den die Autoren des Alten Testaments vielfach mit anthropomorphen Charakterzügen (wie z. B. Eifersucht, Zorn und Rachebegehren) geschildert haben.

Die Tonart des Introitus ist der IV. Modus (Deuterus plagalis). Diese Tonart ist ambivalent besetzt: Zum einen sind Stücke zu finden wie der weiter oben besprochene Introitus des Osterfestes (Resurrexi) oder die Introiten „Prope es tu“ (in den letzten Tagen des Advent, Graduale Triplex, S. 24) und „Reminiscere“ (in der Fastenzeit, Graduale Triplex, S. 81): Ihre Melodie verlässt den engeren, vom Halbtonschritt mi-fa dominierten Bereich des Grundtons kaum, was ihr einen sehr zurückhaltenden Charakter verleiht. Daneben hat die IV. Tonart aber auch ganz andere und extrovertierte Farben, z. B. in den Introiten des fünften Fastensonntags („Iudica me, Deus“, Graduale Triplex, S. 120) und des Gründonnerstags („Nos autem gloriari oportet“, Graduale Triplex, S. 162), in denen die Melodie sich mit sehr viel Kraft erhebt und stellenweise in den authentischen Tonraum vordringt. Wie die gekonnte Architektur eines Gebäudes wird die Melodie dabei so geführt, dass die einzelnen Satzglieder miteinander verknüpft sind. Der Torculus auf *populi* öffnet den Tonraum nach oben und erhöht damit auch die Spannung auf das folgende *EGO sum* hin. Damit wird noch einmal deutlich: Die grammatikalische Redundanz des Wortes *ego* ist kein Zufall – im Gegenteil: Das Wort ist in diesem Satz das wichtigste! Es schließt sich *dicit Dominus* an: Die beiden Wörter sind wie eine normale Schlusswendung einer Komposition im Deuterus (III. oder IV. Tonart) gesetzt – mit der Ausnahme der Endsilbe *Dominus*. Wie die Wendung normalerweise aussieht, kann man ganz am Ende des Stückes sehen (*perpetuum*). Die Normalgestalt dieser oft auftauchenden Kadenz wird assoziativ genutzt: Die Melodie senkt sich nicht, sondern wird umgebogen (man spricht hier von einer „umgestülpten Kadenz" – eine *cadenza rovesciata*), damit nicht die normale Schlusswirkung eintritt. Hier verbindet sich die abrundende Wirkung der Kadenz mit dem klaren Signal, die Verbindung zum Folgenden nicht abreißen zu lassen. Damit entsteht eine neue syntaktische Zuordnung: Das sich nun anschließende *de quacumque* wirkt wie eine erläuternde Begründung zum Aussagesatz am Anfang. Dieser Gott erhebt nicht nur einen Exklusivitätsanspruch; er ist durch die Geschichte der Menschen hindurch als Gott der Heilstat präsent. Seine Macht ist kein bloßer Anspruch – sie erweist sich als historische Realität: „Ich werde sie immer erhören, und ich werde ihr Herr sein!"

Auf ein weiteres kleines Detail soll hier noch aufmerksam gemacht werden, – es betrifft diesmal die Neumierung: „*clamaverint ad me* und *exaudiam eos* sind bis auf die letzte Silbe gleich vertont; aber es lohnt ein Blick auf die Neumen der Handschrift von Einsiedeln. Während der letzte Ton von *eos* mit einer regulären Virga / wiedergegeben wird, steht parallel hierzu bei *ad* ein Oriscus, der in zwei Funktionen eingesetzt wird: Zum einen signalisiert er einen folgenden Abstieg der Melodie, zum anderen verweist er auf die Wichtigkeit des kommenden Wortes. Das *me* zieht also die Betonung an sich: „Aus welcher Not auch immer sie zu MIR rufen werden …".

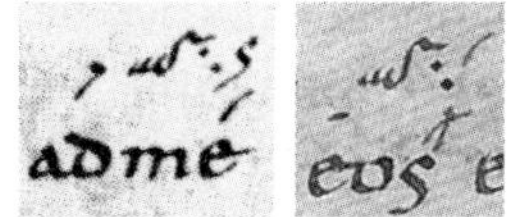

Abb. 31 b und c: Unterschiede in der Neumierung gleicher Melodien über „ad me“ und „eos“

Communio „Et si coram hominibus“

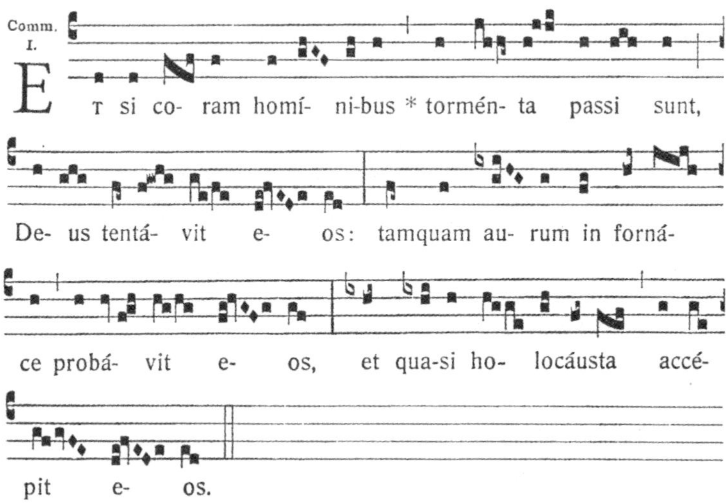

Abb. 32 a: Communio „Etsi coram hominibus“

Die nun betrachtete Communio wird nicht in einer der geprägten Zeiten gesungen; außerdem stammt ihr Text nicht aus den Psalmen, sondern aus dem Buch der Weisheit (Weish 3,4.6). Das Stück ist seit frühmittelalterlichen Zeiten dem Gedächtnis der Märtyrer gewidmet – zuerst den hl. Johannes und Paulus (26. Juni), heute im Commune der Märtyrer außerhalb der Osterzeit.

Die Übersetzung des Textes lautet: „Und wenn sie auch im Angesicht der Menschen Qualen leiden, Gott versuchte sie; wie Gold im Feuerofen prüfte er sie, und wie ein Ganzopfer nahm er sie an." Dies klingt so, als sei bereits hier ein Ausschnitt aus einem größeren Textzusammenhang herausgelöst worden, und in der Tat ist der Kontext umfangreicher und inhaltlich etwas anders gelagert. Die folgende Gegenüberstellung zeigt die Verse 4 bis 6 vollständig; die Elemente, aus denen die Communio zusammengestellt wurde, sind hervorgehoben:

Et si coram hominibus tormenta
passi sunt, spes illorum inmortalitate plena
est: et in paucis vexati in multis bene
disponentur. Quoniam **Deus tentavit**
illos et invenit illos dignos se: **tamquam**
aurum in fornace probavit illos et
quasi holocausta hostiam **accepit**
illos, et in tempore erit respectus illorum.

Und wenn sie auch in den Augen der
Menschen Qualen leiden, ihre Hoffnung
ist voll von Unsterblichkeit; und in wenigem

gezüchtigt, werden sie in vielem (für) gut eingeteilt/geordnet, denn **Gott versuchte sie** und fand sie seiner würdig; **wie Gold im Schmelzofen hat er sie geprüft, und er hat sie angenommen wie ein Ganzopfer**, und zur Zeit (des Gerichts) wird er ihr Rückhalt sein.

Die Auswahl führt zu einer interessanten inhaltlichen Fokussierung: Die Leiden der Märtyrer (in der Sprache des Buches der Weisheit sind dies „die Seelen der Gerechten“) geschehen natürlich vor den Augen der Menschen – nicht selten vor den Augen derer, die sie ihnen zufügen. Bereits in den frühen Schriften der Kirchenväter (Tertullian, Polycarp von Smyrna, Origenes und Augustinus) wird das Martyrium nicht als besondere Leistung des Christen oder Heischen nach dem ewigen Lohn im Himmel begriffen, sondern als Zeichen eines besonderen Verhältnisses zu Gott und als *imitatio*, als Nachahmung des Leidens Christi, aus der die Kirche neue Kraft schöpft, denn aus Sicht der Kirchenväter ist das Martyrium „kein Scheitern, sondern in Wahrheit ein moralischer Sieg [...], der ins Leben bei Gott führt.“[74] Der Vorbildcharakter macht das Martyrium zum „Samen“ der Kirche, da sich viele Unentschlossene oder Ungläubige vom Schicksal der Blutzeugen beeindrucken und zum Glauben führen ließen: *Semen est sanguis Christianorum* (Tertullian). Der Blick liegt nicht auf dem Leid, das Menschen einander antun – auch nicht auf der Verheißung des Lohnes, der ewigen Seligkeit bei Gott. Es geht bei diesem Geschehen von vorneherein um eine Gott-Mensch-

Beziehung, die geprägt ist von Prüfung, Bewährung, Vertrauen und Glauben.

Dieser Sicht begegnen wir auch in der vorliegenden Communio; durch die vorhandene Kompilation des Textes steht das Wort „Deus" im Vordergrund: Wenn es auch so ist, dass die Märtyrer Qualen aushalten müssen, die vor den Augen der Menschen blutige Realität sind, so werden diese von Menschen zugefügten Leiden doch als Prüfung verstanden, die von Gott auferlegt wurde. Das geht hin bis zum Bild des Feuerofens, in dem das Edelmetall Gold gereinigt und alles herausgebrannt wird, was nicht Gold ist. Im Martyrium trennt sich der Mensch von seinen eigenen Wünschen, von seinen Sünden und Begierden: Er ist nur noch „Gold", d. h. er wird mit seiner ganzen Existenz nichts mehr als Zeuge der Liebe Gottes – und so bezeugt er den Gott, der sich völlig zum Opfer für die Menschen gemacht hat; er wird zum Ganzopfer, das von Gott angenommen wird.

Wir begegnen hier einem Wort, das einen entsetzlichen Beiklang hat: *holocaustum* – das Ganzopfer. In der biblischen Terminologie bezeichnet das nichts anderes als eine Art des Opfers, bei dem nicht nur Teile des Tieres geopfert werden, sondern das ganze Opfertier verbrannt wird. Ohne dass es dieser ursprünglichen Intention dieses Textes entsprechen kann, stellt sich hier doch eine Frage, die in der jüngeren Geschichte eine erschreckende Aktualität entfaltet hat und mit der die religiös-philosophische Frage der Theodizee berührt wird: Gibt es hinter dem unsagbaren menschlichen Leid, das sich besonders in den letzten gut 100 Jahren aufgehäuft hat und bis heute noch aufhäuft, einen Sinn? Mehr noch: Lässt sich dies alles mit einem zum Wohl des Menschen handelnden Gott verbinden? Oder hat sich Gott aus der Geschichte der Menschen zurückgezogen? Wie müssen wir von diesem Gott reden, damit er angesichts all des von Menschen angerichteten menschlichen Elends in der Welt nicht zu einer religiösen Kitschfigur verkommt, die keine Relevanz mehr hat? Eine vordergründige religiöse Trostrede („Gott hat das alles in den Händen, und er wird es schon richtig machen“) wird der historischen Realität unserer Tage nicht mehr gerecht.

Im Text der Communio stoßen die beiden Aussagen direkt aneinander; ein Ausweichen in frömmelnde Theologie ist nicht mehr möglich: „Wenn sie auch vor den Augen der Menschen Qualen leiden – GOTT ist es, der sie versucht!“

Die Communio steht in der I. Tonart (Protus authenticus); durch die Kadenzformeln wird das Stück in drei Abschnitte gegliedert: Der erste beginnt auf dem Grundton, schwingt sich auf zum Ténor -la- und wendet sich mit *eos* wieder zurück zur Finalis. Der zweite Abschnitt beginnt mit einer Reintonation (zumindest in St. Gallen, für dessen Melodiefassung gegenüber der Vaticana ein erster Ton -re- zu ergänzen wäre); dieses zweite Element schließt wieder mit einer Kadenz (die gleiche Formel wie beim ersten *eos*), diesmal aber eine Terz höher. Der dritte Abschnitt beginnt mt dem -la- und endet wieder auf *eos* – dreimal taucht dieses Wort in identischer Rhythmisierung bei fast gleicher Melodie auf und steht jeweils am Ende eines Textabschnittes. Das vereinfacht das Erfassen und Gliedern des Textes.

Bei der Neumierung fallen drei Stellen auf, die im Hinblick auf die rhythmische Gestalt der Textvertonung von Bedeutung sind: Das Wort „homi<u>nibus</u>“ endet mit jener Bewegung, die wir weiter oben schon kennengelernt haben: Die umgestülpte Kadenz (*cadenza rovesciata*) lenkt die agogische Energie des Textes auf das Folgende (*tormenta passi sunt*) hin. Das Wort „Deus“ trägt auf der Nachsilbe in beiden Handschriften eine besondere Form des Torculus (sie wurde weiter oben im Zusammenhang mit dem Offertorium von Weihnachten schon einmal erwähnt), bei der die zweite und die dritte Note verlangsamt sind: Die Energie staut sich auf, das Wort „Deus“ wird im Sinne einer starken Betonung abgerundet. Jetzt liegt der (scheinbare) rhetorische Gegensatz offen: „Mag es auch sein, dass sie *Qualen* leiden – *Gott* ist es, der sie versucht!“ Die Textteile, die im Original der Schriftstelle zwischen diesen beiden Wörtern stehen, würden diese provozierende Konfrontation nur aufweichen und der Aussage damit ihre Kraft nehmen.

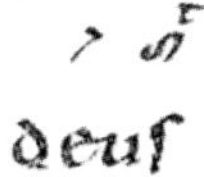

Abb. 32 b: Neumen über *Deus*

Als letztes noch ein Blick auf <u>au</u>*rum*: Im Gregorianischen Choral gibt es bestimmte agogische und melodische Signale, zu denen gegriffen wird, wenn ein Wort oder Satzteil hervorgehoben oder mit dem folgenden Text verbunden werden soll. Hierzu gehört auch diese Wendung, eine Viertongruppe (Pes subbipunctis), deren erste Note artikuliert ist, wie wir es in den Neumen sehen können. Sie steht über dem Wortakzent, beginnt immer mit einer kleinen Terz und führt wieder zum Ausgangston zurück. Taucht dieses

Signal auf, so heißt dies: Das Wort, über dem es steht, ist zwar wichtig zu betonen, zugleich aber führt der Fluss des Textes weiter; Ziel ist das Wort *probavit*.[75] Wie von selbst tritt nun mit der erwähnten melodischen Gliederung in drei Abschnitte auch der Dreischritt einer theologischen Dramaturgie hervor: Gott versucht! Dann: Gott prüft! Und schließlich: Gott nimmt an!

Wie viele Details doch bei der Aneignung und Umsetzung eines solch kurzen Gesangs zu beachten sind! Doch vielleicht sollte man sofort einem Missverständnis wehren: Es kann nicht das Ziel sein, diese Befunde in einem pädagogischen Sinne hörbar zu machen, ohne dass man sich der Gefahr aussetzte, gleichsam mit erhobenem Zeigefinger zu singen und die Gemeinde über den Inhalt des Stückes zu belehren. Es geht zuerst darum (um den Satz von Godehard Joppich noch einmal aufzugreifen), den Inhalt des Gesangs „an sich selber geschehen zu lassen“ – all dies zu verinnerlichen und zu meditieren, was die Melodie und Neumen über das Verständnis des Textes aussagen. Alles Weitere geschieht fast automatisch, denn wissende und überzeugte Sängerinnen und Sänger werden vermitteln und überzeugen, ohne dass sie noch etwas Weiteres hinzufügen müssen.

Nun folgen drei Gesänge mit neutestamentlichem Text; der erste steht am Ende der Messe des Hochfestes „In epiphania Domini“ (Erscheinung des Herrn), das bei uns volkstümlich „Dreikönigsfest“ heißt.

Communio „Vidimus stellam"

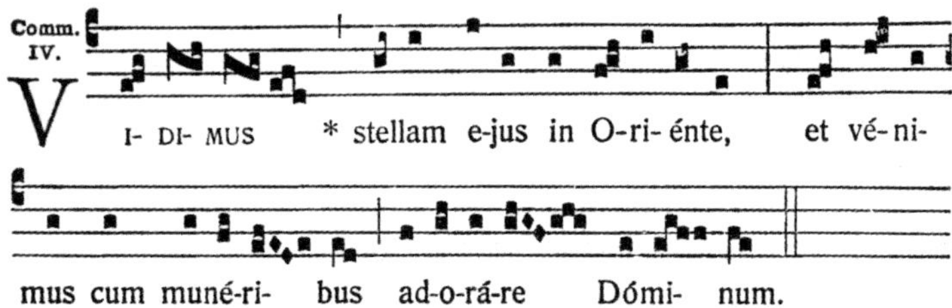

Abb. 33: Communio von Epiphanias, „Vidimus stellam eius"

Von den vier Frohbotschaften (Evangelien) berichten nur zwei – Matthäus und Lukas – über die Kindheit Jesu. Matthäus bringt im zweiten Kapitel seines Evangeliums die Erzählung von den drei Weisen, die den Stern über Bethlehem haben aufgehen sehen und ihm gefolgt sind. Sie melden sich bei Herodes mit der Frage, wo der neugeborene König der Juden denn nun sei: „*Vidimus enim stellam eius in Oriente et venimus adorare eum* ... Wir haben nämlich seinen Stern im Osten gesehen und sind gekommen, um ihn anzubeten" – so lautet der Originaltext der Vulgata. Für die Komposition der Communio wurden einige Änderungen vorgenommen: Das Adverb *enim* wurde gestrichen, denn es ist sinnlos, wenn der vorausgehende Text fehlt – und aus *eum* wurde *Dominum*. Schließlich haben die Textkompilatoren etwas ergänzt: *cum muneribus* – „mit Gaben". Dass die Weisen mit Gold, Weihrauch und Myrrhe symbolisch hoch aufgeladene Geschenke mitbringen, steht im Evangelium erst einige Verse später, wenn davon berichtet wird, dass sie ihre Gaben vor der Krippe niederlegen (V. 11). Warum nun hier diese Ergänzung?

Die Kommunion als die liturgische Handlung, in der die intensivste Begegnung mit Christus stattfindet, ist auch der Moment, wo der theologische Fokus des Evangeliums noch einmal erklingt: Die Kommunion des Sakramentes und die des Wortes fallen auf diese Weise zusammen! Die Nennung der Gaben, welche die Weisen dem Kind darbringen, ist wichtig, denn sie tragen alle ihre spezifisch symbolische Bedeutung; das zeigt schon eine der frühesten Predigten über diese Perikope. Sie wurde am 5. Januar 591 von Papst Gregor dem Großen gehalten und gehörte sehr lange zu den Texten, die in den Vigilien (den liturgischen Nachtwachen zum Festtag hin) als Väterlesung vorgetragen wurden. In diesem homiletischen Text erläutert Gregor – ein Meister der Übersetzung hoher Theologie in persönliche Spiritualität – die bis heute aktuelle Bedeutung von Gold, Weihrauch und Myrrhe:

> Die Weisen bringen nun Gold, Weihrauch und Myrrhe dar. Gold gebührt nämlich dem König, Weihrauch wird jedoch beim Opfer für Gott verwendet, mit Myrrhe aber werden die Körper der Toten balsamiert. Den die Weisen anbeten, verkünden sie also auch mit geheimnisvollen Gaben: mit dem Gold als König, mit dem Weihrauch als Gott, mit der Myrrhe als Sterblichen. [...] Wir wollen deshalb dem geborenen Herrn Gold darbringen, um zu bekennen, dass er überall herrscht; wir wollen Weihrauch darbringen, um zu glauben, dass der, welcher in der Zeit erschienen ist, Gott vor aller Zeit war; wir wol-

> len Myrrhe darbringen, um zu glauben, dass der, den wir in seiner Gottheit als leidensunfähig glauben, zugleich in unserem Fleisch sterblich gewesen ist. Indes kann unter Gold, Weihrauch und Myrrhe auch anderes verstanden werden. Durch das Gold wird nämlich die Weisheit bezeichnet, wie Salomo mit den Worten bezeugt: ‚Ein begehrenswerter Schatz ruht im Mund des Weisen' (Sprüche Salomons 21,20). Mit dem Weihrauch aber, den man für Gott entzündet, wird die Tugend des Gebets ausgedrückt, wie der Psalmist mit den Worten bezeugt: ‚Wie Weihrauch steige mein Gebet vor deinem Angesicht auf' (Psalm 141,2). Die Myrrhe jedoch bezeichnet die Abtötung des Fleisches. Daher sagt die heilige Kirche von ihren Arbeitern, die bis zum Tode für Gott kämpften: ‚Meine Hände triefen von Myrrhe' (Hoheslied 5,5). Dem neugeborenen König bringen wir also Gold dar, wenn wir vor seinem Angesicht im Glanz himmlischer Weisheit erstrahlen. Wir bringen Weihrauch dar, wenn wir die fleischlichen Gedanken durch heiligen Gebetseifer auf dem Altar des Herzens verbrennen, um durch himmlische Sehnsucht vor Gott angenehmen Wohlgeruch verbreiten zu können. Wir bringen Myrrhe dar, wenn wir die Laster des Fleisches durch Enthaltsamkeit abtöten.[76]

Die Verbindung zwischen erweitertem Communiotext und Gregors Homilie unterstreicht die Relevanz der Gaben und ihre Bedeutung für den christlichen Beter, der mit den Opfergaben der Weisheit (Gotteserkenntnis), des Gebetes und der Selbstzucht an die Krippe und zur Kommunionbank tritt.

Die Communio steht in der IV. Tonart und gehört zu den extrovertierten Kompositionen des Deuterus-Tonraumes. Zwei melodisch-rhythmische Befunde lassen aufmerken: Zum einen findet man über „venimus“ wieder eine Art Signalneume – einen Quilisma-Scandicus mit folgendem Quartabstieg. Diese melodische Wendung taucht im Repertoire oft auf – vor allem, wenn es um Heraushebung eines wichtigen inhaltlichen Aspektes geht.[77] Hier könnte „venimus“ als Hinweis darauf hervorgehoben werden, dass jetzt ein Einschub folgt, der so nicht in der Heiligen Schrift steht: „cum muneribus“. Dieses letzte Wort ist rhythmisch wie eine Kadenz, eine Art Schlusswendung, gehalten – jedoch geht es eben nicht um ein Ende (zumal die Melodie nicht zum Grundton, sondern auf die darunterliegende Stufe geführt wird). Auf diese Weise wird der Einschub klanglich besonders intensiviert und damit findet die Predigt Gregors des Großen ihre Entsprechung.

In diesem Zusammenhang lohnt ein kurzer vergleichender Blick in eine andere Handschrift und in ein anderes Repertoire. Den Text der Communio gibt es noch einmal, und zwar als Antiphon im Stundengebet des Hochfestes „Epiphanie“. Wir finden dieses Stück im Codex „Hartker“ (St. Gallen 390, pag. 77):

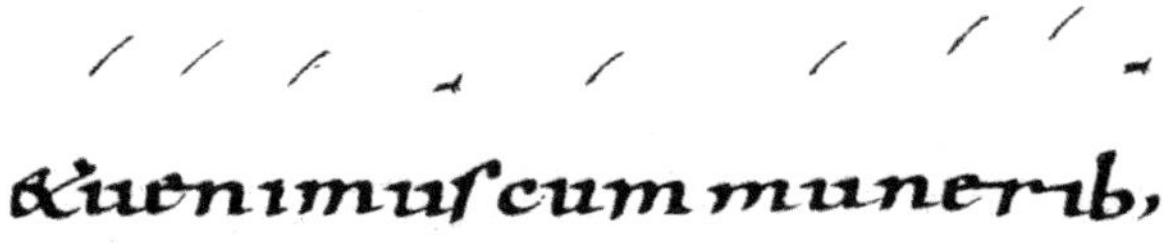

Abb. 34: Zweiter Teil der Stundengebetsantiphon „Vidimus … et venimus cum muneribus“

Deutlich ist zu sehen, dass auch hier das Wort *venimus* eine rhythmische Besonderheit aufweist: Die Endsilbe trägt ein Episem am Neumenzeichen des Tractulus; dieser letzte Ton über *venimus* soll also verlangsamt werden – vielleicht um auch hier darauf hinzuweisen, dass nun der Text anders als im Evangelium weitergeht?

Communio „Videns Dominus“

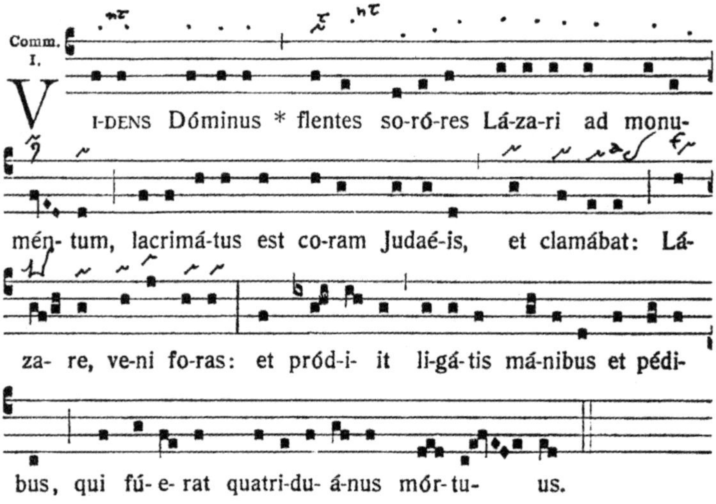

Abb. 35: Communio des fünften Fastensonntags, „Videns Dominus“

Diese Communio gehört zu den aufregendsten und außergewöhnlichsten Stücken im gregorianischen Repertoire. Der Text ist der Perikope von der Auferweckung des Lazarus (Joh 11,1–45) entnommen, die am fünften Fastensonntag (heute nur noch im Lesejahr A) im Zentrum der Wortverkündigung steht.

Mit diesem Tag beginnt der zweite Teil der österlichen Bußzeit, die Passionszeit im engeren Sinn. Der Sonntag wird auch „Passionssonntag“ genannt; die Flügelaltäre werden geschlossen, die Kruzifixe verhüllt. Thematisch sind die nun folgenden Tage besonders auf das Leiden Jesu Christi ausgerichtet.

Die Erzählung von der Auferweckung des Lazarus ist sehr lang und kann durch ihre theologische Aufladung und die dramaturgisch sperrige Komplexität für die Hörenden eine Überforderung sein. Die Handlung ist in mehrere Episoden eingeteilt, die mit z. T. sehr grundsätzlichen Erörterungen über die christliche Sicht auf Sterben und Tod ausgestaltet sind. Das Verhalten Jesu, nach Erhalt der Botschaft von der schweren Erkrankung seines Freundes Lazarus erst noch Tage zu warten, dann zwar loszugehen – aber ohne sonderliche Eile – und die Handlung immer wieder durch prinzipielle theologische Fragen zu unterbrechen, macht den hörenden Nachvollzug nicht eben einfacher: Man möchte Jesus am liebsten Beine machen, ihn ermahnen: „Geh doch nun endlich, tu etwas und halte das Sterben deines Freundes auf ... du hast wildfremde Menschen geheilt – und lässt dir bei einem engen Freund so viel Zeit?“ Fast hat man die zu Beginn gesprochenen Weissagung Jesu vergessen: „Diese Krankheit wird nicht zum Tode führen!“

Die folgende Übersicht bringt den lateinischen Text Joh 11,33–44 – markiert sind jene Wörter, die entweder direkt oder als Ableitung in den Text der Communio übernommen wurden; so wird das Ausmaß der Straffung deutlich:

11:33 Iesus ergo ut ***vidit*** *eam* ***plorantem*** *et Iudaeos qui venerant*
cum ea plorantes fremuit spiritu et turbavit se ipsum 34 et dixit ubi
posuistis eum dicunt ei Domine veni et vide 35 et ***lacrimatus est***
Iesus 36 dixerunt ergo ***Iudaei*** *ecce quomodo amabat eum 37 quidam*
autem dixerunt ex ipsis non poterat hic qui aperuit oculos caeci
facere ut et hic non moreretur 38 Iesus ergo rursum fremens in
semet ipso venit ***ad monumentum*** *erat autem spelunca et lapis*
superpositus erat ei 39 ait Iesus tollite lapidem dicit ei Martha soror
eius qui ***mortuus fuerat*** *Domine iam fetet* ***quadriduanus*** *enim*
est 40 dicit ei Iesus nonne dixi tibi quoniam si credideris videbis
gloriam Dei 41 tulerunt ergo lapidem Iesus autem elevatis sursum
oculis dixit Pater gratias ago tibi quoniam audisti me 42 ego autem
sciebam quia semper me audis sed propter populum qui circumstat
dixi ut credant quia tu me misisti 43 haec cum dixisset voce magna
clamavit Lazare veni foras *44 et statim* ***prodiit qui fuerat***
mortuus ligatus pedes et manus *institis et facies illius sudario*
erat ligata dicit Iesus eis solvite eum et sinite abire.

Es handelt sich hier wiederum um einen extremen Eingriff in die Textgestalt der Heiligen Schrift; die Kompilatoren des Textes konzentrieren sich auf drei für sie wesentliche Teile der Handlung: Jesus weint – Jesus schreit Lazarus an und ruft ihn heraus – dieser kommt heraus, obwohl er schon vier Tage tot war: „Als der Herr die weinenden Schwestern des Lazarus am Grabe sah, brach er vor den Juden in Tränen aus und schrie: Lazarus, komm heraus! Und der kam, gebunden an Händen und Füßen, der vier Tage tot gewesen war."

Bei der radikalen Kürzung des Textes erstaunt es, dass dem Weinen so viel Raum gegeben wird: Die Schwestern des Lazarus beklagen ihren verstorbenen Bruder – und Jesus bricht, als er das sieht, vor den Anwesenden in Tränen aus. Das ist umso bedeutsamer, als dieser Ausbruch qualitativ noch einmal auf einer anderen Stufe steht als die rituelle Totenklage. Es gibt in der Heiligen Schrift nur zwei Stellen, an denen berichtet wird, dass Jesus weint: einmal über Jerusalem (Lk 19,41) und einmal hier, beim Tod des Lazarus. Erstaunlich ist dabei, dass ausgerecht Johannes, dem es kaum ein Anliegen war, die menschliche Seite Jesu zu zeigen, sondern der eher den stets überlegenen, hoheitlich über die Erde schreitenden Gottessohn zu Wort kommen lässt, diesen sehr persönlichen Gefühlsausbruch beschreibt. Jesus wird hier aus freiem Willen und in einem Akt tiefempfundener menschlicher Solidarität ganz und gar zum Mitleidenden: „Da nun Jesus sah, wie sie weinte und auch die Juden, die bei ihr waren, weinten, erschauerte er im Geiste und betrübte sich selbst und sprach: Wo habt ihr ihn hingelegt?“

In einer seiner Predigten äußerte sich Augustinus über diese Perikope wie folgt:

> Ich weiß nicht, was er uns angedeutet hat, indem er im Geiste erschauerte und sich selbst betrübte. Denn wer könnte ihn betrüben, außer er sich selbst? Darum, meine Brüder, beachtet zuerst die Macht und sodann forschet nach der Bedeutung. Du wirst ohne deinen Willen betrübt; Christus wurde betrübt, weil er wollte. Jesus hungerte, es ist wahr, aber weil er wollte; Jesus schlief, es ist wahr, aber weil er wollte; Jesus wurde traurig, es ist wahr, aber weil er wollte; Jesus starb, es

> ist wahr, aber weil er wollte; es stand in seiner Macht, so oder so affiziert zu werden oder nicht affiziert zu werden. Das Wort nahm nämlich die Seele und das Fleisch an, indem er sich die Natur des ganzen Menschen in der Einheit der Person anpasste. [...] Höre noch weiter: Christus weinte, der Mensch weine über sich. Warum weinte denn Christus, als weil er den Menschen weinen lehren wollte?[78]

Nicht nur die Gestalt des Textes, sondern auch seine Vertonung vollzieht diese menschliche Solidarität des Gottessohnes, der sein eigenes Leiden und Sterben klar vor Augen hat, nach. Die Tonart, die gewählt wurde, ist schwer herauszufinden. Umfangreiche Studien haben ergeben, dass die melodische Fassung dieser Communio wohl in verschiedenen Tonräumen überliefert wurde: zumeist im I. oder im IV. Ton. Eine Fassung dieses Stückes, welche die diversen handschriftlichen Überlieferungen aber auch nur andeutungsweise harmonisieren könnte, ist jedoch wohl nicht mehr zu erstellen; so orientieren wir uns wieder am besten am Graduale Triplex.

Viel wichtiger als die tonartliche Zuordnung ist bei diesem Stück die melodisch-rhythmische Gestaltung des Textes. Die Communio „Videns Dominus“ ist hierin singulär. Sie beginnt mit einer beispiellosen Rezitation in einem äußerst raschen Tempo. Am deutlichsten macht das die Handschrift von Laon: Dort stehen Punkte (als graphisches Äquivalent möglichst rascher Töne), zusätzlich noch die Buchstabenkombination „nt“ (= *non tenere*, nicht anhalten!).

Erst bei *flentes* erreicht der agogische Fluss einen ersten Haltepunkt: Es steht ein Uncinus mit „t“ (*tenete*, haltet!) für eine nicht kurrenten Wert; danach geht es (wie mit „nt“ und Punkten gekennzeichnet) rasch weiter. Der Heraushebung des *flere* (die weinenden Schwestern des Lazarus) entspricht im Folgenden nun die Vertonung des *lacrimatus est* (er brach in Tränen aus). Hier wird klingende Realität, was Augustinus in seiner eben zitierten Auslegung dieser Perikope mit der Annahme von Fleisch und Seele durch das göttliche Wort und von der Anpassung an die menschliche Natur umschreibt. Jesu Mitleid drängt ihn umgehend zur Tat; er ruft nicht nur – nein, er schreit Lazarus aus dem Grabe heraus. Keine Pause soll es geben zwischen *clamabat* und dem Vokativ *Lazare* – so bezeugt es wieder die Handschrift Laon, in der die beiden Wörter mit einer Liqueszenz verknüpft werden. Dieser phonetische Vorgang wird durch die enge Verbindung des letzten Buchstabens des einen mit dem ersten des anderen Wortes erreicht. Noch etwas unterstreicht die Intensität der Vertonung: Zwischen den beiden Silben *clamabat* wird in der Handschrift Laon ein Buchstabe gesetzt: „a“ für *augete* (dehnt, intensiviert). Normalerweise steht dieses „a“ nur zwischen Tönen über einer Silbe; selten (und dann tritt immer eine besondere rhetorische Verdichtung ein) wird es zwischen Silben geschrieben. So ist es hier der Fall: Die Komposition bewegt sich auf ihren inhaltlichen Höhepunkt zu – und das ist der Ruf, der Lazarus aus dem Tod wieder zurück in das Leben bringen soll.

Danach tritt ein musikalischer Stimmungswechsel ein: Die Vertonung verlässt den hochemotionalen und sehr persönlichen Vertonungsstil und wird zum ruhigeren Referieren des Handlungsfortgangs: Lazarus kommt heraus, gebunden an Händen und Füßen, obwohl er doch schon vier Tage tot war. Vier Tage – das ist ein Tag mehr als die Grabesruhe, die Jesus bevorsteht. Die Macht Gottes reicht unendlich weit. Aber dennoch – und darauf weisen viele Kommentatoren dieser Stelle immer wieder hin – ersteht Lazarus nicht vom Tode, sondern wird aus dem Tod geweckt, um sein irdisches Leben weiterzuführen. Der erneute irdische Tod steht ihm noch (einmal) bevor. Ob dies dazu geführt hat, dass die Binden an Händen und Füßen (*ligatis manibus et pedibus*) noch vorhanden sind und nicht – wie bei Jesu Auferstehung – zur Seite gelegt wurden? Es wäre sehr spannend, die Vertonungsweisen von *mortuus* in den verschiedenen handschriftlichen Überlieferungen zu studieren: Es handelt sich auf jeden Fall um eine einzigartige und (im Vergleich zum energischen Beginn) sehr gedrückte Vertonung, die in einigen Überlieferungen mit einem Halbtonschritt endet. Die Macht des Todes, seine düstere Gewalt, ist hier noch nicht gebrochen – weder für Lazarus noch für Jesus. Und so sehr Jesus auch zu Beginn gegen diese Macht anrennt und anschreit – sie zu erleiden steht ihm noch bevor!

Im Jahre 1938 verbrachte ich zehn Tage in Solesmes, von Palmsonntag bis Osterdienstag, und wohnte allen Gottesdiensten bei. Ich hatte bohrende Kopfschmerzen; jeder Ton schmerzte mich wie ein Schlag; und da erlaubte mir eine äußerste Anstrengung der Aufmerksamkeit, aus diesem elenden Fleisch herauszutreten, es in seinen Winkel hingekauert allein leiden zu lassen und in der unerhörten Schönheit der Gesänge und Worte eine reine und vollkommene Freude zu finden. Diese Erfahrung hat mich auch durch Analogie besser verstehen lassen, wie es möglich sei, die göttliche Liebe durch das Unglück hindurch zu lieben. Ich brauche nicht eigens hinzuzufügen, dass im Verlauf dieser Gottesdienste der Gedanke an die Passion Christi ein für allemal in mich Eingang fand.

SIMONE WEIL (1938)

Communio „Dominus Iesus" (Antiphon zur Fußwaschung am Gründonnerstag)

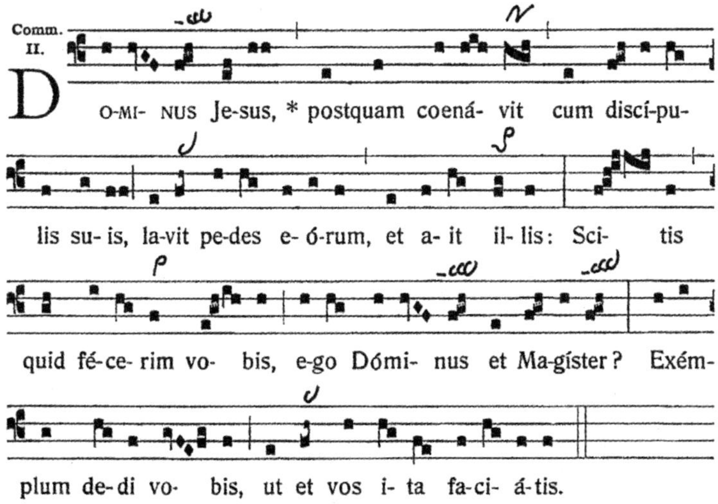

Abb. 36: Antiphon zur Fußwaschung „Dominus Iesus"

Das Stück steht im Graduale Triplex gleich zweimal mit leichten melodischen Varianten (auf S. 165 – mit den Neumen aus den Handschriften Einsiedeln 121 und Laon, sowie S. 884, im Eigenteil des Benediktinerordens, mit Neumen aus der Stundengebetshandschrift St. Gallen 390, dem sogenannten „Antiphonale des Mönchs Hartker"). Die Abbildung zeigt die Melodiefassung von S. 884 mit den Neumen von Einsiedeln; beide Versionen stimmen überein und können daher eine gute Grundlage der Analyse sein.

Der Text ist wieder dem Johannesevangelium entnommen, zu dessen theologischer Konstruktion es gehört, dass kein Bericht von der Einsetzung des Abendmahls überliefert wird, wie ihn die synoptischen Evangelien aufweisen; an dieser Stelle liefert Johannes eine theologische Deutung von Abendmahl und Kreuzestod: die Fußwaschung. Diese zentrale Handlung liefert den Schlüssel: Der Herr will an uns den Dienst der Reinigung und der Heiligung tun, indem er sich zum Sklaven macht und sich zum niedrigsten Dienst herunterbeugt. Diese Handlung wird in der Liturgie des Gründonnerstags liturgisch nachvollzogen: Der Zelebrant (Pfarrer, Bischof) wäscht zwölf Personen die Füße – ob aber bei dieser Symbolhandlung der Goldglanz liturgischer Geräte und Gewänder, das Rosenöl im Waschwasser oder gar die aufgesetzte Mitra des Bischofs (für manchen der zwölf Sitzenden geradezu eine physische Gefahr) dem tieferen Sinn des Evangeliums entsprechen, mag dahingestellt sein. Hier spricht der gregorianische Gesang, der als „Antiphona ad lotionum pedum“ (Antiphon zur Fußwaschung) die gottesdienstliche Handlung begleitet, eine andere Sprache, indem er die Demut schildert, die Christus gelehrt hat: „Der Herr Jesus wusch, nachdem er mit seinen Jüngern gegessen hatte, ihre Füße und sprach zu ihnen: Wisst ihr, was ich euch getan habe – ich, der Herr und Lehrer? Ein Beispiel habe ich euch gegeben, damit auch ihr so handelt!“

Der Text ist aus den Versen 12 bis 15 des 13. Kapitels zusammengestellt, und wieder wird die Aussage stark gestrafft und inhaltlich fokussiert. Hervorgehoben sind wieder jene Wörter, die Eingang in den Text der Antiphon gefunden haben:

> 12 ***postquam*** *ergo* ***lavit pedes eorum*** *et accepit vestimenta sua*
> *cum recubuisset iterum* ***dixit eis scitis quid fecerim vobis*** 13 *vos*
> *vocatis me magister et Domine et bene dicitis sum etenim* 14 *si ergo*
> *ego lavi vestros pedes* ***Dominus et magister*** *et vos debetis alter*
> *alterius lavare pedes* 15 ***exemplum enim dedi vobis ut*** *quemad-*
> *modum ego feci vobis* ***ita et vos faciatis***.

Die für den Inhalt der Antiphon wichtigen Elemente werden auf knappstem Raum zusammengefasst: Nicht das Abendmahl steht im Zentrum (es wird nur im eingeschobenen Nebensatz erwähnt), sondern die Bedeutung der Fußwaschung für die spätere Aussendung der Jünger: Wenn schon ich – den ihr zu Recht Herr und Meister nennt – euch diene und euch die Füße wasche, dann nehmt euch ein Beispiel an mir ... und wascht einander die Füße. Eine Auslegung dieser Perikope durch Augustinus macht deutlich, welche Dimensionen dieser Dienst des Waschens der Füße eigentlich hat: Verzeiht einander die Sünden – nehmt die Sünden des anderen in euer Gebet auf; so löst ihr die Schuld durch die demütige Liebe, die ihr einander erweist:

> Aber abgesehen von diesem moralischen Sinn erinnern wir uns, dass wir die Erhabenheit dieser Handlung des Herrn so erklärt haben, durch das Waschen der Füße [...] habe der Herr wegen der menschlichen Neigungen, mit denen wir auf Erden leben, angedeutet, dass wir trotz allen Fortschritts in der Ergreifung der Gerechtigkeit wissen sollen, wir seien nicht ohne Sünde. [...] Wie nun hängt mit dieser Auffassung zusammen, was er nachher

> lehrte, wo er den Grund seiner Handlung angab mit den Worten: ‚Wenn nun ich, der Herr und Meister, euch die Füße gewaschen habe, so sollt auch ihr einander die Füße waschen. Denn ich habe euch ein Beispiel gegeben, damit auch ihr das tut, was ich euch getan habe‘? Können wir etwa sagen, dass auch ein Bruder den andern von der Befleckung der Sünde wird reinigen können? [...] Vergeben wir uns also gegenseitig unsere Sünden und beten wir gegenseitig für unsere Sünden, und so mögen wir dann gewissermaßen einander unsere Füße waschen. An uns ist es, mit seiner Hilfe den Dienst der Liebe und Demut zu leisten; an ihm ist es, zu erhören und uns von aller Ansteckung der Sünde zu reinigen durch Christus und in Christus, damit, was wir andern auch vergeben, d.h. auf Erden lösen, im Himmel gelöst werde.[79]

Für die Vertonung wurde die II. Tonart gewählt (Protus plagalis) – wir lernten sie als Ausdruck eines ernsten und dramatischen Geschehens kennen; das mag für die zentrale theologische Aussage, mit der Abendmahl und Kreuzestod gleichermaßen gedeutet werden, schon sehr gut passen. Die Melodie selber ist einfach und wenig aufwendig gestaltet. Sie bleibt im Umfang einer Quinte (-do-/-sol-). Größere Intervalle werden vermieden; auf engem Raum wird unaufdringlich die Geschichte erzählt.

Die Neumierung verdient einen sorgfältigen Blick, und das betrifft vor allem die agogisch-melodische Gestaltung mancher Endsilben: So fällt auf, dass dreimal am Ende eines Wortes ein Quilisma-Scandicus steht (zweimal *Dominus*, *Magister*). Beim ersten Mal will das Heben der Stimme am

Schluss die Verbindung zu *Iesus* wahren; beim folgenden *Dominus et Magister* wird das Fragezeichen gleichsam auskomponiert. Jesus stellt seinen Jüngern eine rhetorische Frage, auf die er auch gleich die Antwort gibt. Während hier *Dominus* die melodische Wendung des Stückanfangs zitiert, steht der Quilisma-Scandicus auch noch einmal als Vorbereitung zum Wortakzent *Magíster*. Diese Intensivierung verstärkt die Fragewirkung noch – umso gewichtiger ist der erste Teil der von Jesus selbst gegebenen Antwort: „*Exemplum dedi vobis* – ein Beispiel habe ich euch gegeben".

Weitere bemerkenswerte Neumierungen der Endsilben finden sich bei *Iesus* (zwei nicht kurrente Werte – was dem griechischen Wortakzent entspricht) und bei *suis* (eine Virga strata, deren Funktion es hier ist, das Ende des eingeschobenen Nebensatzes zu markieren). Eine kurrente Neume findet sich bei *cenavit*: Mit diesem raschen Porrectus soll der agogische Fluss weitergehen zu *discipulis suis*.

Bemerkenswert sind die Liqueszenzen – und dazu muss eine kleine grundsätzliche Anmerkung gemacht werden.

Liqueszenzen entstehen durch den Zusammenstoß von Konsonanten (und teilweise auch halbklingenden Vokalen wie z. B. -j-); es handelt sich um ein phonetisch äußerst komplexes Geschehen, dessen Gesetzmäßigkeiten bis heute noch nicht ausreichend erforscht worden sind. Liqueszenzen können nämlich dazu führen, dass ein Ton verlängert und besonders gut ausgesungen werden soll (augmentative Liqueszenz); sie können aber auch bedeuten, dass der Ton verkürzt und z. B. nur noch auf einen Klinger (-m- oder -n-) gesungen wird (diminutive Liqueszenz). Genauso kann es auch passieren, dass im Laufe der Zeit oder durch bestimmte sprachliche Ausformungen der verschiedenen Regionen sich kleine Zusatztöne einschleichen – häufig z. B. durch Antizipation der folgenden Tonstufe. Die Frage: „Was ist was – diminutive oder augmentative Liqueszenz mit oder ohne Zusatzton?“ ist oftmals nicht eindeutig zu entscheiden. Bemerkenswert ist jedoch, dass gerade in den frühen handschriftlichen Bezeugungen die Liqueszenzen nicht automatisch oder willkürlich eingesetzt zu werden scheinen; denn es steht die Frage im Raum, warum sie an vielen Stellen, wo sie rein theoretisch auftauchen könnten, nicht zu finden sind! Allein im ersten Halbsatz unserer Antiphon *könnten* an folgenden vier Stellen Liqueszenzen stehen „Dominu*s I*esus, pos*tq*ua*m c*enavit cu*m d*i*sc*ipulis suis“ – es taucht aber keine einzige auf. Das führt konsequenterweise zu der Annahme, dass der Einsatz von Liqueszenzen einem (rhetorischen?) Plan folgt.

In der Antiphon sind folgende Liqueszenzstellen zu finden:
- lavi*t p*edes
- i*ll*is
- feceri*m v*obis
- ut e*t v*os.

Der erste und der letzte Fall sind vergleichbar: Es wird jeweils die Folgenote antizipiert. Wenn man diese Antizipationen (und sei es nur zum Zweck der Erarbeitung und des Übens) weglässt, kommt man dem Sinn der Liqueszenzen näher: Eine wichtige Betonung wird mit einem kleinen Stau vorbereitet, indem die phonetische Konstellation sorgfältig genutzt wird! Jesus wäscht seinen Jüngern → *die Füße*! Er tut den Knechtsdienst – ungeheuerlich und provokant!

Und er sagt dann: Ich habe dieses Beispiel gegeben, damit auch → *ihr* so handelt!

In diesem Sinne ist auch der vorletzte Fall zu verstehen – diesmal wird nicht die Folgenote antizipiert, sondern über „fecerim“ steht eine augmentative Liqueszenz: Habt ihr begiffen, was ich – der Herr und Meister, an → *euch* (den Sündern, Jüngern ...) getan habe?

Der zweite Fall, die Kadenz bei „illis“, dient wohl vor allem dem Beibehalten der agogischen Spannung, damit der folgende Satz der wörtlichen Rede nicht vom vorhergehenden abgekoppelt wird.

Diese kleine Antiphon, so unaufdringlich ihre äußere Gestalt auch ist und so bescheiden sie daherkommt, führt uns subtil ins Zentrum der christlichen Spiritualität. Allein der Inhalt des letzten Satzes, der das Personalpronomen der zweiten Person Plural („vobis“, „vos“) rhythmisch und melodisch so signifikant heraushebt, stellt eine Herausforderung dar und formuliert den bis heute geltenden Maßstab von geradezu quälender Relevanz: „... damit auch ihr so handelt!“

Denken wir doch nur an einige der sehr beredten, ausladenden Gregorianischen Melodien, wie sie um die Oster- und Pfingstzeit gesungen werden – von jedem einigermaßen erfahrenen, geschmackvollen Musiker als die vollkommensten, überzeugendsten einstimmigen Linien bewundert. Um völlig ihre lineare Kraft zu verstehen, genügt es allerdings nicht, sie nur zu lesen oder zu hören; man muss sich singend an der Darstellung dieser melodischen Wunder beteiligen und wird dann erst fühlen, wie sie die singende Gruppe in eine geistige Einheit zusammenschmelzen, unabhängig vom individualistischen Gehabe eines Dirigenten, einzig geführt von der erhabenen Größe und der technischen Vollkommenheit des Werkes.

PAUL HINDEMITH (1959)

VII. Gregorianischer Choral – Paradigma kirchenmusikalischer Reformen im 14. und im 16./17. Jahrhundert

Der Gregorianische Choral bleibt in der Zeit nach seiner Hochblüte im Mittelalter ein fester Begleiter der kirchlichen Liturgie und Musik. Freilich ändert sich die Art und Weise seiner Präsenz: Neben den einstimmigen gregorianischen Melodien (die es natürlich nach wie vor gibt und die auch im Gottesdienst gesungen werden) entstehen zunehmend mehrstimmige Kompositionen, die insbesondere an hohen Festtagen zum Einsatz kommen.

Als Beispiele seien hier nur die großen Organa[80] erwähnt, die im 12. und 13. Jahrhundert in der Kathedrale Notre Dame in Paris gesungen wurden. Dass einige der Komponistennamen bekannt sind und dass ihnen Kompositionen zugeordnet werden können, darf als Novum der Kirchenmusikgeschichte angesehen werden: Die Magister Leonin (ca. 1145–ca. 1201) und Perotin (ca. 1160–ca. 1220) werden in einem mittelalterlichen musiktheoretischen Traktat

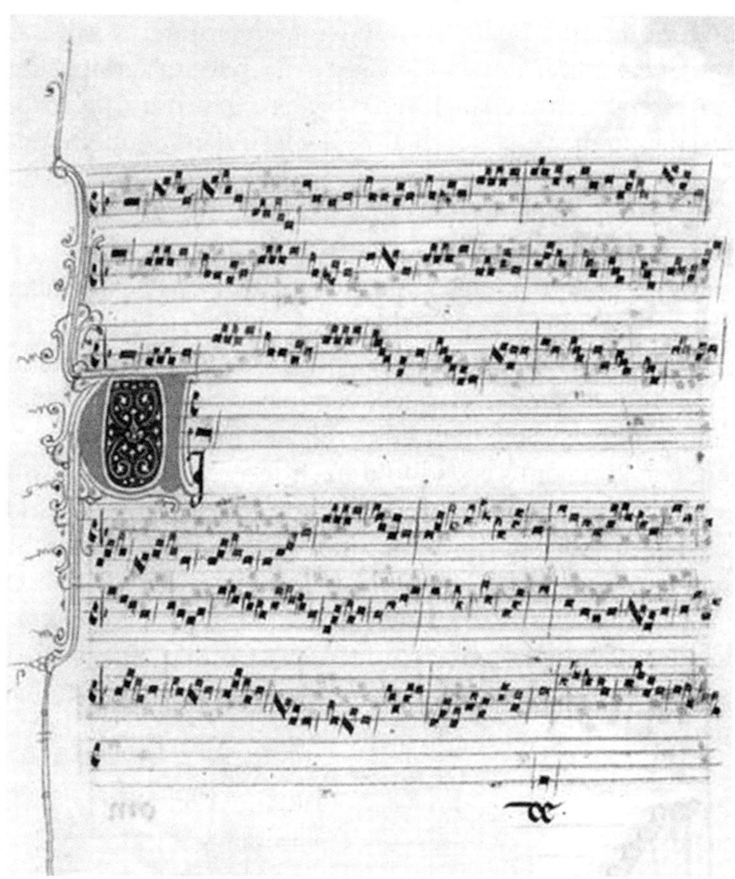

Abb. 37: Der „Magnus liber organi": Dreistimmige Komposition des Graduale der III. Weihnachtsmesse „Viderunt omnes"

namentlich als Komponisten erwähnt. Mit dem Theologen und Prediger Philipp der Kanzler (Philippus Cancelarius, ca. 1160–1236) ist sogar ein Poet namentlich bekannt, dessen moralische Gedichte von den Meistern der Notre-Dame-Epochen vertont wurden und danach weite Verbreitung erfuhren; so finden sich seine Lieder nicht nur in französischen Codices, sondern z. B. auch in der Sammelhandschrift der „Carmina burana“.[81]

Die bis zu vierstimmigen Kompositionen der Notre-Dame-Epoche sind zumeist gleich aufgebaut: Als Basis findet man ein Segment aus einer gregorianischen Komposition, oftmals notiert auf vier Linien, um die Herkunft aus einem älteren und bereits vorgegebenen Repertoire zu signalisieren. Dazu erklingen mehrere (in diesem Fall drei) Stimmen, die frei komponiert sind und nach festgelegten rhythmischen Regeln realisiert werden. Die Praxis des abwechselnd einstimmigen und mehrstimmigen Singens entsteht dadurch, dass bei großen gregorianischen Kompositionen (wie z. B. einem Graduale oder einem Alleluia) die den Vorsängern vorbehaltenen Teile mehrstimmig ausgeführt sind, wohingegen diejenigen Teile einstimmig bleiben, die der gesamte Konvent zu singen hat:

Solo mehrstimmig	**Tutti** einstimmig
Viderunt omnes *	*fines terrae salutare Dei nostri:* *jubilate Deo omnis terra.*
V. *Notum fecit Dominus salutare suum:* *ante conspectum gentium revelavit*	* *iustitiam suam.*

Die einzelnen Töne der gregorianischen Melodie werden – teilweise bis ins Unendliche gedehnt – als Basis gesungen; darüber entfalten sich die frei komponierten Oberstimmen. Diese Art der Mehrstimmigkeit ist durchaus sehr faszinierend und korreliert mit den größer werdenden Kirchenräumen der Hochromanik und Gotik, in denen vor allem architektonische Höhenmeter dazugewonnen werden – der neuen Größe des Raumes entspricht eine metrisch geordnete und klanglich ausgeweitete Musik! Aber natürlich bedeutet diese Art zu Komponieren auch einen Verlust: Weder die ursprüngliche Gestalt des erklingenden Textes noch die durch freie Rhythmik ermöglichte rhetorisch differenzierte Vortragsweise können in ihr umgesetzt werden; auch verunklart sich durch die Ausweitung des Stimmambitus die tonartliche Orientierung: Die gregorianischen Modi sind zunehmend nicht mehr präsent!

In einem nächsten musikgeschichtlichen Entwicklungsschritt dreht sich die Behandlung zwischen den frei komponierten Oberstimmen und der vorgegebenen gregorianischen Fundamentstimme quasi um: Die Oberstimmen werden textiert und die Unterstimme bleibt als gregorianisches Zitat zwar erhalten, wird aber zunehmend instrumental ausgeführt. Oftmals steht dann nur noch das Wort dabei, dessen Melodie aus der gregorianischen Vorlage entlehnt wurde – wie beim folgenden Beispiel, das aus der Motettenhandschrift Montpellier H 196 stammt (geschrieben ca. 1280); hieran wird die nun auftauchende Problematik deutlich: Die Texte der Oberstimmen haben sich inhaltlich verselbständigt – sie befassen sich mit profaner Liebeslyrik, die manchmal biologisch sehr konkret sein kann.

Motette „On doit fin(e) / La biauté / IN SECULUM"

Triplum (oberste Stimme): „On doit fin(e) Amor / anourer nuit et jour …"
„Man sollte die wahre Liebe Tag und Nacht preisen, denn durch sie kann man Ehre und Wertschätzung, Anstand und Selbstgefühl erlangen. Doch muss man ihr mit aller Kraft und aus ganzem Herzen getreulich dienen. Deshalb will ich der wahren Liebe dienen, treu und ohne Widerstreben und mein ganzes Leben lang: Denn in ihren Dienst habe ich Herz und Seele ganz gestellt. Darum bin ich voller Lieder und fröhlich, weiß ich doch genau, dass ich sterben werde vor großem Kummer, wenn ich nicht die Liebe derjenigen besitze, die mein Herz fröhlich macht."

Motetus (Mittelstimme): „La biauté ma Dame"
„Die Schönheit meiner Geliebten lässt mein Herz vor Freude springen, wenn ich an sie denke, an ihr treues, liebendes, süßes, zartes Herz, in dem alles Gute wächst. Zurecht hat der Anstand bei dir Wohnung genommen: Ich muss dich lieben und der wahren Liebe ein Lob singen, weil ich die schönste Blume der Welt liebe. In Glückseligkeit versetzt mich Tag und Nacht die Erinnerung an ihren tugendhaft gekleideten Körper. Der Anblick ihrer rosigen Haut erfüllt mich mit Glückseligkeit und macht mein Herz froh."

Es ist nicht schwer nachzuvollziehen, dass sich hier Spannungen auftaten, die auf Dauer zu Konflikten führen mussten: Wie „geistlich" musste eine Musik hinsichtlich des Textes mit Blick auf Inhalt und Verständlichkeit sein, um in der Liturgie eingesetzt werden zu können? Zwei Entwicklungen verstärkten diese Problematik noch, eine theologische und eine musikalische. Zum einen ist ab der Mitte des 13. Jahrhunderts die Auffassung nachweisbar, dass die rechtliche Gültigkeit der liturgischen Handlung allein durch die Worte des geweihten Priesters garantiert wird. Deswegen hat der Priester auch all die Teile der Liturgie ggf. leise mitzusprechen, die von anderen liturgischen Rollenträgern (z. B. dem Chor) übernommen werden. Dem Priester standen daher für die Feier der Eucharistie seit dem Hochmittelalter passende liturgische Bücher zur Verfügung, sog. Plenarmissalien, die alle Teile der Messliturgie enthielten. Diese Vorschrift der parallelen Rezitation des liturgischen Textes galt bis zur Liturgiereform des II. Vatikanischen Konzils. Für die liturgische Musik (vor allem die Mehrstimmigkeit bis hin zu Werken des frühen 20. Jh.) bedeutete das einen dramatischen Paradigmenwechsel: Sie war formal frei, konnte sich zeitlich wie mit Blick auf die kompositorische Faktur ausbreiten und brauchte nicht mehr mit der parallel laufenden Liturgie koordiniert zu werden. Das führte – zweitens – zu einer zunehmend komplexer werdenden Struktur der Kompositionen: Isorhythmie, Hoquetus-Partien und Mehrtextigkeit erforderten zunehmend professionelles Personal hinsichtlich Erstellung und Aufführung der Werke. Gottesdienstliche Musik und liturgische Handlung trennten sich – ein religionsgeschichtlich einzigartiger Vorgang! Erst mit der Liturgiereform des II. Vatikanischen Konzils (1963 verabschiedet, 1969 umgesetzt) wurde aus der begleitenden Musik wieder eine echte liturgische Aktion.

Die künstlerische Verselbständigung der Musik rief in den folgenden Jahrhunderten einen Streit hervor, der an eine Auseinandersetzung in der frühen Kirche erinnerte: In welchem Maße durfte Musik in der Liturgie überhaupt zum Einsatz kommen? Kam der gläubige Mensch durch die Schönheit der Melodien nicht rasch in Versuchung, diesen allein um des Genusses willen zu lauschen? War das Musizieren eher Gebet oder eitles selbstgefälliges künstlerisches Agieren? Diese Fragestellung hat bis heute nichts an Aktualität verloren.

Diskutiert wurde sie jedoch seit den frühen Kirchenvätern, wie die folgenden Zitate belegen. Als einer der ersten Theologen wies Augustinus auf diese Spannung hin, wie die beiden Zitate aus seinen „Confessiones" belegen: Zum einen gestand er, dass es vor allem Macht der Musik war, die ihm den Glaubens ins Herz brachte:

> In jenen Tagen konnte ich nicht satt werden in der wunderbaren Süßigkeit, die Höhe deines Ratschlusses über das Heil des Menschengeschlechtes zu betrachten. Wie habe ich geweint unter deinen Hymnen und Gesängen, tief bewegt von dem Wohllaut der Stimmen deiner Kirche. Jene Stimmen, sie fluteten in mein Ohr, und durch sie ward die Wahrheit in mein Herz eingeflößt und fromme Gefühle wallten in ihm auf, die Tränen strömten und mir war so selig in ihnen zumute.[82]

Auf der anderen Seite sah er auch immer wieder die Gefahr, die Musik nicht als Gebet und erklingenden Text wahrzunehmen, sondern um ihrer Schönheit willen zu genießen:

> Mitunter will mir scheinen, ich gäbe den Melodien doch mehr Ehre, als ihnen gebührt. Wohl fühle ich, daß die heiligen Worte selber, so gesungen, unser Gemüt inniger und lebhafter in der Flamme der Andacht bewegen, als wenn sie nicht so gesungen würden. ... Aber meine Sinnesfreude ... hintergeht mich oft: Statt dass der empfindende Geist sich der Vernunft als Begleiter anschlösse, um geruhig ihr zu folgen, da er doch nur ihretwegen verdient dabeizusein, nimmt er sich heraus, ihr voranzugehen und sie auf seinen Weg zu bringen. So sündige ich hierin ohne Gefühl der Sünde, danach aber fühl' ich es: Sünde![83]

Die vorausgehende Generation der Kirchenväter stritt noch heftig um die Frage, ob im Gottesdienst überhaupt gesungen werden dürfe: Vielfach hatten diese Theologen die heidnischen Theater und exaltierten bacchantischen Spiele vor Augen, die in ihrer Zeit noch die religiöse Praxis bestimmten. So lehnte der Kirchenvater Hieronymus das Singen ab und forderte eine Art „Anbetung im Geiste“:

> Singen, psallieren und lobpreisen müssen wir Gott mehr mit dem Geiste als mit der Stimme. Mögen dies die jungen Leute und die, denen die Pflicht des Psallierens in der Kirche obliegt, hören, dass man Gott nicht mit der Stimme, sondern mit dem Herzen singen muss, dass sie nicht nach Art der Tragödien Kehle und Schlund mit süßen Mitteln schmieren dürfen, so dass in der Kirche theatralisch gedrechselte und verschnörkelte Melodien ertönen, sondern dass sie Gott durch Gottes-

> furcht, gute Werke und Kenntnis der Heiligen Schrift zu preisen haben.[84]

Ambrosius von Mailand hingen sah die singende Gemeinde als Instrument, auf dem der Heilige Geist seine Melodien spielt:

> Der Kirchengesang ist wirklich ein festes Band der Einheit: Die Schar des ganzen Volkes kommt in einem einzigen Chor zusammen. Es gibt verschiedene Saiten auf der Zither, aber es ergibt sich ein einziger Zusammenklang. Auch bei Instrumenten mit nur wenigen Saiten gehen die Finger des Musikers öfters fehl; beim Volk aber ist der Heilige Geist selbst der Musiker: Und der geht niemals fehl.[85]

a) Die „Docta Sanctorum Patrum" Papst Johannes XXII.

Die artifizielle Entwicklung der geistlichen Kompositionen wurde im 14. Jahrhundert zunehmend als problematisch empfunden. Da der päpstliche Hof zwischen 1309 und 1377 in der südfranzösischen Stadt Avignon seinen Sitz hatte (das sog. „avignonesische Exil"), war man direkt mit der in Frankreich verbreiteten und von Philipp de Vitry ca. 1322 „Ars nova" genannten Kompositionsschule konfrontiert. Vor allem die komplexe Machart der Werke und die radikale Abkehr von der bisherigen Kompositionsweise (von Philipp abwertend „Ars antiqua" genannt) wurde von kirchlichen Kreisen als übertrieben artifiziell abgelehnt. Diese Haltung fand im 1324/25 von Papst Johannes XXII. in Avignon erlassenen Dekret „Docta Sanctorum Patrum" seinen Ausdruck; in ihm findet man den ersten Versuch einer kirchenmusikalischen Gesetzgebung im Sinne einer Vorschrift, welche Art mehrstimmiger Musik abzulehnen und welche warum zu bevorzugen sei. Es ist äußerst aufschlussreich, dass der Gregorianische Choral hierbei erstmals wieder in eine Art Modellfunktion gehoben wird – was seine Textbehandlung, seine maßvolle Melodik und seine klare Tonalität sowie das Ethos der Sänger betreffen:

> Die wohlbegründete Lehrmeinung der heiligen Kirchenväter hat festgesetzt, dass in den Offizien zum Lobe Gottes (d. h. in der Messe und im Stundengebet), wenn sie mit derjenigen Hingebung gefeiert werden, die Gottes Knechte Ihm schuldig sind, der Geist aller Teilnehmer wach zu sein hat, dass ihre Sprache nicht niedrig am Boden kriechen darf und dass ihr zuchtvoller Ernst beim Singen der Psalmen dieselben mit ruhiger Stimmgebung vortragen soll. Denn in ihrem Munde klang der Ton süß (Sir 47,11). Süß klingt freilich immer dann der Ton im Munde der Singenden, wenn sie Gott in ihrem Herzen empfangen; während sie die Worte aussprechen, entflammen sie zugleich mit den Gesängen Andacht zu Gott. Darum also wird gelehrt, dass in den Kirchen Gottes die Psalmen gesungen (und nicht bloß gesprochen) werden sollen: nämlich um die Andacht der Gläubigen zum Offizium während der Nacht und während des Tages zu erwecken. Und die Messfeiern werden unablässig vom Klerus und vom Volke auf einem altbewährten, gradweise abgestuften Tenor

gesungen, damit diese Unterschiedlichkeit Gefallen und die altbewährte Art Freude hervorrufe.

Dadurch aber, dass einige Zöglinge der neuen Schule (ars nova) ihre Wachsamkeit nur noch darauf verwenden, Tempora zu mensurieren, ihre Aufmerksamkeit auf neue Notenformen verschwenden und lieber eigene erfinden als nach den alten zu singen, werden die kirchlichen Melodien zu Semibreven und Minimen zersungen und mit vielen kleinen Notenwerten totgeschlagen. Die Sänger der Ars nova zerschneiden die Melodien nämlich mit Hoqueti und machen sie mit hinzugefügten Diskant-Stimmen schlüpfrig; sie stampfen sie bisweilen mit volkssprachlichen Tripla und Moteti derart platt, dass sie auf die ‚Fundamente', die sie dem Antiphonar und Graduale entnommen haben, hochmütig hinabschauen und gar nicht mehr wissen, worauf sie bauen. Sie kennen die Kirchentöne nicht, können sie nicht unterscheiden und werfen sie durcheinander; unter dem Gewimmel ihrer Noten werden die züchtigen Aufwärtslinien und die maßvollen Abwärtsbewegungen des *cantus planus*, durch die sich die Gesänge in den einzelnen Kirchentonarten schließlich voneinander unterscheiden, verdunkelt und herabgewürdigt. So rennen sie und kommen nicht zur Ruhe, berauschen das Ohr, statt es zu erquicken und suchen durch Gebärden auszudrücken, was sie vortragen. Dadurch wird die Andacht, die doch der Endzweck ist, zur gleichgültigen Nebensache, und Zügellosigkeit, die doch gerade vermieden werden soll, wird öffentlich vorgeführt. Denn nicht umsonst hat schon Boethius gewarnt, dass ‚ein zügelloser Sinn ent-

> weder immer zügellosere Melodien zum Genuss braucht oder, wenn er immer wieder dieselben hört, noch kraft- und inhaltloser wird‘ (Boethius: De institutione musica, 1,1 Satz 7). Dass dieser Zustand einer Korrektur bedarf, haben Wir und Unsere Brüder schon längst erkannt: Wir beeilen Uns nunmehr, diese Fehlentwicklung zurückzudrängen, ja gänzlich zu unterdrücken und von der Kirche Gottes wirkungsvoller abzuwehren als bisher. Diesbezüglich legen Wir auf Rat Unserer Brüder ausdrücklich fest, dass niemand von nun an diese oder ähnliche Dinge in besagten Offizien, besonders in den kanonischen Stunden oder bei der Feier der Messe, auszuführen sich anschicke. Wenn aber einer zuwider handelt, soll er kraft der Autorität dieses Erlasses durch die Suspendierung vom Gottesdienst für acht Tage bestraft werden. [...] Hiermit wollen Wir jedoch keineswegs verbieten, dass bisweilen – besonders an Festtagen in den Hochämtern und Offizien – über dem kirchlichen Gesang einige Konsonanzen, welche die Melodie erkennen lassen, wie Oktaven, Quinten, Quarten und derartige Intervalle, ausgeführt werden, und zwar so, dass der Cantus in seiner Ganzheit erhalten bleibt und nicht von dieser wohlgesitteten Musik dadurch verändert wird; und zwar vor allem deshalb, damit Konsonanzen dieser Art dem Ohre schmeicheln, Andacht erregen und die Seelen der zu Gott Singenden nicht erlahmen lassen.[86]

Das Dokument ist sehr aufschlussreich und wird hier deswegen auch in voller Länge abgedruckt, wiewohl es in der Folgezeit so gut wie keine konkrete Wirkung entfaltete.

Einzelne Punkte lohnen eine genauere Betrachtung:

- Der Gesang in der Liturgie wird grundsätzlich positiv bewertet, da er fähig ist, beim singenden wie beim hörenden Menschen Andacht zu erwecken. Von vornherein wird also auf die ethische Dimension der Musik hingewiesen und so auf ihre Wirkweise, auf ihre prägende Kraft hinsichtlich Charakter und Verhalten. Diese der griechischen Philosophie (v. a. Platon) entlehnte Sicht auf die Musik führt dazu, dass sehr rasch auch Bewertungen von Kompositionsweisen und Musiziergewohnheiten einfließen, die terminologisch in den moralischen Bereich zielen.
- Die gestufte Feierlichkeit wird empfohlen: Je höher das Fest, umso höher der musikalische Aufwand!
- Deutlich geäußerte Kritikpunkte sind der Hochmut gegen den Gregorianischen Choral (den man sich eigentlich zum Vorbild nehmen sollte), die Unkenntnis seiner Tonarten und seiner maßvollen Melodik, vor allem aber die als „zügellos“ empfundene Wahl der musikalischen Mittel: Die Melodien würden durch die übertriebene kunstvolle Behandlung zerstört und verleiteten Ausführende wie Hörende zu amoralischem Genuss! Hauptzeuge für diese Anklage ist der spätantike Philosoph Boethius (ca. 480–ca. 525), der die antike Musiklehre zusammenfasste und so eine wichtige Brückenfunktion zum christlichen Abendland übernahm.
- Der Gregorianische Choral soll das Maß der Dinge bleiben, wobei auch gegen seine mehrstimmige Ausführung (Parallelorgana in Quinte, Quarte und Oktave) besonders an hohen Festen nichts einzuwenden ist.

Die päpstliche Konstitution „Docta Sanctorum Patrum" ist historisch vor allem deshalb von Bedeutung, weil sie zum ersten Mal die kompositorische Faktur und Stilistik des Gregorianischen Chorals der zeitgenössischen Musik als Korrektiv von augenscheinlichen Fehlentwicklungen gegenüberstellt. Das wird in der Geschichte der geistlichen Musik noch mehrfach der Fall sein.

b) Die Reformation und das Konzil von Trient

Was als innerkirchlicher Reformversuch begann, endete als Reformation mit der Entstehung neuer Konfessionen. In einem bisher unbekannten Ausmaß spielten bei dieser kirchenpolitischen Entwicklung Lieder und Gesänge eine über das Musikalische hinausgehende Rolle. Martin Luthers Vorgehen, das Wort der Heiligen Schrift durch Übersetzung in die Volkssprache für alle Gläubigen verstehbar zu machen, hatte weitreichende Folgen; er wusste, dass so die Herzen der Menschen zu erreichen waren, und unterstützte seine Reformen durch das Dichten und Komponieren deutscher geistlicher Lieder, die neben gottesdienstlichen auch katechetischen Zwecken dienen konnten. Bereits im sog. Achtliederbuch von 1524, einer losen Sammlung von Einzelblattdrucken, finden sich vier Luther-Lieder, darunter das bis heute weit verbreitete Psalmlied zu Ps 130 „Aus tiefer Not schrei ich zu dir". In der Folgezeit entstanden in rascher Abfolge Gesangbücher – und das interessanterweise auch auf katholischer Seite. Das volkssprachliche Kirchenlied war nämlich auch in der alten Konfession, von der sich der Protestantismus in den ersten Jahrzehnten organisatorisch noch nicht so strikt getrennt hatte, ein großer Erfolg. Um der Gefahr zu entgehen, mit den Liedern auch die Theologie der Reformatoren zu übernehmen, schufen katholische Geistliche wie der Dominikanerpater Michael Vehe (1537) und der Bautzener Dompropst Johannes Leisentrit (1567) umfangreiche Gesangbuchsammlungen für den Gebrauch in katholischen Gemeinden. Insgesamt sind für den Zeitraum zwischen 1521 und 1570 ungefähr 1800 Lieder in über 140 Gesangbucheditionen aller Konfessionen nachweisbar, wobei auf katholischer Seite besondere Aktivitäten in den Ländern zu verzeichnen waren, in denen sich die Reformation stark ausgebreitet hatte – Deutschland, die Schweiz (mit den Reformatoren Calvin und Zwingli) und England (durch die nationalkirchlichen Bestrebungen König Heinrichs VIII.).

Nun war das volkssprachliche Singen in der Kirche keine Erfindung der Reformatoren: Bereits im frühen und hohen Mittelalter waren Rufe und Liedstrophen bekannt und verbreitet, die vom Volk in den offiziellen lateinischen Liturgiegesang im Gottesdienst eingefügt wurden. So findet sich erstmals in einer 1160 entstandenen Salzburger Handschrift der mit Neumen versehene Anfang des aus der Ostersequenz „Victimae paschali laudes“ abgeleiteten Osterliedes „Christ ist erstanden“;[87] und das 1524 von Luther stammende und im „Erfurter Enchiridion“ abgedruckte Strophenlied „Mitten wir im Leben sind von dem Tod umfangen“ geht auf eine frühmittelalterliche lateinische Antiphon zurück („Media vita in morte sumus“), für die eine erste deutsche Übersetzung bereits um 1080 im Reichenauer Tonar nachweisbar ist („In mitten unsers lebens zeyt") – jeweils unter Beibehaltung der gregorianischen Melodie. Hieran orientierten sich auch Martin Luther und jene Reformatoren, die sich mit der Schaffung deutschsprachiger Kirchenlieder befassten – wie z. B. Thomas Müntzer, der 1523 den lateinischen Adventshymnus „Conditor alme siderum" in die deutsche Reimdichtung „Gott heilger Schöpfer aller Stern" brachte. Nicht nur theologisch, sondern auch auf dem Feld der Kirchenlieddichtung und -komposition gerieten Luther und Müntzer jedoch heftig aneinander, weil der Wittenberger Reformator eine grundsätzlich andere Vorstellung von der Beziehung zwischen Text und Melodik hatte. Während Müntzer seine deutsche Dichtung beinahe mechanisch unter die gregorianische Melodie brachte, legte Luther sehr viel Wert auf die Kongruenz der Melodieführung mit den Wort- bzw. Sinnakzenten des Textes. Für ihn war es besser, es beim lateinischen Original zu belassen, bevor man diesbezüglich keine optimale Lösung gefunden hatte, weshalb er auch lange zögerte, eine Verdeutschung der gregorianisch gesungenen Messliturgie vorzunehmen:

> Ich wollt heut gern eine deutsche Messe haben. Ich gehe auch damit um. Aber ich wollte, dass sie eine rechte deutsche Art hätte. Denn dass man den lateinisch Text verdolmetscht und lateinisch Ton oder Noten behält, lass ich geschehen. Aber es laut nicht artig noch rechtschaffen. Es muss beides – Text und Noten, Accent, Weise und Gebärde – aus rechter Muttersprache und Stimme kommen, sonst ist's alles ein Nachahmen, wie die Affen tun.[88]

Wie ernst es Luther damit war, lässt sich an der Antiphon „Da pacem Domine“ studieren, die von ihm mit dem deutschen Text „Verleih uns Frieden gnädiglich“ versehen und deren Melodie neu kompiliert wurde, damit sie zum Textverlauf besser passte. Aber auch die erste Zeile des ambrosianischen Hymnus „Veni redemptor gentium“ macht das deutlich – man vergleiche nur die melodische Wendung bei *redemptor gentium*, die in der deutschen Fassung adäquat an der Textstelle „... der Heiden Heiland“ steht, wodurch dem lateinischen Sinnakzent in der deutschen Fassung entsprochen wird:

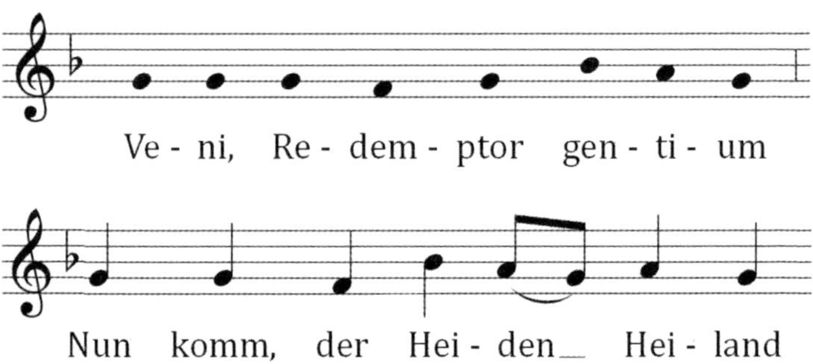

Abb. 38: Die Anfänge des Hymnus „Veni Redemptor gentium“ und des Luther-Liedes „Nun komm, der Heiden Heiland“

„Mit ihren Liedern haben sie uns mehr geschadet als mit all ihren theologischen Schriften“ – mit diesem Seufzer (se non è vero, è molto ben trovato![89]) eines ungenannten römischen Kardinals wird eine der wichtigen Sorgen zum Ausdruck gebracht, die in der römischen Kurie und beim Papst die Erkenntnis wachsen ließ, dass nur eine schonungslose Bestandsaufnahme der Missstände und Reformen an Haupt und Gliedern der Kirche der Ausbreitung des Protestantismus Einhalt gebieten konnte. Mit dem Reformkonzil von Trient (1545–1563) versuchte die Kirchenleitung, diesem Anliegen Rechnung zu tragen. Auch die Liturgie und mit ihr die Kirchenmusik waren Gegenstände der z. T. sehr heftigen Diskussionen; freilich aber kamen diese Fragen erst ganz zum Schluss der Beratungen auf die Agenda. Erstmals sollten nun (und auch mit Blick auf die neue Welt, die es jenseits der Meere zu erobern galt) einheitliche Formen für die Feier der Messe und des Stundengebets sowie für die Sakramentenspendungen im *orbis catholicus* vorgeschrieben werden. Zwei Anliegen wurden damit berücksichtigt: Zum einen wollte man dem katholischen Proprium entsprechen und es gegenüber den sich nun herausbildenden anderen christlichen Konfessionen als eindeutig identifizierbar profilieren. Zum anderen waren dies Maßnahmen, die man in vergleichbaren Prozessen heute mit dem Begriff der „Qualitätssicherung" umschreiben könnte: Katholischerseits war registriert worden, in welchem Ausmaß und Tempo sich qualitativ gute volkssprachliche Texte und Gesänge auch im katholischen Bereich verbreitet hatten. Die Zulassung einer volkssprachlichen Liturgie kam aber zu dieser Zeit überhaupt nicht in Frage. So musste die erwähnte Qualitätssicherung auf dem ureigenen Feld der katholischen Kirchenmusik stattfinden, über deren Gestalt und Stil im Laufe der Beratungen denn auch Diskussionen einsetzten. Durch den von Papst Pius IV. ausgeübten Druck, das Konzil möglichst rasch zu beenden, blieb für die Erörterung der Missbräuche in der Messe und ihrer Musik nur wenig Zeit übrig. Die Diskussionen waren jedoch deutlich davon geprägt, die Grundanliegen der Humanisten und der Reformatoren mit Blick auf das Verhältnis von Text und Musik aufzunehmen. Am 10. September 1562 wurde ein erster Text zur Musik im Gottesdienst vorgelegt und beraten. Diesem Vorschlag zufolge sollte in den Vertonungen der Messordinarien – seien sie ein- oder mehrstimmig – der Text so klar und deutlich zu verstehen sein, dass er das Herz der Zuhörer tief erfasst.

Alles soll so vonstatten gehen, dass in den mit Choralgesang und in den mit mehrstimmiger Musik gestalteten Messfeiern jeder Teil klar und verständlich (*omnia clare matureque prolata*) ausgeführt wird und ohne Schwierigkeit (*placide*) in die Ohren und Herzen der Zuhörer eindringen kann.[90] Mehrstimmige und instrumentale Musik habe sich zudem aller Anklänge an weltliche Kompositionen zu enthalten:

> Im polyphonen Gesang und in der Orgelmusik darf nichts Profanes enthalten sein, es sollen darin nur geistliches Liedgut und Gotteslob (*hymni tantum et divinae laudes*) verwendet werden. Die ganze Art des musikalischen Gotteslobes darf nicht eitlen Ohrenkitzel (*inanem aurium oblectationem*) intendieren, sie soll vielmehr auf allgemeines Textverständnis, auf die Sehnsucht nach himmlischer Harmonie und auf die Betrachtung des Glücks der Heiligen gerichtet sein.

Das endgültige Dekret, das die Bischöfe am 17. September 1562 verabschiedeten, setzte die Priorität allerdings anders:

> Alle Arten von Musik – sei es auf der Orgel, sei es im Gesang –, die Unreines und Laszives in sich tragen, sollen aus dem Haus Gottes gebannt sein, damit das Haus Gottes wahrhaft ein Haus des Gebetes genannt werden kann.[91]

Bei diesen wenigen Bemerkungen, die in der folgenden Sitzung vom 22. März 1563 noch durch ein Verbot „weichlicher" Musik (*musica troppo molle*) ergänzt wurden, beließ es das Konzil und übertrug die konkreten Einzelheiten zur Durchführung den Provinzialsynoden, die jedoch mit sehr unterschiedlicher Intensität an dieser Thematik arbeiteten.

Es ist bemerkenswert, dass am Ende der Beratungen über die Kirchenmusik vor allem die ethische Wirkung im Zentrum der Überlegungen stand: die Vermeidung von Unreinem und Laszivem – wobei spätestens ab hier das bis heute unlösbare Problem zu existieren beginnt, wie man auf der Basis dieser Bewertung geistlich und liturgisch angemessene Musik von der unterscheidet, die nicht für den Einsatz im Gottesdienst geeignet ist.

Auch die Geschichte des Gregorianischen Chorals geht nach dem Trienter Konzil in eine neue Phase: Zur vereinheitlichten Messliturgie, die im „Missale Romanum" Papst Pius V. 1570 eine erste weltweit geltende Kodifizierung erfuhr, musste ein lateinisches Gesangbuch erstellt werden; jedoch bot sich aus der Überlieferung des Chorals keine Handschrift oder sonst verbreitete Fassung an, die man hierfür hätte zugrunde legen können. So sollte nun ein größerer Redaktionsprozess ins Werk gesetzt werden, mit dem Papst Gregor XIII. 1577 den römischen Komponisten Giovanni Pierluigi da Palestrina beauftragte. In einem persönlichen Brief Palestrinas aus dem Jahr 1578 umschrieb dieser den Auftrag des Papstes mit drei Verben genauer: bereinigen – verbessern – umgestalten (*purgare, corrigere, reformare*); der Gregorianische Choral sollte auf diesem Wege von Barbarismen und üblen Klängen befreit werden – hierunter waren vor allem die offensichtlich „falsch" behandelten Wortakzente zu verstehen. Eine leichte (also unbetonte) Silbe sollte nicht mehr Noten haben als die den Wortakzent tragende Silbe, um den Klang des Wortes nicht zu verdunkeln. Aber auch die Kürzung von Melismen, in denen man nichts anderes sehen konnte als „leeren Prunk", gehörte zur Vorgehensweise des *purgare, corrigere et reformare*. Zudem sollte die modale Beschaffenheit der Gesänge den zeitgenössischen Erkenntnissen über die gregorianische Tonalität entsprechen. Nicht nur der Schlusston war für die Tonart ausschlaggebend – auch der Anfangston und der gesamte Ambitus des Stückes mussten sich ohne Bruch einpassen, was in vielen Fällen zu gravierenden Eingriffen in die überlieferte Melodie führte.

Als Palestrina 1594 starb, war die Arbeit teilweise abgeschlossen, die Neuausgabe des Graduale Romanum jedoch noch nicht erschienen. Das erste Interesse der Musiker und der für die Liturgie Verantwortlichen galt natürlich der Reform der mehrstimmigen Musik. Der einstimmige Liturgiegesang erfreute sich hingegen keiner großen Wertschätzung oder Priorität. Palestrina wendete seine Energie dementsprechend zuerst für die Ausgabe seiner mehrstimmigen Werke auf, vor allem, als ihm mit seiner zweiten Heirat (er war eine Zeit verwitwet gewesen und hatte dann eine vermögende Frau geehelicht) die entsprechenden finanziellen Mittel hierfür zur Verfügung standen.

Papst Clemens VIII. nahm eine im Druckhaus der Medici in Florenz gemachte Erfindung zum Anlass, erneut den Druck des *Graduale Romanum* voranzutreiben: Dort war durch den Einsatz großer Holztypen die Möglichkeit geschaffen worden, Chorbücher im Groß-Folio-Format herzustellen. Nach Palestrinas Tod versuchte sein Sohn Iginio, das offensichtlich weitgehend fertiggestellte, aber nicht druckfertige Manuskript seines Vaters als vollendetes Werk zu verkaufen. Der Betrug flog auf; in den Wirren der nun folgenden juristischen Auseinandersetzung gingen die Manuskripte Palestrinas verloren. Erst unter Papst Paul V. kamen die Arbeiten zum Abschluss. Felice Anerio und Franceso Soriano gaben 1614 (*Graduale de tempore*) und 1615 (*Graduale de Sanctis*) das vervollständigte und redaktionell bearbeitete Werk heraus, das nach dem Druckhaus der Medici *Editio Medicaea* hieß. Freilich war dieses Buch nie eine kirchlich offiziell approbierte Publikation, sondern blieb eine Privatausgabe, die jedoch im Zuge der gregorianischen Melodierestauration im 19. Jahrhundert eine gewisse Rolle spielen sollte.

Als Beispiel, um das Gesagte einmal zu verdeutlichen, sei der Introitus des I. Adventssonntags in der Fassung der Editio Medicaea 1614/15 der Version des Graduale Romanum 1974 gegenübergestellt, deren Melodieversion sich nahe an der frühmittelalterlichen Fassung der Gesänge bewegt und so den Ausgangspunkt der melodischen Entwicklung darstellt.

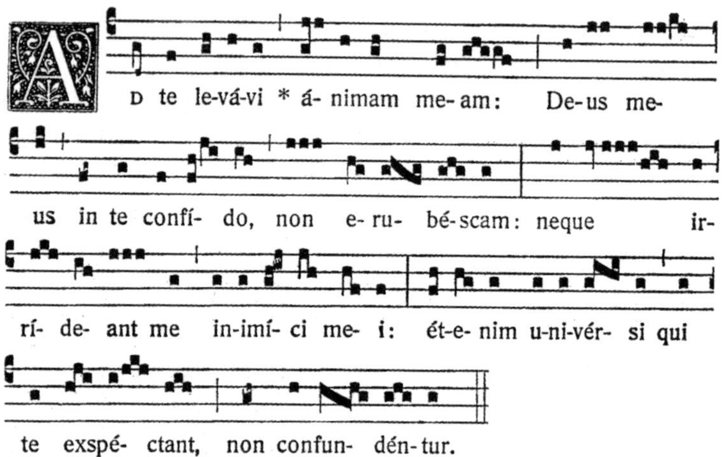

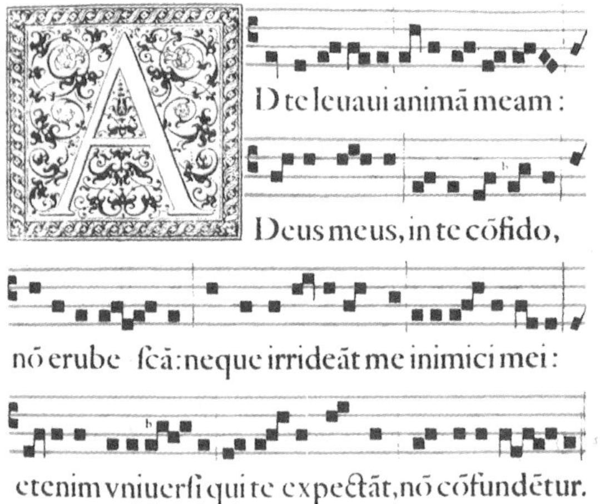

Abb. 39 a und b: „Ad te levavi" in der Fassung des Graduale Romanum 1908 (oben) und der Editio Medicaea 1614

Ein direkter Vergleich macht den Kontrast zwischen beiden Versionen deutlich; es zeigen sich einige symptomatische Spezifika, anhand derer die Paradigmen für die Reformarbeit des 16./17. Jh. abzulesen sind:

- Der ursprünglich melodisch tief liegende Beginn ist korrigiert, um sofort in die Tonart (Tetrardus plagalis / VIII. Ton) einzuführen: Der Anfangston wurde dem Schlusston angeglichen.
- „levávi" (als Wortakzent) bekommt eine Note hinzu, um der prätonischen Silbe melodisch gleichgewichtig zu sein.
- Gleichermaßen sind die Wortakzente „Déus méus" gestaltet: Die Hauptsilbe wird tonreicher, die Nachsilbe tonärmer gestaltet.
- Aus diesem Grund wird auch das kleine Melisma über *neque* gestrichen.
- Während in der frühen Fassung „etenim" wie ein Kompositum zweier selbständiger Wörter vertont wird (*et enim*), sieht die vom Humanismus beeinflusste lateinische Grammatik bei dreisilbigen Wörtern fast ausschließlich die Betonung eines Proparoxytonons vor (die drittletzte = erste Silbe wird betont: étenim). Entsprechend der Betonung ist dann auch die Vertonung.
- Die Nähe der Tonstufe -fa- (*etenim ... qui te ...*) führt zur Setzung des -si^{b}- über *universi*, um den Tritonus zu vermeiden.
- *confundéntur* wird entsprechend dem Wortakzent umgestaltet.

Bis in die jüngste Vergangenheit hat die Choralwissenschaft die historisch äußerst problematische Theorie des „Verfalls gregorianischer Melodik“ gepflegt, der mit der Editio Medicaea seinen Höhepunkt erreicht habe.[92] Die Sachlage ist anders: Es handelt sich um Neukompositionen, die von den alten Melodien geprägt und nach den Prinzipien humanistischer Textbehandlung geformt worden sind. Die Aufrichtigkeit gegenüber der historisch komplexen Entwicklung gebietet es immer, solche Prozesse aus den Zeitkontexten heraus zu sichten und zu beurteilen.

Seine Linien haben eine Seele [...] Ich fing an, jene Melodien zu singen und zu spielen, mit demselben Gefühl, mit dem man sich einer Bluttransfusion unterzieht [...] Ich mußte jene Musik bis zum Grund verstehen können, wie sie entstanden ist, wie die Menschen waren, die sie gesungen haben, was sie während ihres Lebens fühlten und wie sie diese Musik aufgeschrieben und während der Jahrhunderte tradiert haben, bis sie der Ursprung unserer Musik wurde. Auf irgendeine Weise gelang es mir, mit jener Musik in Kontakt zu treten.

ARVO PÄRT (1972)

VIII. Gregorianischer Choral als Zitat

Wozu dient ein Zitat – und welche Art von Zitat ist hier überhaupt gemeint? Wenn jemand in einem Vortrag oder in einem wissenschaftlichen Werk etwas zitiert, dann dient das oft der Unterstützung einer Argumentation oder dem Beleg von Fakten, indem auf ein früher bereits erstelltes Werk eines Künstlers oder Wissenschaftlers verwiesen wird – gelegentlich auch zur Stütze durch eine größere fachliche Autorität.

Bei musikalischen Zitaten ist das im Prinzip vergleichbar; jedoch tritt noch eine Dimension dazu: Musikalische Zitate führen zu einer „Einbindung musikalischer Antefacta in das Gewebe neuer Werke – zur Erfüllung sehr verschiedener Aufgaben [...] Sie greifen nach Erscheinungen der Vergangenheit, um im Rahmen von Gegenwartserscheinungen bestimmte Aufgaben zu erfüllen."[93] Was hier etwas technisch mit „Erfüllung von Aufgaben" ausgedrückt wird, bedeutet in unserem Kontext Folgendes: Ein Element, das entweder aus Melodie und Text oder nur aus Melodie besteht, wird aus seinem ursprünglichen Umfeld herausgelöst und in ein neues Umfeld eingesetzt. Damit entsteht hier ein neues inhaltliches Gefüge, denn das Zitat transportiert auch den Kontext seines bisherigen Umfeldes mit – was sich wiederum auf die Deutungen des neuen Kontextes auswirkt. Das gilt natürlich unter der Voraussetzung, dass hinsichtlich des Entstehungsprozesses von zitierendem und zitierten Werk ein klar auszumachender (meist zeitlicher) Abstand besteht. Was geschieht aber, wenn „Choral“ den „Choral“ zitiert?

Wir werden also für den konkreten Fall des Gregorianischen Chorals im Folgenden drei Ebenen des Zitates zu unterscheiden haben:

a) Es handelt sich um wort- und melodiegleiche Ausschnitte aus gregorianischen Stücken, die sich in anderen Stücken desselben Repertoires wiederfinden. Hierzu hatte bereits Eugène Cardine eine Liste „Mêmes textes – mêmes mélodies“ erstellt, die von Emmanuela Kohlhaas aufgearbeitet worden ist.[94] Hier handelt es sich um eine doch erhebliche Anzahl an gleichen oder vergleichbaren Vertonungen derselben Worte in unterschiedlichen Stücken. Es ist dabei nicht in allen Fällen davon auszugehen, dass es sich um bewusste Zitate handelt; es besteht gerade durch die Textgleichheit des Öfteren auch die Möglichkeit einer reinen Assoziation.[95]

b) Das Zitat bleibt – wie bei a) – innerhalb desselben Repertoires; es handelt sich aber um inhaltliche Brücken, die durch die Verwendung gleicher melodischer Motive bei unterschiedlichen Texten zwischen zwei Stücken in verschiedenen liturgischen Situationen geschlagen werden. Damit werden auch unterschiedliche Kontexte miteinander verbunden, was auf die theologische Deutung beider Gesänge Auswirkungen haben kann.

c) Es handelt sich um melodische Zitate aus gregorianischen Stücken, die in deutlich später entstandenen Kompositionen verwendet werden – sei es aus Gründen einer gewissen liturgischen Legitimation (eine gregorianische Melodie fungiert als cantus-firmus-Grundlage für eine Messe oder eine Motette), sei es zur Manifestation einer theologischen Deutungsebene (die gregorianische Melodie ist als solche inhaltlich entschlüsselbar und liefert für den neuen Kontext eine theologische Interpretation), sei es eine bestimmte Atmosphäre, die mit gregorianischer Melodik verbunden wird (ein Melodiesegment als Klangnimbus des Archaischen, Mystischen und Erhabenen – z. B. in romantischen Orchesterwerken).

Für alle drei Varianten seien nun Beispiele vorgestellt.

„Mêmes textes – mêmes mélodies"

Mit der Vigilmesse zu Weihnachten (Graduale Romanum, S. 38–41) wird das Weihnachtsfest eröffnet; leider wird diese Messe heute kaum gesungen, da sie eigentlich auf den Nachmittag des 24.12. fallen müsste, wo es in unseren Gemeinden um ganz andere Dinge geht als um eine Messe mit dem Gregorianischen Choral. Die Communio dieser Messe trägt den Text *Revelabitur gloria Domini: et videbit omnis caro salutare Dei nostri* (Es wird sich enthüllen die Herrlichkeit des Herrn, und alles Fleisch wird/soll schauen das Heil unseres Gottes). Es wurde der fünfte Vers aus Jes 40 aufgegriffen und verändert; dort steht: *Et revelabitur gloria Domini et videbit omnis caro pariter quod os Domini locutum est* (Und es wird sich enthüllen die Herrlichkeit des Herrn und alles Fleisch wird/soll schauen zur gleichen Zeit, was der Mund des Herrn gesprochen hat). Der Schluss ist umgeformt und dem dritten Vers des Psalms 97 angeglichen worden, wo es in der Septuaginta-Übersetzung heißt: *Viderunt omnes fines terrae salutare Dei nostri* (Alle Enden der Erde haben das Heil unseres Gottes geschaut). Genau dieser Satz aber ist die Textgrundlage der Communio aus der letzten Weihnachtsmesse (Graduale Triplex, S. 50). Das Satzende *salutare Dei nostri* ist in beiden Stücken gleich vertont.

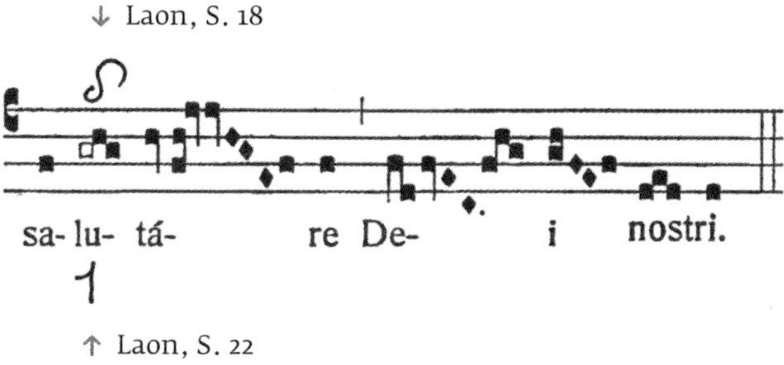

Abb. 40: Das identische Ende der Communiones „Revelabitur“ und „Viderunt omnes“

Doch dies ist sicherlich nicht rein mechanisch bzw. assoziativ geschehen: Es scheint eher eine bewusst parallele Gestaltung zu sein. Denn die Übernahme geschieht zumindest in der Handschrift von Laon nicht eins zu eins: Bei der ersten Communio (sie steht im Codex auf pag. 18) steht über *salutare* ein Torculus, bei der zweiten (im Codex pag. 22) eine Clivis. Zudem legt die bereits erwähnte Textveränderung bei der ersten Communio nahe, dass die Textgleichheit mit Absicht herbeigeführt und demnach auch das melodische Zitat entsprechend angebracht wurde. *Salutare*

Dei nostri legt sich damit wie eine Klammer um die vier Weihnachtsmessen (wenn man die Vigilmesse hinzuzählt) herum: Was in der Vigilmesse als Zukunft (grammatikalisch: Futur) vorgestellt wird, ist am Ende der dritten Weihnachtsmesse greifbare Realität geworden: Sie werden/sollen schauen – sie haben geschaut! Dazwischen werden die vier Evangelienperikopen vorgetragen: in der Vigilmesse der Stammbaum Jesu (Mt 1,1–25) als Vorbereitung auf die Geburt, in der ersten und der zweiten Weihnachtsmesse (Heilige Nacht und früher Morgen) die Geburt Christi, die Engel und die Hirten (Lk 2), und in der dritten Weihnachtsmesse die theologische Zusammenfassung und Deutung im Logos-Hymnus, der zu Beginn des Johannesevangeliums steht. Damit ist die Geburt Christi eingerahmt zwischen dem Beginn der Heilsgeschichte Gottes mit den Menschen (wie sie sich durch den Stammbaum Jesu nachvollziehen lässt) und der theologischen Reflexion der Präexistenz des Gottessohnes beim Vater; die Geburt des Erlösers offenbart dessen Mensch-Sein und Gott-Sein, und das immer im Blick auf den Vater – „*salutare Dei nostri* … das Heil unseres Gottes."

Inhaltliche Brücken

Eher im Sinne einer inhaltlich-melodischen Verschränkung sind die beiden folgenden Beispiele zu verstehen.

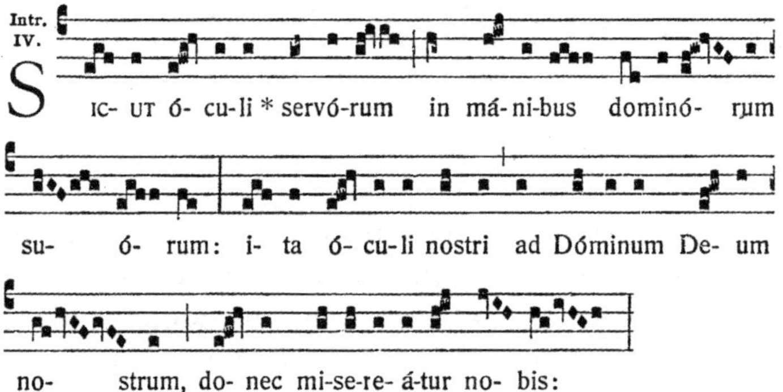

Abb. 41: Der Beginn des Introitus „Sicut oculi"

Der Introitus vom Montag der ersten Fastenwoche (Graduale Triplex, S. 77) hat als Textgrundlage einen Ausschnitt aus Psalm 123,2.3; in der Vulgata findet man den vollständigen Text, wobei es uns hier nur auf den Anfang ankommt: *Ecce sicut oculi servorum ad manum dominorum suorum, sicut oculi ancillae ad manum dominae suae: sic oculi nostri ad Dominum Deum nostrum donec misereatur nostri* [...]. (Seht, wie die Augen der Knechte auf die Hand ihrer Herren, wie Augen der Mägde auf die Hand ihrer Herrin – so schauen unsere Augen auf den Herrn, unseren Gott, bis er sich unser erbarmt.) Der Anfang des Gesangs ist gestrafft: Der zweite Teil (das weibliche Pendant zum Beginn) wurde weggelassen. Dafür sind jetzt die beiden Satzanfänge melodisch genau parallel gestaltet: *sicut oculi – ita oculi*![96]

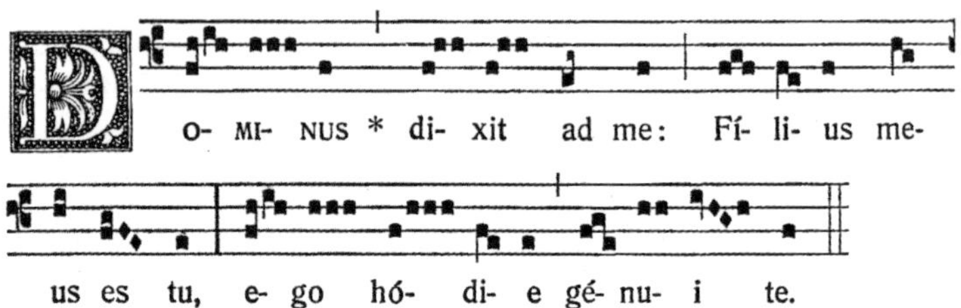

Abb. 42: Der Introitus „Dominus dixit"

Vergleichbar ist dies im Introitus der ersten Weihnachtsmesse (vgl. S. 115), der schon Gegenstand intensiver Betrachtungen war. Die motivische Verschränkung zwischen „Dominus" zu Beginn und „ego" in der Mitte des Stückes gliedert den Introitus in zwei Aussagesätze, und zugleich wird deutlich, dass es dieser Dominus (in patristischer Lesart der Vater im Himmel) ist, der zum angesprochenen Sohn sagen kann: ICH habe dich heute gezeugt.[97]

Mit einem sehr markanten Motiv beginnen zwei Introiten aus dem Advent und der Weihnachtszeit; beide stehen in der II. Tonart.

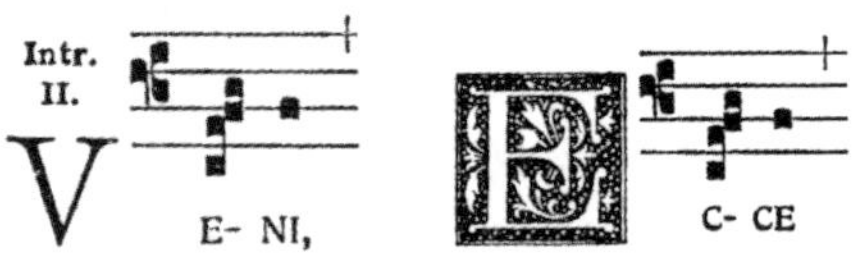

Abb. 43 a und b: Die identischen Anfänge der Introiten „Veni" und „Ecce"

Der Introitus „Veni et ostende nobis“ (Graduale Triplex, S. 27) wurde schon im Kapitel 5 erwähnt: Seiner Textgestalt liegt eine aufwendige und sehr aufschlussreiche Kompilation aus Versen des 80. Psalms zugrunde. Das wichtigste Wort – im liturgischen Kontext des Advent geradezu programmatisch – ist nach vorne gerückt: *Veni!* – Komm! Zudem trägt dieses Wort eine melodische Wendung, die an signifikanter Stelle im Repertoire noch einmal auftaucht, und zwar zu Beginn des Introitus vom Fest der Erscheinung (Epiphanie, Dreikönigsfest – 6. Januar). Mit diesem Hochfest schließt die Weihnachtszeit inhaltlich ab, was nach der Liturgiereform des II. Vatikanischen Konzils durch die Auslagerung des Festes der Taufe des Herrn auf den Sonntag nach dem 6. Januar leider etwas unklar geworden ist. Ursprünglich war das Erscheinungsfest von drei Festgeheimnissen geprägt, so wie es noch heute in der Magnificatantiphon besungen wird: *Tribus miraculis ornatum diem sanctum colimus: hodie stella magos duxit ad praesepium: hodie vinum ex aqua factum est ad nuptias: hodie in Iordanae a Ioanne Christus baptizari voluit ut salvaret nos*. (Durch drei Wunder ist dieser heilige Tag, den wir begehen, ausgezeichnet: Heute führte der Stern die Weisen zur Krippe: Heute wurde Wasser zu Wein bei der Hochzeit: Heute wollte Christus von Johannes im Jordan getauft werden, um uns zu retten). Mit den drei Weisen kommt die damalige Welt, um Christus anzubeten[98] – in der Taufe bestätigt Gott Jesus als seinen geliebten Sohn – und im ersten Wunder (der Weinvermehrung auf der Hochzeit zu Kanaa) zeigt sich Jesus selber als der Christus, als der von Gott gesandte Messias, der gekommen ist, damit alle „das Leben haben und es in Fülle haben“ (Joh 10,10).

Mit dieser geballten theologischen Aufladung des Epiphaniasfestes wird hier die Erfüllung aller adventlichen Sehnsucht beschrieben. Was kurz vor Weihnachten noch mit dem Ruf „Komm! Zeige uns dein Heil – erweise dich als unser Heiland!" ausgedrückt wird, findet seine Entsprechung in dem Gesang, der diese Fülle des Heils im neugeborenen Kind von Betlehem bejubelt: „Seht – es kommt der Herr, der Herrscher!" Die Sehnsucht und ihre Erfüllung korrespondieren in der Tonart und tragen dieselbe Melodie!

Das nächste Beispiel ist etwas weiter gestreckt: Zwischen den beiden Stücken, innerhalb derer ein Motiv wie ein Zitat wirkt, liegen sechs liturgische Wochen!

Die Gesangstexte für den ersten Fastensonntag sind überwiegend dem 91. Psalm entnommen. Das entspricht der Auswahl des Evangeliums, das heutzutage in allen drei Lesejahren die Versuchung Jesu durch den Teufel zum Gegenstand hat und in dessen Verlauf der Psalm auch zitiert wird (z. B. Lk 4,10.11). Natürlich steht hier der große Tractus „Qui habitat", der das Alleluia in der Fastenzeit ersetzt, besonders im Vordergrund: Ihm liegen die Verse 1 bis 7 und 11 bis 16 des 91. Psalms zugrunde; mit seinen 13 großen Soloversen und einer Dauer von etwa 14 Minuten gehört er zu den längsten Stücken des gregorianischen Repertoires. Aber auch Introitus, Graduale, Offertorium und Communio – somit das gesamte Proprium Missae dieses Tages – haben Texte aus dem 91. Psalm; dieser Fall dürfte einzigartig sein.

Der Introitus beginnt mit dem Wort, das dem ersten Fastensonntag mindestens in evangelischen Kreisen bis heute den Namen gibt: „Invocabit".[99]

Die beiden Fassungen der Psalmenübersetzung in der Vulgata weichen voneinander ab: Die Septuaginta-Fassung, der auch der Stuttgarter Psalter folgt,[100] hat als Text: *Clamabit ad me, et exaudiam eum. Cum ipso sum in tribulatione, eripiam eum et clarificabo eum; longitudine dierum replebo eum [...]*. Für unseren Introitustext werden wir wieder im Psalterium Romanum (der Vetus latina-Übersetzung des Psalters) fündig: *Invocavit me et ego exaudiam eum; cum eum sum in tribulatione, eripiam eum et glorificabo eum: longitudine dierum adimplebo eum [...]*. Der Text des Introitus nun wird ein wenig verändert und gekürzt, was aber zu einem erstaunlichen Ergebnis führt: „Er wird mich anrufen (statt: er rief mich an) – und ich werde ihn erhören; ich werde ihn herausreißen und ich werde ihn verherrlichen. Mit der Länge der Tage werde ich ihn anfüllen." Die drei Verben stehen nun parataktisch nebeneinander: *exaudiam – eripiam – glorificabo*. Aus dem Perfekt zu Beginn ist in einer bezeichnenden grammatikalischen Angleichung ein Futur geworden, so dass nun alle Verben im gleichen Tempus stehen: Die Handlung, auf die sich das alles bezieht, steht noch bevor! Wenn wir – den Deutungen der Kirchenväter und den Psalterglossierungen des 8./9. Jahrhunderts folgend – hier eine Aussage Gottes über Christus bzw. eine Gottesrede zu Christus vermuten,[101] dann könnte dies auf das Ostergeschehen verweisen, wo Christus zum Vater ruft (Gründonnerstag/Karfreitag) und dieser ihn erhört, aus dem Tode herausreißt und ihn verherrlicht (Ostern). Auf jeden Fall aber wird schon in den im 7. Jahrhundert entstandenen anonymen „Glosa psalmorum" das Wort *glorificabo* im Ps 91 mit dem Ostergeschehen und der Auferstehung in Verbindung gebracht: ERIPIAM EUM *de istis tribulationibus,* ET GLORIFICABO EUM, *glorificabo in resurrectionem*.[102]

Die Tauftradition der Kirche kennt das gestufte Katechumenat, dessen letzte große Feier vor der Eingliederung in die Gemeinschaft der Glaubenden die Zulassung zur Taufe ist, welche dann nach Möglichkeit in der Osternacht als bevorzugtem Tauftermin (schon in der alten Kirche) stattfinden soll. Die Feier der Zulassung ist bis auf den heutigen Tag für den Nachmittag des ersten Fastensonntags vorgesehen: Der Bischof lässt die Taufbewerberinnen und -bewerber zur Taufe, Eucharistie und Firmung zu; die Sakramente der Eingliederung werden dann in der Osternacht (im dritten Großteil dieser „Mutter aller Vigilien", wie Augustinus sie nennt) gespendet. Die theologische Wucht, die von den Texten dieser Nacht ausgeht, ist kaum hoch genug einzuschätzen. So wird schon im Exsultet, dem österlichen Lichtlob zu Beginn der Feier, die Gnade der Taufe besungen: „Dies ist die Nacht, die auf der ganzen Erde alle, die an Christus glauben, scheidet von den Lastern der Welt, dem Elend der Sünde entreißt, ins Reich der Gnade heimführt und einfügt in die heilige Kirche."

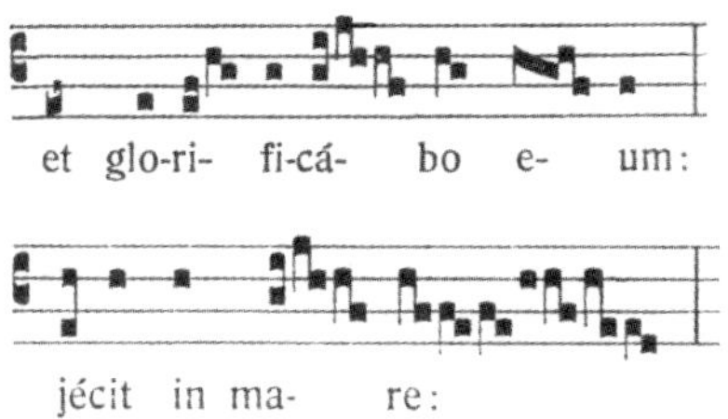

Abb. 44 a und b: Ausschnitte aus dem Introitus des 1. Fastensonntags und den Cantica der Osternacht: Vergleiche „glorifi<u>ca</u>bo" und „<u>ma</u>re"

Es besteht also seit der Zeit der alten Kirche eine enge Verbindung zwischen dem ersten Fastensonntag und der Osternacht. Diese Verbindung wird auch auf musikalische Weise hergestellt: Die Melodie, die im Introitus über „glorificabo" steht, gehört zum festen Formelschatz der sieben Antwortgesänge, die in der Osternacht nach den Lesungen gesungen werden.[103] Bereits am ersten Fastensonntag, an dem die Taufbewerber die letzte Etappe ihres Katechumenates beginnen, klingt die Osternacht auf, in der die Auferstehung Jesu von den Toten gefeiert wird. Auch diese Täuflinge werden auf Jesu Christi Sterben und Auferstehung getauft – „Wir sind getauft auf Christi Tod und auferweckt mit ihm zu Gott", heißt es in einem weit verbreiteten Osterlied. Durch das österliche Melodiesignal gibt der Introitus des ersten Fastensonntags vorauskostend Anteil daran; und so können die Täuflinge den gregorianischen Gesang an diesem Tag auch als eine persönliche Zusage Gottes an sich verstehen. In ihrem Taufbegehren haben sie Gott angerufen – er hat sie erhört, und er wird sie in der Osternacht durch das Taufwasserbad des Roten (Todes-)Meeres führen, um sie herauszureißen und schließlich beim ihm zu verherrlichen. Über die Tatsache, dass dies in den Introiten der Osterwoche sein theologisches Spiegelbild findet, war im vorletzten Kapitel schon gesprochen worden.

Gregorianische Melodien als Grundlage von geistlichen Kompositionen in Renaissance und Barock

Guillaume Dufay, „Nuper rosarum flores“

Guillaume Dufay (um 1397–1474) schrieb die Motette „Nuper rosarum flores“ für die Weihe des Florentiner Domes, die am 25.3.1436 durch Papst Eugen IV. vollzogen wurde. Die Komposition ist – der Konvention der Zeit geschuldet – vierstimmig: Tenor und Contratenor haben eine gregorianische Melodie (den ersten Satz aus dem Introitus zum Kirchweihfest „Terribilis est locus iste“) und werden nur instrumental und im Quintkanon ausgeführt. Die beiden Oberstimmen (Triplum und Motetus) tragen einen eigens für das Fest gedichteten Text.

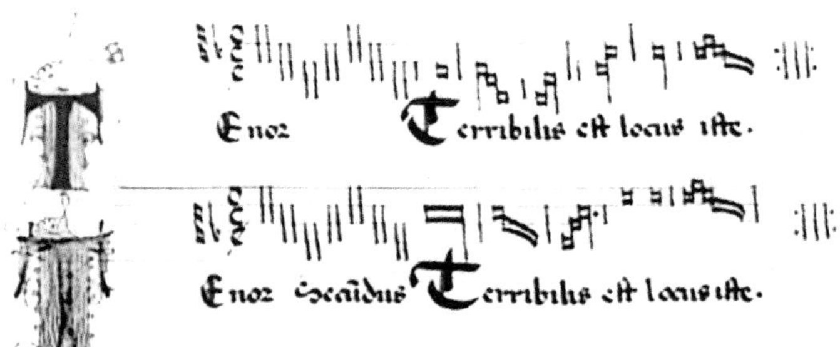

Abb. 45 a und b: Ténor und Contraténor der Domweihmotette „Nuper rosarum flores“ von Guillaume Dufay – im Autograph und in Umschrift. Beiden Stimmen liegt der Beginn des Kirchweih-Introitus zugrunde.

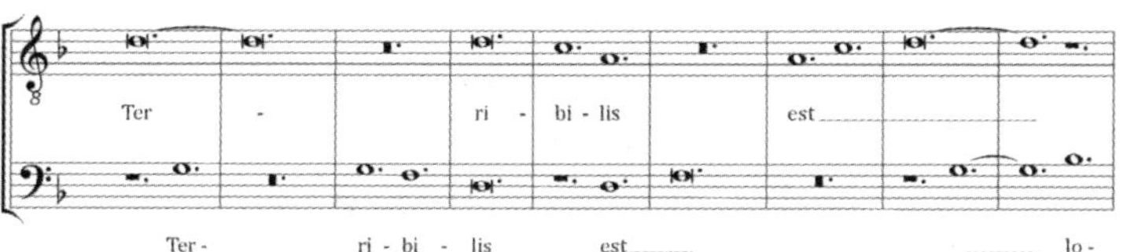

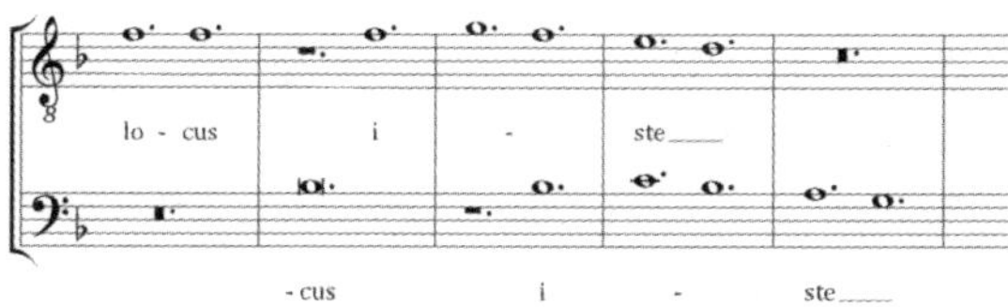

Der Gregorianische Choral dient hier als sog. „cantus firmus“ (c. f., wörtl. feststehender Gesang; gelegentlich auch „cantus prius factus“ – zuerst gemachter Gesang – genannt); er gibt der Komposition in mehrfacher Hinsicht ein Fundament: theologisch-inhaltlich, indem der zum Anlass passende Introitus zitiert wird, und tonartlich-melodisch, wobei nicht die ursprüngliche gregorianischen Tonart übernommen wird, sondern der Cantus firmus im Quintkanon ein eigenes tonales Gefüge bildet. Das führt dazu, dass diese Melodie als inhalttragendes Zitat nur schwer oder gar nicht zu entschlüsseln ist. Das gehört aber in der franco-flämischen Epoche (der sog. „Niederländer Komponisten“) durchweg zur Ästhetik des Komponierens. Es geht hierbei nicht zuerst um ein bewusst wahrnehmbares Zitat, sondern um die Reverenz vor dem Gregorianischen Choral als dem ältesten sakralen Gesang der abendländischen Kirche Westroms. Erstaunlich ist die bis ins kleinste Detail hineingehende zahlensymbolische Aufladung der Motette:

a) Tenor und Contratenor tragen jeweils 7 Töne, der Text besteht aus 4 Strophen zu je 7 Zeilen mit jeweils 7 Silben; die Motette besteht zudem aus vier Abschnitten mit jeweils einer durch 7 teilbaren Anzahl an Mensureinheiten. Das mehrfache Auftauchen dieser Zahl kann erklärt werden: 7 ist – als Summe der Symbolzahlen 3 für den Himmel und 4 für die Erde – die Zahl der Vollkommenheit aller Schöpfung.

b) Die vorgegebenen Tempusrelationen der vier Motettenabschnitte sind 6/2, 4/4, 2/2 und 3/2; mit den Zahlen 6 : 4 : 2 : 3 entspricht dies genau den Proportionen des Florentiner Doms, wenn man die Maße von Langhaus (ca. 164 m) : Querschiff (ca. 110 m) : Apsis (ca. 50 m) : Kuppelhöhe (ca. 83 m) betrachtet. Hierin entspricht der Florentiner Dombau wiederum dem biblischen Vorbild des Salomonischen Tempels, dessen Maße (nach 1 Kön 6) sich auf 60 Ellen für die Länge, 20 Ellen für die Breite und 30 Ellen für die Höhe beliefen; die Bundeslade war in einem Kubus von 20 x 20 Ellen verwahrt, so dass sich vom Eingang des Tempelvorbaus bis zu diesem Raum noch einmal ein Abstand von 40 Ellen ergab.

Wirft man nun einen Blick auf die Taktzahlen der einzelnen Abschnitte, so ergibt sich wieder eine Übereinstimmung, wenn man als Teiler die Zahl 28 annimmt (die wiederum aus einem Spiel mit den Zahlen 3, 4 und 7 besteht):

I. Abschnitt:	168 Takte : 28 = 6
II. Abschnitt:	112 Takte : 28 = 4
III. Abschnitt:	56 Takte : 28 = 2
IV. Abschnitt:	84 Takte : 28 = 3

Die liturgische Musik – es gibt nur eine Art: den gregorianischen Gesang. Er allein hat gleichzeitig die Reinheit, die Freude und die Leichtigkeit, die nötig sind für den Flug der Seele zur Wahrheit hin.

OLIVIER MESSIAEN (1977)

Der Dom bildet also (wie sehr viele Kirchen der Gotik und der Renaissance) den Salomonischen Tempel nach, und die Motette wiederum spiegelt die Proportionen des vom Tempel inspirierten Dombaus wider. Das ist weit mehr als eine ästhetische Spielerei: Die Kunstwerke partizipieren an der göttlichen Ordnung des Kosmos, denn in ihnen konkretisiert sich das symbolisch Angelegte im Sinne einer Realpräsenz.

Die ganze Motette ist von einem dichten Geflecht der Zahlenspiele durchdrungen, wenn man sich die Abschnittbildungen, die Gesamtzahl der Töne, ja, sogar die Anzahl der den einzelnen Stimmen zugewiesenen Text-Buchstaben anschaut. Dies alles lässt entweder auf mathematische Konstrukte (wie die Fibonacci-Folge, also die unendliche Folge natürlicher Zahlen) oder auf ästhetische Ideale (wie das des Goldenen Schnitts, der in Architektur und Malerei eine wichtige Rolle spielt) zurückführen.[104]

Zu Hören ist die bis ins kleinste Detail durchstrukturierte Ordnung jedoch nicht! Und auch die Verständlichkeit des Textes spielt in dieser kompositorischen Faktur keine besondere Rolle. Dufay folgt – wie viele Komponisten seiner Zeit – einer äußerst detailreichen Symbolik der Zahlen, die im direkten Zusammenhang zur Schöpfungsordnung Gottes, zum kosmischen Prinzip, steht: *Omnia mensura et numero et pondere disposuisti*. (Weish 11,21: Du hast alles nach Maß, Zahl und Gewicht geordnet.) Die Ordnung nach Zahl und Proportion entspricht der Anschauung von Musik, wie sie uns im 1. Kapitel dieses Buches bereits kurz begegnet ist: „Musica“ gehört als Teilfach des mathematisch ausgerichteten Quadriviums zu den Artes, da sie mit Zahlen arbeitet

– ganz so, wie es der aus der Spätantike stammende Gelehrte Cassiodor formuliert hat: *Musica scientia est disciplina, quae de numeris loquitur*.[105] (Die Wissenschaft von der Musik ist jene Disziplin, die von Zahlen spricht).

Josquin Desprez, Missa „Pange lingua"

Eine große Gruppe von geistlichen Kompositionen – Messen und Motetten vor allem – bilden die Werke aus dem 15. bis 17. Jahrhundert, denen ein Cantus firmus zugrunde liegt, nach dem sie auch benannt sind. Dieser Melodieausschnitt aus dem gregorianischen Repertoire ist jedoch in der Regel weder programmatisch noch inhaltlich-liturgisch relevant für den Anlass der Komposition oder bindend für ihre Verwendung.

Eine solche Komposition ist die Missa „Pange lingua" des franco-flämischen Komponisten Josquin Desprez (1450/55–1521, gelegentlich auch Josquin des Préz geschrieben), die in seinen letzten Lebensjahren (nach 1514) entstand. Die Messe ist vierstimmig (nach heutiger Bezeichnung Sopran – Alt – Tenor – Bass), wird rein vokal ausgeführt und zeugt von der hohen Kunst, die Josquin auszeichnete und für die er zu seinen Lebzeiten bereits bekannt und geschätzt war: den Kontrapunkt, die hochartifizielle Ausgestaltung der Mehrstimmigkeit im Sinne einer Gleichberechtigung aller Stimmen, die nach strengen musiktheoretischen Gesetzen miteinander verwoben werden. Der Missa „Pange lingua" liegt als Cantus firmus ein Ausschnitt aus dem gleichnamigen, dem hl. Thomas von Aquin zugeschriebenen Sakraments-Hymnus zugrunde (Graduale Triplex, S. 170). Jeder Satz der Messe beginnt mit einem fugierten Einsatz aller Stimmen, die in verschiedenen Intervallabständen das Kopfmotiv des Hymnus vortragen. Im weiteren Verlauf des jeweiligen Satzes verschwindet diese motivische Arbeit jedoch zumeist zugunsten einer freien melodischen Gestaltung.

Zur Demonstration reicht hier der Anfang des Kyrie:

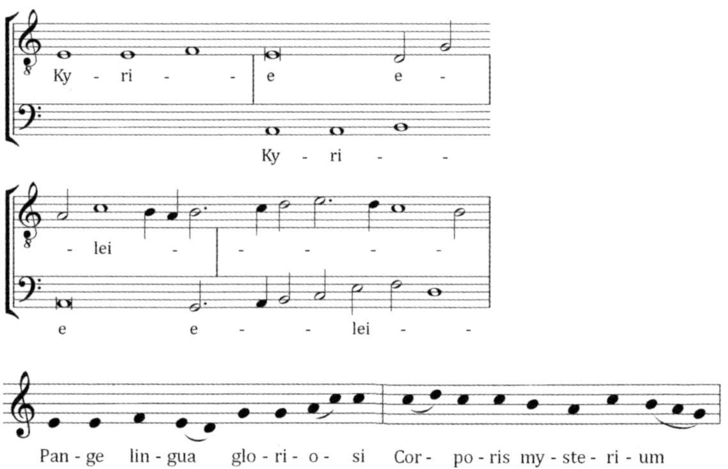

Abb. 46a und b: Der Beginn der „Missa *Pange lingua*“ von Josquin Desprez (Tenor, Bass); die Zitation der Hymnusmelodie ist deutlich erkennbar.

Als Grundlage für Mess- und Motettenkompositionen sind viele gregorianische Melodiesegmente eingesetzt worden – schon allein bei Josquin Desprez finden wir Messen mit dem Namen „Mater Patris“, „Gaudeamus“ oder „Ave maris stella“, die gregorianische Cantus firmi haben. Daneben wurden in dieser Zeit aber auch vermehrt weltliche Liedmelodien herangezogen – eine der beliebtesten, über die gleich mehrere Komponisten Werke geschrieben haben, war die Chanson „L'homme armé" (Der Mann in Waffen), die aus der Zeit des hundertjährigen Krieges (14./15. Jh.) stammt. In späterer Zeit empfand man dieses Vorgehen als unpassend für geistliche Kompositionen und verbot die Benutzung weltlicher Melodien; die Komponisten hielten sich jedoch nicht daran und nannten – um Schmähungen und Verbote zu vermeiden – den konkreten Cantus firmus einfach nicht mehr beim Namen. So ist zu erklären, warum es aus der Renaissance so viele Messen gibt, die den Titel „Anonymus" oder „Sine nomine" tragen.

Claudio Monteverdi, „Marienvesper"

Zu den bekanntesten Kompositionen aus der Zeit des beginnenden Barock gehört die „Marienvesper" von Claudio Monteverdi, die 1610 zusammen mit einer seiner Messvertonungen erschien und den Namen „Sanctissimae Virgini Missa senis vocibus ad ecclesiarum choros, ac Vespere pluribus decantandae cum nonnullis sacris concentibus ad Sacella sive Principum Cubicula accommodata" trägt (Messe der Heiligsten Jungfrau zu sechs Stimmen für Kirchenchöre und Vesper für mehrere Stimmen mit einigen geistlichen Gesängen, für Kapellen oder Fürstengemächer geeignet). Dieser etwas umständliche Titel verweist auf eine interessante Entwicklung, die zu dieser Zeit stattgefunden hat: Die repräsentative geistliche Musik – also die Vertonungen von Messen oder Offiziumsteilen, die größeren Umfang haben bzw. einen gehobenen Aufwand an Mitwirkenden –

war nicht mehr nur für die Aufführung in Kirchen und womöglich nur für den liturgischen Kontext gedacht, sondern auch für *Cubicula Principum* – für Fürstengemächer. Das war nun auf keinen Fall als Zeichen für einen „Auszug" der geistlichen Musik aus der Kirche zu verstehen; dieser wird sich erst viel später, unter dem Einfluss von Aufklärung, Revolution und Säkularisation, ereignen. Die Fürsten standen immer noch für das weltliche Schwert, das mit dem geistlichen Schwert der Kirche aufs Engste zusammenwirkte. Aber das kulturelle Umfeld änderte und entwickelte sich gravierend: Im höfischen Kontext entstand als neue Gattung die Oper; 1607 war die *Favola in musica* „L'Orfeo" von Monteverdi uraufgeführt worden – heute gilt sie als erste Oper im eigentlichen Sinn. Wenige Jahre zuvor – 1603 – war zwischen den Komponisten und den Musiktheoretikern ein heftiger Streit über die angemessene Kompositionsweise entbrannt. Monteverdi trat für eine neue Textverständlichkeit in den Kompositionen ein: Die von der menschlichen Stimme vorgetragene einstimmige Linie (Monodie) – von begleitenden Instrumenten gestützt – sollte unbedingten Vorrang haben. Die Worte sollten nicht nur verstehbar sein, sondern der Text sollte durch eine besondere Kongruenz mit den musikalischen Mitteln (musikalischer Ausdrucksgestus, Dominanz des Wortrhythmus und passende Phrasierung) deutlich prävalent gegenüber dem musikalischen Geschehen sein. Zudem wurde die Chromatik vermehrt als melodisches Ausdrucksmittel eingesetzt. Damit geschah eine Abkehr von der Mehrstimmigkeit der Niederländer, die stark vom strengen Kontrapunkt und reduzierter Chromatik gekennzeichnet war. Die Kampfbegriffe, die entstanden, waren „prima prattica“ für die alte, überwunden geglaubte Polyphonie und „seconda prattica“ für die neue, an der Monodie ausgerichtete Komposition von Texten.

In seiner „Marienvesper“, deren eigentlicher Titel sich im Stimmheft des Generalbasses findet und „Vespro della Beata Vergine da concerto composta sopra canti firmi“ (Vesper der seligen Jungfrau, zum Konzertieren komponiert über Cantus firmi) lautet, vereint Monteverdi die beiden Stile: Die Psalmen und das Magnificat orientieren sich noch eher an der alten Kompositionsweise, während die geistlichen Konzerte, die zwischen den einzelnen Psalmvertonungen erklingen, nach den Prinzipien der neuen „seconda prattica“ gestaltet sind. Die Monodie, ursprünglich ein Synonym für den Gregorianischen Choral, ist nun Inbegriff eines erneuerten Verständnisses vom erklingenden Wort, bei dem das humanistische Denken durchaus Pate gestanden hat: Der Wunsch nach der Verstehbarkeit, nach einer der Syntax korrelierenden Phrasierung und einer passenden inhaltlichen melodischen Ausgestaltung prägt die Wahl der musikalischen Mittel.

Der Gregorianische Choral hingegen steht – vertreten allein durch seine Melodik – für die „alte Welt“. In diesem Kontext sind die Psalmvertonungen der Marienvesper von Interesse; wie schon der Begriff „sopra canti firmi“ im Titel vermuten lässt, finden sich in allen Psalmen Melodien von Psalmtonmodellen wieder, die deutlich exponiert und auch wahrnehmbar die kompositorische Faktur prägen. Es handelt sich hier eher um eine höfische Repräsentationsmusik als eine liturgische Komposition. So weiß man also nicht genau, ob vor und nach den Psalmen jeweils gregorianische Antiphonen gesungen wurden. Die Tonalität der Psalmvertonungen ist jedoch durch die gregorianischen Cantus firmi eindeutig zu entschlüsseln; hierfür zwei Beispiele:

Der erste Psalm (Ps 110, *Dixit Dominus Domino meo*) steht im IV. Ton, der jedoch dem harmonischen Geschehen entsprechend chromatisch etwas verändert worden ist:

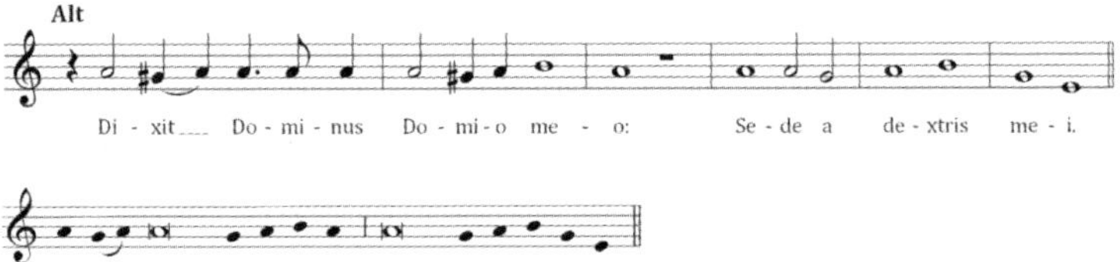

Abb. 47 a und b: Melodie des IV. Psalmtons – bei Monteverdi und im Original

Der fünfte Psalm (Ps 147, *Lauda Jerusalem Dominum*) steht im III. Ton; dessen Melodiemodell läuft den Psalm über durch mehrere Stimmen.

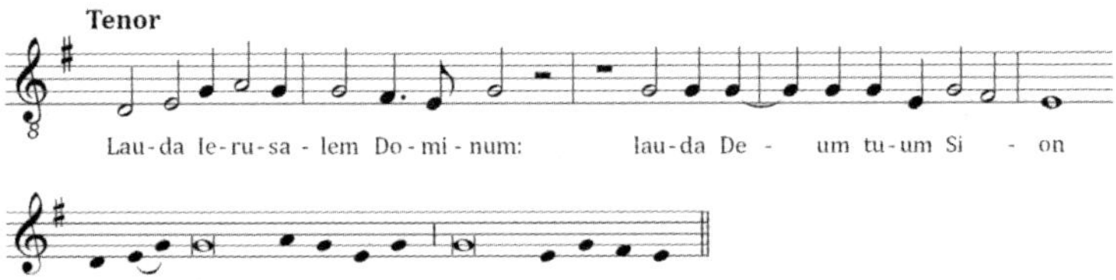

Abb. 48 a und b: Melodie des III. Psalmtons – bei Monteverdi und im Original

Der Gregorianische Gesang hat mir gezeigt, dass hinter der Kunst, zwei, drei Noten zu kombinieren, ein kosmisches Geheimnis verborgen liegt. Das ist etwas, was die Zwölfton-Komponisten nicht gewusst haben.

ARVO PÄRT (1988)

Johann Sebastian Bach, „Hohe Messe in h-Moll"

Am Ende seines Lebens fasste der Leipziger Thomaskantor Johann Sebastian Bach (1685–1750) – damals schon mehr als Orgelfachmann und -virtuose geschätzt denn als Komponist – sein kompositorisches Schaffen in drei großen Werken zusammen, die zugleich für die ideellen Grundpfeiler seines Œuvres stehen: das „Musikalische Opfer" (BWV 1079), die „Kunst der Fuge" (BWV 1080) und die „h-Moll-Messe" (BWV 232). In diesen Werken hinterließ Bach sein musikalisches Testament, indem er den Kontrapunkt und die rhetorisch-theologisch ausgerichtete Textausdeutung zu einem letzten Gipfelpunkt führte.

Die Messe ist Bachs einzige vollständige Vertonung des Ordinarium Missae; sie gilt als seine letzte Vokalkomposition. Allerdings umgreift das Werk 35 Lebens- und Schaffensjahre, da der Komponist viele Sätze, die er schon früher in Kantaten verwendet hat, für die Messe umarbeitete. Im Credo (von Bach mit „Symbolum Nicaenum" überschrieben)[106] finden sich an zwei Stellen Zitate des Gregorianischen Chorals, und es ist spannend zu sehen, wo und wie Bach die Gregorianik hier zum Einsatz bringt.

Das „Credo", als Mittelpunkt der h-Moll-Messe, ist symmetrisch aufgebaut:

Credo	Chor – stile antico
Patrem omnipotenten	Chor – stile moderno
Et in unum Dominum	Solo / Duett
Et incarnatus est	Chor
Crucifixus	Chor
Et resurrexit	Chor

Et in Spiritum sanctum	Solo
Confiteor	Chor – stile antico
Et vitam venturi	Chor – stile moderno.

Den Rahmen bilden zwei Chöre – jeweils einmal im „stile antico“ und einmal im „stile moderno“ gehalten. Die beiden „antico“-Chorsätze – beide sind Fugen – enthalten die gregorianischen Melodiezitate. Gregorianischer Choral ist also auch hier mit einer in die Vergangenheit gerichteten Ästhetik verbunden, denn eine strenge kontrapunktische Arbeit wirkte schon zu Bachs Lebzeiten wie „aus der Zeit gefallen“. Die Sätze dazwischen bilden eine symmetrische Form um das Zentrum – „Crucifixus“ – herum, das für den bekennenden orthodoxen Lutheraner Bach natürlich im Mittelpunkt des Glaubensbekenntnisses steht. Bach hatte das Credo ursprünglich etwas anders aufgeteilt: Das Duett „Et in unum“ umfasste in einer ersten Version den Text des „Et incarnatus est“. Ganz zum Schluss schnürte der Thomaskantor das Credo-Paket jedoch noch einmal auf: Er schrieb eine Neufassung des Duetts und einen eigenen „Et incarnatus“-Satz (wahrscheinlich seine letzte Chorkomposition 1749), wodurch eine perfekte Symmetrie entstand. Wie durch einen Zufall stehen nun der jüngste und der älteste Teil der Messe nebeneinander: Die Vorlage zum „Crucifixus“ entstammt der 1714 geschriebenen Kantate „Weinen, Klagen, Sorgen, Zagen“.

Das „Credo“ beginnt mit einem gregorianischen Motiv, das als Themenkopf einer siebenstimmigen Fuge (fünf Chor- und zwei Instrumentalstimmen) fungiert. Die Intonation stammt aus dem frühen Mittelalter und ist den heute im Graduale Triplex vertretenen Credo-Vertonungen I, II, IV sowie als Alternative auch V und VI zugeordnet.[107] Die kleine melodische Variation (die Töne von *unum* sind in der Reihenfolge umgedreht) könnte als Spezifikum der vitalen Leipziger Choraltradition entstanden sein; schließlich wurde das Thomanerstift bereits 1212 gegründet und hat eine bedeutende Choralhandschrift hervorgebracht.[108]

Der Kontext dieser ersten Fuge erinnert an die intensive zahlensymbolische Aufladung, wie auch schon in der Motette „Nuper rosarum flores" zu sehen war: Die Fuge ist siebenstimmig (7 als die Zahl der Vollkommenheit durch die Summe von Himmel (Trinität, 3) und Erde (Windrichtungen, Elemente, menschliche Charaktere, 4). Die Bassstimme ist in Vierteln gehalten, die unaufhörlich in Sekundschritten auf- und abwärts gehen: So beschreibt die Melodie eine permanente Circulatio (zwei Bögen ergeben je zusammen einen Kreis – das Symbol der Vollkommenheit). Hierin wird auch der Grund zu suchen sein, dass die Mensur mit 2/1 (vier Halbe, alla breve) so groß gehalten ist: So wird im Sinne einer „Augenmusik" diese Linie sichtbar.

Das Erstaunlichste aber steht am Ende dieser einleitenden Fuge: Bevor der Chor im stile moderno *Credo – Patrem omnipotentem* einsetzt, steht eine Zahl in der autographen Partitur: 84! Dass sie von Bachs eigener Hand stammt, ist nicht erwiesen, aber höchstwahrscheinlich. Hier sind es genau 84 Takte: 7 x 12! Die 12 ist die Zahl der Stämme Israels und auch der Apostel; so steht sie für die synchrone und die diachrone Gemeinschaft mit Gott.

Das zweite gregorianische Zitat in der h-Moll-Messe findet sich am Ende des Credo; wieder stoßen die alte und die neue (Kompositions-)Welt in zwei Sätzen zusammen. Bach

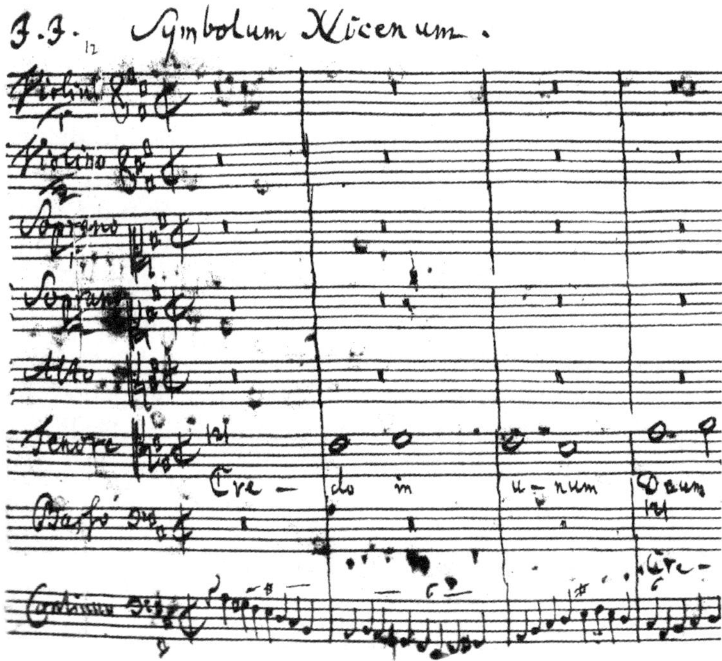

Abb. 49: J. S. Bach, „h-Moll-Messe“: Beginn des „Credo“ im Autograph

schreibt auf den Text „Confiteor unum baptisma“ eine Fuge im „stile antico“, und die durchlaufende Basslinie ist eine Reminiszenz an ihr Pendant zu Beginn des Credo. Einen Unterschied aber gibt es in der Behandlung des Choralzitats: Hier ist es ein echtes Zitat, das in unterschiedlichen Mensuren immer wieder in den einzelnen Stimmen erklingt. Gregorianischer Choral steht im Kontext der alten Klangwelt, die genauso Bachs Zuhause war wie der „stile moderno“, in dem das abschließende *Et vitam venturi saeculi. Amen* gehalten ist.

Johann Sebastian Bach, „Magnificat“

Bachs „Magnificat“ entstand mit vier weihnachtlichen Einschüben im Jahr 1723 (Fassung in Es-Dur, BWV 243 a); ca. 10 Jahre später arbeitet er das Werk um und schuf die bis heute weitverbreitete Fassung in D-Dur (BWV 243).

Der Text dieses aus dem Lukasevangelium stammenden Canticums (Lk 1,46–55) erfreute sich auch bei Martin Luther einer großen Beliebtheit. Wiewohl er den Heiligenkult deutlich eingeschränkt wissen wollte, verordnete er der evangelischen Kirche doch den Beibehalt des Magnificat: „Es ist billig, dass man dies Lied noch lasse bleiben in der Kirche!“,[109] und sah für seinen Gesang den 9. Psalmton (den „tonus peregrinus“) vor.

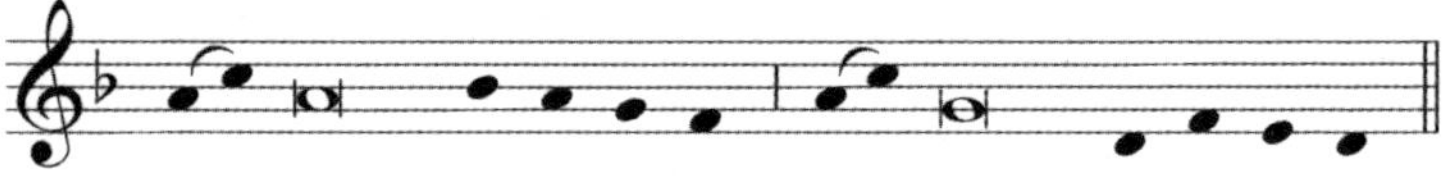

Abb. 50: Psalmtonmodell des „tonus peregrinus“

Dieser Psalmton war ursprünglich nur dem Vortrag des 114. Psalms vorbehalten, der in besonderer Weise an den Exodus Israels aus Ägypten erinnert: *In exitu Israel de Aegypto, domus Iacob de populo barbaro* (Als Israel aus Ägypten auszog, das Haus Jacob aus dem Volk fremder Sprache, da wurde Juda Gottes Heiligtum ...). Die Verbindung dieses Textes mit der ihm vorbehaltenen Melodie wurde im Laufe der Zeit so eng, dass der Psalmton nach der Wanderschaft des Volkes Israel benannt wurde: „tonus peregrinus“ – Pilgerton.[110] Er ist eine eigene Komposition, die nicht aus dem regulären Gefüge der acht Psalmtöne (Oktoechos) abgeleitet wird.

Die Tradition, das „Magnificat" mit dem „tonus peregrinus" zu verbinden, schlug sich nach Luther in vielen Gesangbüchern – bis hin zu den beiden Fassungen des katholischen Gesangbuches GOTTESLOB 1975 und 2013 – nieder.

Im „Magnificat" von Johann Sebastian Bach taucht er nicht als texttragende Melodie, sondern interessanterweise als instrumentales Zitat auf, das zu einem Text erklingt. Das signalisiert eine besondere inhaltliche Relevanz, denn das Zitat konfrontiert auf diese Weise das Gedenken an den Exodus mit einer konkreten Aussage aus dem „Magnificat".

Im zehnten Satz, dem Frauenterzett „Suscepit Israel" (Er nimmt sich seines Knechtes Israel an, eingedenk seiner Barmherzigkeit), werden die drei Gesangsstimmen (S I, S II und Alt) nur noch von einer kleinen Bassgruppe (allein Violoncelli, kein Kontrabass und kein Fagott) begleitet, die mit einer sehr schlicht gehaltenen Linie das melodische Geschehen harmonisch stützt. Über dem Ganzen trägt die Oboe in lang gehaltenen Tönen den Cantus firmus des „tonus peregrinus" vor: Im Exodus nahm sich Gott in besonderer Weise seines Knechtes Israel an und handelte nach seiner unendlichen Barmherzigkeit, indem er das Volk befreite. Der Gesang der Maria, das „Magnificat", ist ein Canticum umwälzend ausgleichender Gerechtigkeit – die Hungernden bekommen zu essen, die Satten müssen gehen; die Armen erhalten Hilfe, die Reichen bleiben zurück. Die Niedrigen werden erhoben und die Mächtigen werden vom Thron gestürzt. Das alles wird Gott ins Werk setzen wie dereinst den Exodus, den er mit starker Hand herbeiführte.

Gregorianische Zitate in Kompositionen des 19. und des 20. Jahrhunderts

Zu Beginn des 19. Jahrhunderts trat eine grundlegende mentale Umorientierung ein, welche Religion und Kirche erfasste. Durch die Französische Revolution und die Säkularisation in Deutschland war ein institutionelles Vakuum eingetreten, das jedoch ideell sehr rasch wieder aufgefüllt wurde: Die Religiosität erlebte als umfassende synästhetische Idee eine Wiederbelebung bei den frühromantischen Schriftstellerinnen und Schriftstellern, von denen sich nicht wenige der katholischen Kirche zuwandten, obwohl sie aus dem evangelischen Milieu stammten:

> Die religiöse Aufbruchsstimmung im Kreis der Frühromantiker um 1798/1800 entstand aus dem Bewusstsein vom Ende der alten Zeit, das durch die französische Revolution und den Zusammenbruch des alten Systems eingeleitet wurde, und vom Beginn eines neuen Zeitalters, das einer neuen Religion bedurfte, um ewige Harmonie und ewigen Frieden sicherzustellen.[111]

Es handelte sich also um eine Reminiszenz an das christliche Mittelalter, die sich auf narrative Weise entfaltete und musikästhetische, historische und architektonische Assoziationen mit sich brachte – wie auch ein ganzes künstlerisches Programm hinsichtlich der Malerei. Weit darüber hinaus gingen aber auch teils krude, teils sehr konkrete politische Vorstellungen der „Geburt einer deutschen Nation“ aus dem Geist des Mittelalters – im Duktus der

Erinnerung an eine Zeit, die freilich so nie war: „Es waren schöne glänzende Zeiten, wo Europa ein christliches Land war, wo *Eine* Christenheit diesen menschlich gestalteten Erdtheil bewohnte." (Novalis)[112]

Ausgerechnet ein Teil der geistigen Elite, die sich in Deutschland um die Gebrüder Schlegel und die Dichter bzw. Schriftsteller Novalis (Friedrich von Hardenberg) und Tieck herum gebildet hatte, wandte sich nun in antiaufklärerischem Affekt und mit typisch frühromantischer Begeisterung einem restaurativen Katholizismus zu. Im Jahre 1806 schrieb Friedrich von Schlegels Frau Dorothea (die als Brendel Mendelssohn geborene Tochter des aufklärerischen Philosophen Moses Mendelssohn!) an eine Freundin, kurz bevor sie zusammen mit ihrem Mann zum Katholizismus konvertierte:

> Ich hasse diese Aufklärung unserer Zeit recht von Herzen; es ist noch nichts gutes, nein nichts von ihr hergekommen. Schon, weil er so uralt ist, zieh' ich den Katholicismus vor. Alles Neue taugt nichts. [...] Ob ich glaube, fragst Du, dass die Künste in Deutschland eine Folge des Katholicismus seien? Allerdings glaube ich das. Wenigstens sind sie mit dem Katholicismus versunken, so wie sie mit diesem geblüht haben. Alles ist schlechter seitdem, ja Deutschland selber ist darunter zu Grunde gegangen und keine Kraft und kein Wille mehr darin, als etwa noch in dem unglücklichen, unterdrückten und betrogenen Rest, wo auch noch ein kleiner Schimmer jenes alten Glaubens noch sparsam glimmt. Willst du mir das, wie billig, nicht auf's Wort glauben, so lies die alten Geschichten.[113]

Zu den „alten Geschichten" gehörte – mindestens im übertragenen Sinne – auch der Gregorianische Choral, der in der Folgezeit fast das ganze 19. Jahrhundert hindurch eine wichtige Rolle spielte – freilich zuerst zumindest weniger in der Praxis als in der Frage angemessener kirchenmusikalischer Stilistik.

Die Restauration des kirchlichen Musikstils

Die nun in der katholischen Kirche einsetzende Restauration führte zu unterschiedlichen Konsequenzen – und das auch auf dem Gebiet der geistlichen Musik. Man versuchte, sich gegen andere aktuelle Musikstile abzugrenzen und einen „wahren Kirchenstyl" – so ein Ausruf von E. T. A. Hoffmann – herauszuarbeiten, der auf jeden Fall eines nicht sein durfte: weltlich-opernhaft-affektgeladen! So kamen die in vielen Dingen missverstandenen oder historisch falsch eingeordneten Kompositionen der römischen Schule (Palestrina etc.) genauso wieder neu zu Ehren wie der Gregorianische Choral, der jedoch aus der Praxis weitgehend verschwunden war:

> Die katholische Kirche hat nach ihrem System von allen die dringlichste Veranlaßung zur Beibehaltung der großen Urgesänge, welche die ambrosianischen oder gregorianischen genannt werden, jener (soweit ich sie kenne) wahrhaft himmlischen, erhabenen Gesänge und Intonationen, welche, in den schönsten Urzeiten der Kirche vom Genie geschaffen und von der Kunst gepflegt, das Gemüt tiefer ergreifen als viele unserer auf

> den Effekt berechneten neuer Kompositionen. Allein wenn auch die Sixtinische Kapelle sich mit großer Festigkeit der Meisterwerke aus der Mittelperiode angenommen hat, so scheint sie jene Urgesänge nicht mit gleicher Vorliebe zu behandeln. Auf allen Fall ist es gewiß, dass man nirgends in Italien eine genügende Antwort erhält, wenn man über die ambrosianischen und gregorianischen Gesänge eine gründliche Belehrung verlangt. In Deutschland bekommt man höchstens ein paar Zitate aus den zitierten Forkelschen Werken; im übrigen aber scheint es fast ein Ehrenpunkt geworden zu sein, daß man nichts davon wisse.[114]

Die Rückbesinnung auf die Monodie des Gregorianischen Chorals und auf die Vokalpolyphonie des 16. Jahrhunderts samt der Abkehr von allen opernhaften oder weltlich konnotierten Werken und Stilen wurde zu einem Pfeiler der kirchlichen Identifikation im 19. Jahrhundert.

Dazu trat man auch in die wissenschaftliche Arbeit der Wiederherstellung gregorianischer Melodien ein, denn diese waren im Laufe der Jahrhunderte dramatischen Veränderungen unterworfen und zudem in weiten Teilen der Kirche verstummt.

Leider fehlt hier der Raum, um sich der schwierigen Restitutionsarbeit zu widmen, die nun einsetzte; interessant ist dieser Vorgang allemal, zudem er auch eine typische nationale Konnotation aufweist: Der (letztlich bis heute nicht zu schlichtende) Streit um die wahre Melodie oder gar die Ur-Melodie des Gregorianischen Chorals entsprang auch der „Erbfeindschaft" der beiden historischen Antipoden Frankreich und Deutschland, die hier einander gegenüberstanden.

Der „Sound" des Archaischen und Religiösen

Um verstehen zu können, warum gerade im 19. Jahrhundert verstärkt gregorianische Melodien auch außerhalb der kirchlichen Musik z. B. in Orchesterwerken auftauchen, muss man sich vielleicht noch einmal in die Zeit der Frühromantiker zurückwenden. Der Rückbesinnung auf den Gregorianischen Choral lag – neben der gegen die Realität gerichteten Profilierung einer kirchlichen Kunstwelt – die Motivation zugrunde, durch ein rein klangliches Zitat die mittelalterliche Welt neu zu beleben und damit die Rolle in Erinnerung zu rufen, die die Institution Kirche in dieser Zeit hatte spielen können. Es ging also nicht nur um die Stilistik kirchlicher Musik in Abgrenzung zur weltlichen, sondern auch um die Reminiszenz einer anderen Sozialgestalt von Kirche: „Wir arbeiten zusammen, um ohne Aufhebens eine Miniatur unseres lieben Mittelalters wiederherzustellen; es wird der Tag kommen, wo wir die Frucht unserer Bemühungen ernten werden."[115]

Dazu trat noch ein weiterer Faktor: Für die Komponisten dieser Zeit übte der klangliche Nimbus des Gregorianischen Chorals einen besonderen Reiz aus, da er einer Komposition die zu ihrem Programm oder Inhalt passende atmosphärische Alterität verleihen konnte: Zwei sehr unterschiedliche Klangwelten stießen aneinander und schufen ein neues klangliches oder inhaltliches Geflecht. Das gregorianische

Melodieelement wurde zum Klangsymbol einer archaisch-mystischen Welt, welche unheimlich und geheimnisvoll die reale Sphäre des Kunstwerks umlagerte. Diese für einen Teil der romantischen Musik durchaus typische Dichotomie entsprang aus dem Begehren, die Realität des Sichtbaren und Hörbaren zu „romantisieren“, also (vom Wortsinn her) mit einer Art von Erzählung zu verbinden, die das vordergründig Wahrnehmbare überstieg und zugleich eine tiefere Wahrheit erschloss. Was Romantisieren vom Wesen her sein sollte, das hatte Friedrich von Hardenberg (Novalis) schon 1797/98 in seinen „Studien und Fragmenten“ so beschrieben:

> Die Welt muss romantisiert werden. So findet man den ursprünglichen Sinn wieder. Romantisieren ist nichts als eine qualitative Potenzierung. Indem ich dem Gemeinen einen hohen Sinn, dem Gewöhnlichen ein geheimnisvolles Ansehen, dem Bekannten die Würde des Unbekannten, dem Endlichen einen unendlichen Schein gebe, so romantisiere ich es.

Das „Dies irae“

Eine der am meisten zitierten gregorianischen Melodien ist der Beginn der Totensequenz „Dies irae, dies illa“; es handelt sich um eine Textdichtung, die in der ersten Hälfte des 13. Jahrhunderts entstanden ist und Thomas von Celano zugeschrieben wird. Die Melodie hat ihre heute bekannte Form Ende des 13. Jahrhunderts erhalten. Das „Dies irae“ hat als Teil des Requiems, welches als Totenmesse zum Gedächtnis der Verstorbenen gesungen wurde, den kirchlichen Kontext weit übersteigende Berühmtheit erlangt. Aufgrund seiner düsteren Gerichtstheologie, unter deren psychischem Druck Generationen von Menschen seelisch und körperlich in die Knie gesunken sind,[116] wurde der Text mit der Liturgiereform des II. Vatikanischen Konzils, durch die der österliche Sinn des Todes herausgestellt wurde, aus der Totenmesse gestrichen.

Vor allem für die dunkle Seite der Romantik waren Tod, Gericht und Verdammnis faszinierende Themen. Wie ein Signal bot sich die Sequenz „Dies irae" hierfür an – vertreten meist durch das Motiv zu Beginn:

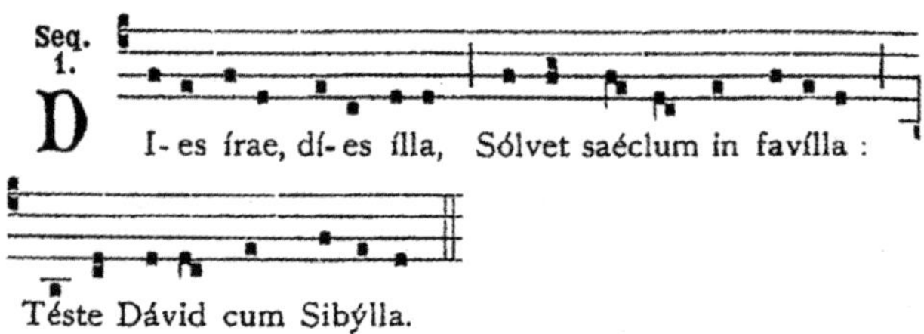

Abb. 51: Beginn der Totensequenz „Dies irae"

Hector Berlioz, 5. Satz der „Sinfonie fantastique" (op. 14, 1830): „Songe d'une nuit du Sabbat" (Hexensabbat)

Der französische Komponist Hector Berlioz (1803–1869) schrieb mit seiner „Sinfonie fantastique" eines der bedeutendsten Werke musikalischer Programmmusik. Er selbst bezeichnete das Werk als „musikalisches Drama", das er folglich – parallel zu den fünf Akten des klassischen Dramas – in fünf Sätze gliederte. Die Sinfonie schildert das Schicksal eines Künstlers, der aufgrund seines Drogenkonsums Realität und Fiktion nicht mehr auseinanderhalten kann. Seine Geliebte – als musikalische „idée fixe" ein melodisches Leitmotiv, das alle Sätze hindurch auftaucht – wird von ihm umworben; er verfällt in Eifersucht, weil er sie untreu wähnt. Schließlich bringt er sie im Traum um und wird dafür auf dem Schafott hingerichtet. Im letzten Satz, dem Hexensabbat, tritt sie als Hexe auf – ihre Melodie wird schrill verzerrt. In der Mitte der Nacht erklingt die Totenglocke, und das „Dies irae" wird in langen Tönen vorgetragen: Der Tod tritt auf! Schließlich vereinigen sich die beiden Motive wie die beiden Figuren miteinander zu seinem satanischen Tanz.

Franz Liszt, Totentanz („Danse macabre")

Bei diesem Werk, zwischen 1847 und 1849 in Weimar entstanden, handelt es sich um eine Durchführung des „Dies irae"-Themas in Verbindung mit dem Motiv des Totentanzes. Dieses im 14. Jahrhundert entstandene künstlerische Motiv war eine unter dem Eindruck der Pestepidemien entstandene Meditation über die egalitäre Wucht des Todes, der alle Menschen – gleich welchen Standes und Alters – von ihrem Leben abschneidet und tanzend zu sich holt; viele bildliche Darstellungen (u. a. von Hans Holbein) sind hierzu überliefert. Liszt überarbeitete das Werk und schuf mehrere Fassungen – für Klavier und Orchester sowie für ein Klavier und für zwei Klaviere. Stets rhythmisch weitgespannt erklingt das „Dies irae"-Motiv wie ein roter Faden, der sich durch die gesamte Komposition zieht.

Als Junge hatte ich mit einem Kirchenchor zu arbeiten; wir sangen Gregorianischen Choral, und mich hat dieser Gesang unerhört gefesselt. Es war für mich wirklich ein Erlebnis, das für das ganze Leben wichtig war. Ich habe am Choral [...] seine Einfachheit und gleichzeitig seine Monumentalität bewundert, dann die Innerlichkeit dieser Melodien, die am meisten von aller Musik die spirituellen Inhalte ausdrücken. Niemand glaube, er kann das besser machen als der Choral.

PETR EBEN (1999)

Camille Saint-Saëns, „Danse macabre“

Camille Saint-Saëns (1835–1921) schrieb diese symphonische Dichtung als sein op. 40 im Jahr 1872. Die erste Fassung war für Singstimme und Klavier gedacht; ihr lag ein Gedicht von Henri Cazalis zugrunde, welches den Tanz der Todes als „Knochenmann“ auf den Gräbern schildert: „Zick und Zick und Zack, so klopft der Tod im Takt/mit seinem Gewand bewegt ohne Rast/um Mitternacht ist keiner mehr wach/ zick und zick und zack, die Geige spielt im Takt.“ 1874 arbeitete Saint-Saëns das Werk zu einer Version für Orchester um; die Gesangsstimme wurde nun von einem Violinsolo ersetzt. Auch dieses Werk hat ein klares Programm, das durch die Dramatik des ursprünglich zugrunde liegenden Gedichts bestimmt wird: Der Tod erscheint um Mitternacht als Skelett mit einer Violine, klappert mit der Ferse auf den Grabplatten einen Takt und fordert die Toten zum Tanz auf. Auf dem Höhepunkt erklingt in parodistischer Verzerrung das „Dies irae“ – als rascher Walzer im 3/4Takt und in Dur!

Den Komponisten muss das „Dies irae“-Motiv fasziniert haben, denn in seiner 1886 entstandenen Sinfonie d-Moll für Orgel und Orchester (op. 78) verwendet er es ebenfalls.

Sergei Rachmaninow und weitere Komponisten

Gleich fünfmal verwendet der russische Komponist Sergej Rachmaninow (1873–1943) das „Dies irae“: im Prélude cis-Moll op. 3 Nr. 2 (1882), in der Sinfonie Nr. 1 d-Moll op. 13 (1896), in der Rhapsodie über ein Thema von Paganini op. 43 für Klavier und Orchester (1934) und im 3. Satz aus Sinfonische Tänze op. 45 (1940). Dazu kommt – als wohl bekanntestes Beispiel – die sinfonische Dichtung „Die Toteninsel“ (op.

29), die er 1909 nach einem Gemälde von Arnold Böcklin komponierte. Rachmaninow besaß von dem Gemälde (das Böcklin zwischen 1880 und 1886 in fünf farblich z. T. sehr nuancenreichen Versionen schuf und dem er 1886 auch noch eine farbenfrohe „Lebensinsel" gegenüberstellte) nur eine dunkle, wahrscheinlich monochrome Kopie, die ihm wohl einen sehr düsteren Eindruck vermittelte und ihn zum mystisch-unheimlichen Stil inspirierte, der die Komposition prägt. Das „Dies irae" ist ein Leitmotiv; es begleitet von Anfang an den Hörer/Betrachter in Form eines viertönigen Zitats, welches ständig wiederholt wird.

Spätestens im zweiten Jahrzehnt des 20. Jahrhunderts gewann das „Dies irae" eine andere, konkret bedrohliche Relevanz – die Zeit des wohlige Schauer erregenden Zitats war vorbei. Zu erschütternd war der millionenfache Tod von Menschen, zu grausam war die entmenschlichte Brutalität, die ihn verursacht hatte. Der Tod als sanftes Schauermärchen war nach den beiden Weltkriegen nicht mehr darzustellen. Der Horror eines massenhaften Todes unter unvorstellbaren Umständen war Realität geworden – was auch viele Komponisten in ihren Werken reflektierten. Dabei blieb die „Todesfanfare" des „Dies irae" durchaus präsent; es seien nur kurz drei hierfür symptomatische Werke erwähnt:
Die frühvollendete Komponistin **Lili Boulanger (1893–1918)** schrieb 1912/13 in Vorahnung bevorstehender kriegerischer Auseinandersetzungen ein Werk für Bariton, Chor und Klavier (später umgearbeitet für Orchester): „Pour les funérailles d'un soldat", dem Texte von Alfred de Musset

zugrunde liegen. An der Stelle, wo zum Gebet für die Toten aufgefordert wird, erklingt das „Dies irae".
Das „Dies irae" taucht ebenfalls im „War Requiem" (1962) von **Benjamin Britten (1913–1976)** auf, das dieser zur Wiedereröffnung der von den Deutschen im II. Weltkrieg völlig zerstörten Kathedrale von Coventry komponierte; dem Werk liegen Texte des englischen Dichters Wilfred Owen zugrunde, der 1918 als Soldat im I. Weltkrieg gefallen war; seine Verse „My subject is War, and the pity of War. The Poetry is in the pity ... All a poet can do today is warn" (Mein Thema ist der Krieg und das Leid des Krieges. Die Poesie liegt im Leid ... Alles, was ein Dichter heute tun kann, ist: warnen) schrieb Britten auf das Titelblatt der Partitur.
1969 schrieb der sowjetische Komponist **Dmitri Schostakowitsch (1906–1975)** seine 14. Sinfonie für Sopran, Bass und Kammerorchester (op. 135), die er Benjamin Britten widmete. Er war von dessen „War Requiem" tief beeindruckt, wenn ihm auch der positiv wirkende Schluss nicht behagte. So komponierte er – inspiriert von den durch ihn orchestrierten „Liedern und Tänzen des Todes" von Modest Mussorgski – mit dieser Sinfonie einen Gegenentwurf: Elf Texte von vier Autoren sind vertont – fast alle befassen sich mit dem Tod. Das „Dies irae" verbindet als zentrales musikalisches Motiv die Sätze wie ein roter Faden.

Mit den erwähnten Werken ist die Verwendung des „Dies irae" in Kompositionen des 19. und 20. Jahrhunderts höchsten angerissen, bei weitem aber nicht erschöpfend behandelt worden; dies könnte nur in einer eigenen Monographie geschehen. Aus Platzgründen völlig vernachlässigt werden musste (was auch ein eigenes Thema wäre) die Behandlung von Zitaten des „Dies irae“ in der modernen Popularmusik und in der Filmmusik.[117]

Französische Komponisten des 20. Jahrhunderts

Seit dem Ende des 19. Jahrhunderts bildete sich in Frankreich eine besondere Tradition der Orgelimprovisation, aber auch der Kompositionen für Orgel und/oder andere Instrumente bzw. Chorgruppen heraus, die besonders von gregorianischen Melodien geprägt war. Den bereits weiter oben erwähnten Streit, der zwischen Frankreich und Deutschland hinsichtlich der (Wieder-)Herstellung der gregorianischen Melodien für die kirchliche Praxis tobte, hatten die Franzosen insbesondere durch das wissenschaftlich fundierte Erschließen der handschriftlichen Quellen schon früh für sich entscheiden können: 1883 gab Dom Joseph Pothier OSB einen „Liber Gradualis“ heraus, der auf mittelalterlichen Codices fußte und weitgehend in das 1908 erschienene erste „Graduale Romanum“ einging; letzteres war – mit Segen des Heiligen Stuhls – das offizielle und bis heute gültige Choralbuch. Die von deutscher Seite in Regensburg (dem administrativen Sitz des Cäcilianismus) vorgelegte Überarbeitung der „Editio Medicaea“, deren Ursprung in der Renaissance man gerne mit der Autorität Palestrina verbunden gesehen hätte, hatte dagegen weder in wissenschaftlichen Fachkreisen noch in der kirchlichen Praxis den Hauch einer Chance.

In Frankreich war es vor allem die Benediktinerabtei Solesmes, die sich der Erforschung des Chorals in besonderem Maße widmete. Für nicht wenige Komponisten und

Orgelvirtuosen war dieses Kloster daher ein wichtiger Bezugspunkt, wenn es um die gregorianischen Melodien, ihre Begleitung und ihre Spiritualität, ging. Aus dem dichten Geflecht von Persönlichkeiten, die nicht selten in einem Lehrer-Schüler-Verhältnis miteinander verbunden waren, ragen einige heraus:

Charles Tournemire (1870–1939)

Tournemire verband in seinem Werk auf typische Weise die Kunst der Improvisation mit später entstandenen Kompositionen. Ein seltener Glücksfall: Es existieren heute noch Schallplattenaufnahmen, auf denen er über die Ostersequenz „Victimae paschali laudes" improvisiert. Tournemire, der zu Forschungszwecken mehrfach in Solesmes zu Gast war, schuf zwischen 1927 und 1932 den großen Zyklus „L'orgue mystique", der aus drei Teilen besteht: „Le cycle de Noël" (Weihnachten), „Le cycle de Pâques" (Ostern) und „Le cycle après Pentecôte" (nach Pfingsten, im Jahreskreis). Somit sind durch diesen Zyklus alle Sonn- und Feiertage des Kirchenjahres gemäß den sog. „geprägten Zeiten" abgedeckt – ausgenommen sind die Sonntage des Advent und der Fastenzeit, an denen keine eigenständige Orgelmusik erklingen sollte. Als melodische Basis der Kompositionen dient der dem Tag zugeordnete gregorianische Gesang; umgesetzt wurden jeweils (der liturgischen Rolle der Orgel im Frankreich vor dem II. Vatikanischen Konzil entsprechend) fünf Stücke: ein „Prélude à l'Introit", ein Offertorium, eine Elevationsmusik, die „Communion" und das Stück am Ende, „Pièce terminale".

Marcel Dupré (1886–1971)

Wie bei kaum einem anderen der französischen Orgel-Komponisten ist bei Dupré das Œuvre vom fließenden Übergang „Improvisation – Komposition“ bestimmt. Das gilt z. B. für sein berühmtestes Werk, den „Kreuzweg“ („Le chemin de la croix“, op. 29): 1931 hatte Dupré zu den 1911 entstandenen Gedichten von Paul Claudel die 14 Stationen improvisiert. Auf Drängen seiner Schüler und Freunde schrieb er die Improvisationen auf und gab sie 1932 als Komposition heraus. Vergleichbares war einige Jahre zuvor mit seiner „Symphonie-Passion“ (op. 23) geschehen: Auf einer Amerika-Reise wurde er eingeladen, über gregorianische Themen zu improvisieren. Unter den Melodien waren die Hymnen „Iesus redemptor“ und „Adoro te devote“, die Cantio „Adeste fideles“ und die Sequenz „Stabat mater dolorosa“. Spontan entschloss sich Dupré zur Improvisation eines Zyklus „Erwartung und Geburt – Leiden und Tod – Auferstehung“, indem er die gregorianischen Motive gemäß ihrer liturgischen Zuordnung aufreihte. Drei Jahre später, 1924, gab er die „Symphonie-Passion“ als Komposition heraus. 1969, kurze Zeit vor seinem Tod, entstand auf vergleichbare Weise ein „Regina caeli“ (op. 64), das durch seine zurückgenommene Dynamik beinahe schon einen transzendenten Charakter hat.

Maurice Duruflé (1902–1986)

Von Duruflé sind vor allem Chorwerke bekannt, die sich auf gregorianische Themen beziehen. 1947 vollendete er nach sechsjähriger Arbeit sein „Requiem“ op. 9, das er mehrfach für andere Besetzungen umarbeitete. Durch die Komposition ziehen sich die passenden Choralzitate wie ein Leitfaden. Duruflé schrieb zur Verwendung gregorianischer Motive in seiner Totenmesse:

> Das [...] Requiem basiert gänzlich auf Themen der gregorianischen Totenmesse. Manchmal habe ich den exakten Notentext übernommen, wobei die Orchesterpartie nur unterstützt oder kommentiert, an anderen Stellen diente er mir lediglich als Anregung. [...] Im Allgemeinen war ich bestrebt, meine Komposition ganz und gar von dem besonderen Stil der gregorianischen Themen durchdringen zu lassen.[118]

Dem tröstlichen Charakter des gesamten Werkes entsprechend (hier orientierte sich Duruflé an seinem Vorbild César Franck) entfiel die Komposition des „Dies irae" wie auch des Offertoriums „Domine Iesu Christe" – beides Texte mit bedrohlich-dramatischer Gerichtsthematik!

Ebenfalls auf gregorianische Themen greifen die „Quatre motets sur des thèmes grégoriens" zurück (op. 10, 1960); die erste – „Ubi caritas et amor" – ist sehr berühmt geworden, den anderen Motetten liegen die gregorianischen Gesänge „Tota pulchra es, Maria", „Tu es Petrus" und „Tantum ergo sacramentum" zugrunde.

Jean Langlais (1907–1991)

Unter Langlais' zahlreichen Kompositionen finden sich viele, die auf gregorianischen Themen aufbauen, so z. B. seine 1933/34 geschriebenen „Trois Paraphrases Grégoriennes: Mors et Resurrectio – Ave Maria, Ave Maris stella – Te Deum". Am bekanntesten dürfte die „Incantation pour un

Jour Saint" (1949) sein, die den Ruf „Lumen Christe" und die Motivik der Allerheiligenlitanei aus der Liturgie der Osternacht aufgreift. Von Langlais stammt auch eine bekannte Chorkomposition über ein gregorianisches Motiv: die 1954 komponierte Messe „Salve Regina" (Paris), die im Rahmen des weihnachtlichen Mitternachtsgottesdienstes im selben Jahr uraufgeführt wurde.

Olivier Messiaen (1909–1992)

Wohl für kaum einen anderen Komponisten war der Gregorianische Choral in so hohem Maße Herausforderung und zugleich Quelle der Spiritualität wie für Olivier Messiaen, der 1977 im Zusammenhang mit den gregorianischen Melodien als dem „Flug der Seele zur Wahrheit hin" sprach. Die Inspiration geschah auf mehreren Ebenen; so setzte sich Messiaen außergewöhnlich intensiv mit dem Phänomen des Monodischen auseinander, wovon sowohl die Theorie und Praxis seiner melodischen Reihen als auch intensive Beschäftigung mit dem Gesang der Vögel zeugen. Direkte Zitate aus dem gregorianischen Repertoire finden sich hingegen selten und wenn, dann eher in späteren Werken. In seinem 1935 entstandenen Zyklus „La nativité du Seigneur" wird im ersten Satz („La Vièrge et l'enfant" – Die Jungfrau und das Kind) der Introitus der III. Weihnachtsmesse „Puer natus est nobis" zitiert.

1960 schrieb Messiaen die „Verset pour la fête de la dédicace" zum Kirchweihfest; er zitierte hier zweimal das gregorianische Alleluia aus dem entsprechenden Proprium.

In den neun Sätzen seiner „Méditations sur le Mystère de la Saint-Trinité" (Meditationen über das Geheimnis der heiligen Trinität, 1969) werden teils einstimmig, teils harmonisch begleitet Gesänge aus den Choralproprien zum Epiphanias-Fest (Graduale, Alleluia und Offertorium), dem Kirchweihfest (Alleluia) und dem Hochfest Allerheiligen (ebenfalls Alleluia) zitiert, und auch in seinem letzten Orgelzyklus, dem 1984 komponierten „Livre du Saint-Sacrament", finden sich zahlreiche gregorianische Melodien – so wiederum das Alleluia zu Kirchweih, das Graduale vom Epiphanias-Fest sowie die Fronleichnams-Sequenz „Lauda Sion Salvatorem" und die Communio zu demselben Fest. Letztere ist von komponierten Vogelstimmen überlagert, die für Messiaen nicht nur Boten *am* Himmel, sondern auch *des* Himmels waren. Im fünften Satz („Puer natus es nobis") wird das Anfangsmotiv des gregorianischen Introitus – die aufsteigende Quinte – litaneihaft fortgesponnen und gesteigert.

Thierry Escaich (geb. 1965)

Auch Vertreter der jüngsten Generation wenden sich den gregorianischen Melodien als Quelle der Inspiration für Improvisationen und Kompositionen zu. Escaich wurde 1992 – mit 27 Jahren! – zum Professor für Komposition und Improvisation an das Conservatoire national supérieur de musique de Paris berufen. Fünf Jahre später wurde er außerdem Titularorganist der großen Orgel der Pfarrkirche Saint-Étienne-du-Mont in Paris, der früheren Wirkungsstätte von Maurice Duruflé. Im Jahre 1991 legte er „Cinq versets sur le Victimae paschali" als Komposition vor; diese vom Gregorianischen Choral deutlich inspirierten Versetten haben sich im Orgelrepertoire einen festen Platz erobert.

Der Tatsache, dass die Texte der Heiligen Schrift geliebt wurden, verdankt sich die abendländische Musik.

GODEHARD JOPPICH (*1932)

*

Nur wer für die Juden schreit,
darf auch gregorianisch singen.

DIETRICH BONHOEFFER (1935)

IX. Ein persönliches Wort zum Schluss

Man bräuchte nur ...

Es klingt so banal, wie es wahr ist: Die Zeiten sind kompliziert, die Probleme komplex; Krisenstimmung hat sich ausgebreitet und belegt gesellschaftliche Prozesse mit dem Mehltau einer Agonie, die von tiefsitzenden Ängsten hervorgerufen wird und beinahe jeden differenzierenden Diskurs töten will.

Das sind Zeiten, in denen die von Jacob Burckhardt Ende des 19. Jahrhunderts bereits erwähnten „furchtbaren Vereinfacher" (*terribles simplificateurs*) Hochkonjunktur haben: Unter diese Gattung fallen Menschen, denen der Sensus für komplexe Zusammenhänge fehlt – aber auch die Demagogen, Ideologen und Fundamentalisten, die kein Verstehen für die gewachsene Diversität an den Tag legen *wollen* und die sehr wohl wissen, was sie anrichten, wenn sie – statt zu differenzieren – simplifizieren und damit vorgaukeln, alles Komplexe gehöre auf den Müllhaufen der Geschichte und im Grunde sei alles doch ganz einfach: Man bräuchte nur ...

Hier nun beginnt das Reich der „Platzhalter", die anstelle der drei Punkte eingefügt werden können – je nach politischem oder ideologischem Interesse. Mit Blick auf die Krise in der Kirche oder die schwindenden Gottesdienstbesucherzahlen hört man nicht selten: Man bräuchte nur (wieder) mehr diese oder jene Musik anzubieten – dann würde alles besser. Zu diesen Rezepturversuchen gehört leider auch der Gregorianische Choral, der besonders von konservativen Kreisen als Mittel gegen manche liturgische oder musikalische „Fehlentwicklung" empfohlen wird. Schließlich sei er ja der „der römischen Liturgie eigene Gesang"...

„So fühlt man Absicht, und man ist verstimmt", möchte man mit Goethes Torquato Tasso sagen, denn derartige Zuspitzungen sind in den allermeisten Fällen ideologisch bzw. populistisch motiviert und suggerieren, es sei im Grunde alles ganz einfach – und dass eine solche Krise entstanden sei, sei vor allem auf diesen einen Punkt zurückzuführen.

Dass es sich so nicht verhält, wird jedem einsichtig sein, der ein wenig differenziert zu denken bereit und imstande ist.

Was zählt, ist Qualität

Man kann es nicht oft genug betonen: Alles, was mit der Feier des Gottesdienstes zu tun hat – das Wort, der Gesang, das instrumentale Spiel, die Gesten und Gebärden –, alles bis hin zur Raumgestaltung und zum Blumenschmuck muss unter dem Maßstab höchstmöglicher Qualität ausgesucht und eingesetzt sein. Was aber im konkreten Fall qualitativ gut ist, entscheidet sich einzig und allein im Kontext, und das in zweierlei Beziehung: Zum einen kann ein noch so großartiges Kunstwerk überproportioniert oder inhaltlich unpassend sein und den Zusammenhang zerstören. So ist z. B. die Aufführung der f-Moll-Messe von Anton Bruckner in einem Ostersonntagsgottesdienst (um ein extremes Beispiel zu wählen) völlig unpassend, da allein schon die musikalische Stimmung des „Kyrie" dieser phänomenalen Komposition die österliche Freude ins Grab zurückbefördern würde (von den für die Gemeindeliturgie völlig ungeeigneten Proportionen der einzelnen Ordinariumsteile einmal ganz abgesehen). In diesem Zusammenhang muss übrigens auch die vom Schwierigkeitsgrad her unpassende Auswahl von Literatur genannt werden: Das Aufführen zu schwerer Kompositionen unter hörbaren Mühen ist ein weit verbreitetes Übel: Besser leicht und gekonnt als schwer und „bewältigt" – das gilt für den Gregorianischen Choral genauso wie für eine Orchestermesse oder eine Motette! Es genügt nicht, sich auf eine Aussage des letzten Konzils zu verlassen und zu glauben, allein im Praktizieren eines gregorianischen Gesangs – egal wie – werde man dessen Anspruch gerecht.

Zum anderen braucht Qualität eine Entsprechung in ihrem Umfeld: Was nützt es, wenn bei einem noch so wunderschön gesungenen gregorianischen Graduale der Zelebrant mit Ungeduld reagiert, ständig auf die Uhr schaut und die langen Melismen mit paraliturgischen Aktionen begleitet (wie z. B. dem Herbeiwinken des Thuriferars, des Ministranten mit dem Rauchfass, um die Zeit bis zum Evangelium zu verkürzen), weil es ihm an Feierkompetenz (*ars celebrandi*) fehlt? Oder wie fremd muss eine noch so herrliche Komposition wirken, wenn sie mit schlecht gelesenen Bibelperikopen, mittelmäßigen Gebetstexten, nichtssagenden Einleitungen oder unaufrichtigen Worten einer

Predigt umgeben wird? Qualität ist also kein Selbstzweck, und sie ist stets kontextuell zu bewerten. Dieses Urteil trifft auch auf den Gregorianischen Choral zu.

Das „erklingende Wort" und das Gottesbild

Dieses Buch ist dem Gregorianischen Choral mit Blick auf die Textquellen, die Textauswahl der Gesänge und Vitalität des Erklingens im Licht der ersten handschriftlichen Bezeugungen gewidmet. Seine Melodien taugen nicht als ästhetische Behübschung eines antiquierten Kultes; viele Beispiele, die in diesem Buch zur Sprache kamen, zeugen ganz im Gegenteil von einer Aktualität der Aussage und unbändigen Kraft des Fragens und Sagens, des Trauerns und Jubelns, des Fluchens und Segnens, so dass sie eine Herausforderung sind für das, was ansonsten noch an Text im Gottesdienst zu lesen und zu hören ist. So verstanden, stehen hier auch massive Fragen an die Qualität der liturgischen Texte im Raum: Ist das Gebet in seinen Aussagen klar gegliedert und nachvollziehbar? Stimmen die Sprachbilder? Ist der Inhalt transparent – oder kumuliert im Text nur ein Kauderwelsch uninspirierter und daher auch nicht inspirierender theologischer Richtigkeiten?

Im Gregorianischen Choral hat sich das intensive Ringen betender Menschen um ihre Gotteserfahrung und ihr Gottesbild niedergeschlagen. Für das intime „Du" ist genauso Platz wie für das unfassliche Geheimnis, das durch nichts und niemanden ergründet werden kann und vor dem die menschlichen Worte verstummen müssen. Hier erweist er seine wahre Qualität als Quelle und Inspiration aller christlichen Musik.

Die Gesänge sind also kein klingender Tabernakel, in dem man Gott ehrfurchtsvoll verwahren könnte oder dürfte. Der Klang ist ebensowenig einzusperren wie der ubiquitäre Gott, der weder eine mit Gold ausgeschlagene Wohnstube noch einen hierarchisch gegliederten liturgischen Raum braucht, um uns zu begegnen: Die Menschen brauchen diese Dinge – Gott braucht sie nicht! Die gregorianischen Gesänge geben Zeugnis von einem Gottesbild, das dynamisch und (im wahrsten Wortsinn) unberechenbar ist: ein Gott, dessen Größe alles übersteigt, der ein *faszinosum et tremendum* ist – und zugleich der gütige Vater, übervoll der Menschenfreundlichkeit und Zuneigung. Unfassbar – nah ...

An dem Ort, an dem wir recht haben,
werden niemals Blumen blühen
im Frühjahr.
Der Ort, an dem wir recht haben,
ist niedergetrampelt und hart wie ein Hof.
Aber Zweifel und Liebe
lockern die Erde auf
wie ein Maulwurf, wie ein Pflug.
Und ein Flüstern wird vernehmbar
an dem Ort, wo das Haus stand,
das zerstört wurde.[119]

Wäre der Gregorianische Choral wirklich der „der römischen Liturgie eigene Gesang“, wie müssten wir also unseren Gottesdienst feiern – um Raum zu schaffen für dieses heilbringende Flüstern?

Anmerkungen

1 Zweites Vatikanisches Konzil, Liturgiekonstitution „Sacrosanctum Concilium", Art. 116. Übersetzung des Textes: Peter Hünermann (Hg.), Die Dokumente des Zweiten Vatikanischen Konzils. Lat.-dt. Studienausgabe (= P. Hünermann/B.J.Hilberath (Hg.), Theologischer Kommentar zum Zweiten Vatikanischen Konzil, Bd. 1). Freiburg u. a. 2004, S. 49.

2 „Sacrosanctum Concilium", Art. 112, Übersetzung P. Hünermann, a.a.O., S. 47.

3 Bruno Stäblein, Artikel „Choral", in: Musik in Geschichte und Gegenwart, Bd. 2. Kassel u. a. 1952, Sp. 1266.

4 Noch lange in der Musikgeschichte wird die Ordnung von Zahl und Proportion der musikalischen Materie als Indikator für die Affinität zur göttlichen Schöpfungsordnung angesehen werden – gemäß Weish 11,21: „Omnia mensura et numero et pondere disposuisti" (Du hast alles nach Maß, Zahl und Gewicht geordnet).

5 Handschrift aus der Abtei Ulrich und Afra, Augsburg (um 1100) / Wolfenbüttel, Herzog-August-Bibl., 334 Gud. lat. 80, fol. 1r und 2v.

6 Vgl. hierzu Kapitel VIII.

7 Ausführlich werden die Formen des Gregorianischen Chorals z. B. behandelt in: Stefan Klöckner, Handbuch Gregorianik. Regensburg [4]2018.

8 Jede Strophe ist vierzeilig und besteht aus drei sog. sapphischen Versen (gleichgebauten fünffüßigen Elfsilblern) mit einem Daktylus an dritter Stelle (– x – x – x x – x – –); als Abschlussvers folgt ein fünfsilbiger Adoneus (– x x – –).

9 Anton Stingl jun. (Hg.), Tropen zum Kyrie im Graduale Romanum. St. Ottilien 2011; und Ders., Tropen zum Gloria, Sanctus und Agnus Dei im Graduale Romanum. St. Ottilien 2012.

10 Aus der Handschrift 390 der Stiftsbibliothek von St. Gallen (Antiphonale des Hartker), pag. 13.

11 Aus der Handschrift Rom, Nationalbibliothek Vitt. Em. III (ehedem Nonantola) 1343, fol. 18.

12 So der Solesmenser Mönch Dom Andoyer 1912.

13 Klöckner, Handbuch Gregorianik, a.a.O., S. 40–64.

14 Gregor der Große, Ausgewählte Briefe. Elftes Buch. Briefe aus den Jahren 600–601: An Augustinus, den Bischof der Engländer. In: Des heiligen Kirchenlehrers Gregorius des Grossen ausgewählte Briefe. Übersetzt und mit Anmerkungen versehen von Theodor Kranzfelder. (Bibliothek der Kirchenväter, 1 Serie, Band 27), Kempten 1874, S. 615.

15 Ausführlich hierzu (einschl. Dokumentation der angesprochenen Quelle): Michael Walter, Grundlagen der Musik des Mittelalters. Schrift – Zeit – Raum. Stuttgart und Weimar 1994, S. 7–84.

16 Helmut Hucke, Die Einführung des Gregorianischen Gesanges im Frankenreich, in: Römische Quartalschrift für christliche Altertumskunde und Kirchengeschichte 49 (1954), S. 174.

17 In einer Admonitio generalis (März 789) ordnete König Karl an, dass die Kleriker den römischen Gesang, der im Zuge der Vereinheitlichung der Liturgie mit der des Apostolischen Stuhls übernommen worden sei, gründlich zu lernen hätten; es dürfte sich hier um die Melodiefassungen handeln, die in der Folgezeit als „gregorianische“ (de facto fränkisch-römische) tradiert wurden.

18 Institutio canonicorum Aquisgranensi, MGH Concilia II/1, S. 308–464.

19 Helmut Hucke, Die Entstehung des Gregorianischen Gesangs, in: Matthias Brzoska/ Michael Heinemann (Hg.) Die Geschichte der Musik, Bd. I: Die Musik von den Anfängen bis zum Barock. Laaber [2]2004, S. 21.

20 Institutio canonicorum Aquisgranensi, MGH Concilia II/1, 414. Übersetzung zitiert nach nach Hucke, Die Entstehung des Gregorianischen Gesangs, a.a.O., S. 22.

21 Zudem steht hier natürlich auch eine praktische Notwendigkeit im Raum: Wer schon einmal studiert hat, wie aufwendig es im Mittelalter war, ein Buch herzustellen, dem ist sofort einsichtig, dass nicht jeder Mönch einen Mess- und/oder Stundengebetscodex für sich erhalten konnte.

22 Aurelius Augustinus, De dialectica V 12 f. Hg. v. Jan Pinborg. Dordrecht 1975, S. 86.

23 René-Jean Hesbert OSB, Antiphonale Missarum Sextuplex. Nachdruck Rom 1985.

24 In dieser Handschrift sind zusätzlich zu den Texten auch noch Tonartangaben für die Introitus-Gesänge angebracht. Dies verweist darauf, dass die Tonalität (sprich das Tonartensystem) zu dieser Zeit bereits voll entfaltet war und als Ordnungskriterium für die Gesänge fungieren konnte. Bei den Introiten – wie auch bei den Communio-Gesängen, die ebenfalls antiphonal ausgeführt werden – ist es wichtig, eine Tonart zu fixieren, um mit dem tonal passenden Melodiemodell Psalmen dazu singen zu können.

25 Über die Zusammensetzung der Bibliothek berichtet Karls Biograph Einhard (770–840); zur Bibliothek selbst vgl. Doris Haberl, Die Hofbibliothek Karls des Großen als Kristallisationspunkt der karolingischen Renaissance: Geschichte, Umfeld, Wirkungen, in: Perspektive Bibliothek 3.1 (2014), S. 111–139.

26 Griech.: *diastema*, der Zwischenraum.

27 Im GRADUALE TRIPLEX (1979), dem ein Graduale Romanum von 1974 zugrunde liegt, wurden für die Gesänge des Proprium missae diese beiden Handschriften darüber bzw. darunter gesetzt, so dass alle zur Interpretation notwendigen Angaben aus den frühesten Handschriften verfügbar sind. Man wählte bezügl. der St. Galler Notation hierzu die frühesten verfügbaren Codices für das jeweilige Stück: für Gradualien, Alleluia und Tracten den Codex 359 der Stiftsbibliothek St. Gallen („Cantatorium“, geschrieben zu Beginn des 10. Jh.), für Introiten, Offertorien und Communiones zuallermeist die Handschrift 121 der Stiftsbibliothek von Einsiedeln (geschrieben Mitte des 10. Jh.). Für die Metzer Notation wurde die Handschrift 239 der Stadtbibliothek von Laon herangezogen (geschrieben an der Wende vom 9. zum 10 Jh.).

28 Stehen in der Quadratnotation zwei Töne übereinander, so erklingt der untere Ton zuerst, vgl. die Neumentabelle S. 255.

29 Den Kategorien, die nicht schematisch oder metrisch voneinander abzugrenzen sind, entsprechen die Fachbegriffe in der Beschreibung der Graphien: kurrente Graphien bezeichnen rasche Tonfolgen und nicht kurrente Graphien verlangsamte.

30 Eine der frühesten Quellen dieses Briefes ist der Codex 381 von St. Gallen (ca. 930), pag. 6 – 9.

31 Hier pag. 134.

32 Zu den folgenden Analysen vgl. Klöckner, Handbuch Gregorianik, a.a.O., S. 97f.
33 Lat.: „die Tierkralle"; die Bezeichnung ist offensichtlich inspiriert von der Gestalt der Graphie.
34 Ein vergleichbares System hatte um 890 bereits der Musiktheoretiker Hucbald von St. Amandus vorgeschlagen.
35 Es dürfte kein Zufall sein, dass die von radikaler Askese bestimmte Bewegung der Katharer hier entstanden ist, wo man sich unter dem Einfluss anderer Kulturen und Religionen auf die reformerische Sprengkraft des christlichen Armutsideals besann. Okzitanien/Aquitanien ist zugleich auch die Entstehungsregion der Troubadoure (urspr. Trobadore), die ihre kirchliche und gesellschaftliche Kritik in Liedform brachten. Der erste bekannte Vertreter dieser Gattung war interessanterweise ein Adeliger, Herzog Wilhelm IX. von Aquitanien (1071–1126).
36 Michael Hermesdorff, Brief Guidos an den Mönch Michael über einen unbekannten Gesang, übersetzt und erklärt. Trier 1884, Sp. 43 a.
37 M. Hermesdorff, Brief Guidos, a.a.O., Sp. 43 b.
38 M. Hermesdorff, Brief Guidos, a.a.O., Sp. 44 a.
39 Godehard Joppich sprach in vielen Vorträgen von der Jahrtausendwende als einem „Endpunkt der goldenen Zeit des Gregorianischen Chorals".
40 Ambros Odermatt, Ein Rituale in beneventanischer Schrift. Freiburg/CH 1980, S. 56 f. Den Höhepunkt dieses Prozesses bildete der 1075 von Papst Gregor VII. erlassene „Dictatus papae"; es handelt sich um 27 kurze Sätze, mit denen die absolute Vorherrschaft des Papstes in geistlichen und weltlichen Dingen festgeschrieben werden sollte. Der vorletzte, auch für liturgische Verhältnisse geltende Satz lautet: „Quod catholicus non habeatur, qui non concordat Romanae ecclesiae." (Dass nicht für katholisch gilt, wer sich nicht in Übereinstimmung mit der römischen Kirche befindet.)
41 Aus: Heinrich Rumphorst, Gesangstext und Textquelle im Gregorianischen Choral, in: Stefan Klöckner (Hg.), Cantando praedicare/Festschrift Godehard Joppich zum 60. Geburtstag (= BzG 13/14). Regensburg 1992, S. 181.
42 Das Alleluia wird direkt vor dem Evangelium gesungen – daher ist es nicht erstaunlich, dass der Vers oft einen neutestamentlichen Text trägt. Aber auch die Communio korrespondiert dem Evangelium:

Hier kommt der theologische Gedanke zum Tragen, dass die Kommunion des Wortes (Hören eines wichtigen Gedankens aus dem Evangelium in der Communio) und die Kommunion des Sakramentes zusammenfallen sollen.

43 Württembergische Landesbibliothek Stuttgart, Bibl. 2° (Folioformat) 23, zwischen 820 und 830 in der Abtei Saint-Germain-des-Prés entstanden.

44 Vgl. Mechthild Clauss, Illustration als Textauslegung. Der karolingische Stuttgarter Bilderpsalter um 830. St. Ottilien 2018.

45 Weitere wichtige Psalter aus dieser Zeit sind der Psalter von Montpellier, auch Tassilo-Psalter oder Mondsee-Psalter genannt, der ca. 780 im Kloster Mondsee wahrscheinlich für den Baiernherzog Tassilo III. und seine Familie gefertigt wurde und einer der ältesten Psalter aus karolingischer Zeit ist. Das Werk liegt heute in der Bibliothèque Interuniversitaire Médicine der Universität Montpellier in Frankreich (Signatur MS H 409). Leider ist es nicht digitalisiert verfügbar – im Gegensatz zum Stuttgarter Psalter und zum Utrechter Psalter, der zwischen 820 und 835 entstand und heute in der Universitätsbibliothek Utrecht (ms. 32) aufbewahrt wird. Diese Handschrift ist mit 166 Tuschezeichnungen ausgeschmückt.

46 Clauss spricht von der Farbgestaltung der „Geisteswelt“: M. Clauss, Illustration als Textauslegung, S. 96.

47 „Unsere Rechte ist das ewige Leben.“ Augustinus, Enarrationes zu Psalm 121 und Psalm 137).

48 Die ostkirchlichen Anastasis-Ikonen bewahren diesen Inhalt als Bildprogramm bis heute auf.

49 Barbara Thoran, Studien zu den österlichen Spielen des deutschen Mittelalters. Göppingen 1976, S. 133.

50 Vgl. hierzu Volker Leppin, Geschichte des mittelalterlichen Christentums. Tübingen 2012, 148 f. Der hierzu passende Merksatz stammt aus dem 13. Jahrhundert und lautet: *Littera gesta docet – quid credas, allegoria – moralis quid agas – quid speres, anagogia* (Der Buchstabe lehrt die Taten – was du glauben sollst, die Allegorie – der moralische Sinn was du tun sollst – und der anagogische, was du hoffen darfst).

51 Ein 1979 erschienenes Graduale Romanum der liturgischen Ordnung nach dem Zweiten Vatikanischen Konzil 1974, das mit den ältesten handschriftlichen Zeugnissen der St. Galler und Metzer Notation versehen ist; die dreifache Wiedergabe der Melodie –

St. Gallen, Laon und Quadratnotation – gab dem Buch den Namen.
52 Gemäß Vulgata bzw. Stuttgarter Psalter.
53 „Ton“ meint hier nicht Einzelton, sondern Tonart.
54 Wer Interesse an einer detaillierten Entfaltung des Themas hat, sei auf Klöckner, Handbuch Gregorianik, a.a.O., S. 70–80 verwiesen. Eine Einführung in die karolingische Musiktheorie findet sich ebenfalls dort (S. 117–121).
55 Der Gregorianische Choral wird in relativer Notation aufgeschrieben; sie folgt den Solmisationssilben (do, re, mi, fa, so, la, si) und regelt nur den konkreten Verlauf in Halb- und Ganztonschritten. Über die Tonhöhe, die konkret erklingt („absolute“ Notation), ist damit nichts gesagt.
56 Die Noten aller Beispiele sind dem Graduale Romanum 1908 entnommen. Es entspricht in seiner melodischen Fassung dem Grad. Rom. 1974 und damit auch dem Grad. Triplex 1979. Auf melodische Abweichungen von dieser Fassung, die sich aus den verschiedenen Restitutionshypothesen der vergangenen Jahre („Graduale Novum“, „Liber Gradualis“ etc.) ergeben haben, wird hingewiesen, wenn es für die konkreten Erörterungen notwendig oder hilfreich erscheint.
57 Die Gesänge sind im Graduale Triplex auf den Seiten 200 bis 216 zu finden.
58 Mk 15,34 und Mt 27,46.
59 Fol. 25v und auf fol. 27r.
60 Phil 2, 6–11. Einheitsübersetzung 2016.
61 Zwar sind die gregorianischen Melodien (wie schon erwähnt) von Anfang an mit großer Stabilität überliefert worden. Bereits mit den ersten Handschriften beginnen jedoch auch Abweichungen greifbar zu werden, welche die gesamte Überlieferungsgeschichte der gregorianischen Melodien bis hin zu den Choralbüchern des 19. und 20. Jh. in steigendem Maße durchziehen. Umfangreiche Studien haben zwar große Erkenntnisse über Unterschiedlichkeit und Einheitlichkeit der Melodieüberlieferung erbracht, aber eben auch gezeigt, dass die wissenschaftlich vertretbare Annäherung an die vollständige vorschriftliche Version einer „Ur-Melodie“ unmöglich ist. So gibt denn das Graduale Romanum von 1908 weitgehend eine bestimmte Momentaufnahme der Kodifizierung wieder, die oft spekulativ bleibt. Dasselbe gilt aber auch für die jüngst erschienenen Alternativausgaben, die mit Blick auf die frühen handschriftlichen

Befunde zwar zahlreiche neue und wertvolle Erkenntnisse umsetzen, in denen sich aber auch verschiedene handschriftliche Traditionen auf spekulative Weise mischen. Die seit Mitte des 19. Jahrhunderts offene Frage der frühesten Melodieversion kann und soll hier jedoch nicht gelöst werden.

62 Gregor der Große, Evangelienhomilien. Übersetzt und eingeleitet von Michael Fiedrowicz, 2. Band (= Fontes Christiani 28/2). Freiburg u. a. 1998, S. 653/655.

63 Gregor der Große, Evangelienhomilien, a.a.O., S. 653.

64 Vgl. Th. Heither OSB/Chr. Reemts OSB, Die Psalmen bei den Kirchenvätern. Ps 1–30. Münster 2017, S. 66.

65 „Da der Herr das Holz des Kreuzes auf die Schultern nahm, [...] wurde den Gläubigen in diesem Zeichen ein großes Mysterium offenbar [...]. Mit dem Leidensbild wollte der Herr schon von Beginn an die stärken, die ihm nacheifern, indem er ihnen zurief: ‚Wer nicht sein Kreuz auf sich nimmt und mir nachfolgt, der ist meiner nicht wert‘ (Mt 10,38)“. Leo der Große, Sermo LIX/8, 4, in: Leo der Große, Sämtliche Sermonen. Aus dem Lateinischen übersetzt und mit Einleitung und Inhaltsangaben versehen von Dr. Theodor Steeger (Bibliothek der Kirchenväter, 1. Reihe, Band 54–55), München 1927, S. 308.

66 *Exemplo creaturae significat super omnia regnum xpi* [Christi], *quia in ipso creata sunt omnia uisibilia siue inuisibilia secundum apostolum*. Franz Unterkirchner, Die Glossen des Psalters von Mondsee (Spicilegium Friburgense, Vol. 20). Freiburg/Ue. 1974, S. 341.

67 F. Unterkircher, Die Glossen des Psalters von Mondsee, a.a.O., S. 78.

68 „Augustinus nimmt den Wechsel der Personen wahr, denn der Beter geht von der Anrede in der dritten Person: ‚Er hörte mich‘ zu einer Anrede an Gott über: ‚Du hast mir weiten Raum geschaffen‘. Er hält es für möglich, dass der Beter dies aus stilistischen Gründen getan hat, denn sonst wäre es seltsam, wenn er zuerst von seiner Erhörung berichten und nachher Gott, der ihn erhörte, anreden würde.“ Th. Heither OSB/Chr. Reemts OSB, Die Psalmen bei den Kirchenvätern, a. a. O., S. 86.

69 Th. Heither OSB/Chr. Reemts OSB, Die Psalmen bei den Kirchenvätern, a.a.O., S. 85.

70 So z. B. im Codex Benevent 33, einem Vollmissale aus dem 11. Jahrhundert (fol. 24 v). Diese Zuordnung galt bis zur Umsetzung der Liturgiereform des II. Vatikanischen Konzils 1969/70.

71 Der frühe karolingische Tonar von Metz (um 800) tut dies genauso wie die Handschrift Einsiedeln 121 in ihrem Versicularium.

72 Th. Heither OSB/Chr. Reemts OSB, Die Psalmen bei den Kirchenvätern, a.a.O., S. 84.

73 Origines, Kommentar zum Römerbrief 7,11. Übs. v. Theresia Heither (Fontes Christiani 2,4.), Freiburg 1999.

74 Barbara Henze, Art. „Martyrer, Martyrium“ (II. Literarisch), in: LThK Bd. VI, 3. und völlig neu bearbeitete Auflage, Freiburg 1997, Sp. 1438.

75 Vergleichbare Stellen findet man im Graduale Triplex: „hominum“ (62, Z. 3), „Lex Domini“ (87, Z. 1), „Iudica me, Deus“ (120, Z. 1) u.ö.

76 Gregor der Große, Homiliae in evangelia (Evangelienhomilien)/ Erster Teilband, hg. und eingel. von Michael Fiedrowicz (Fontes Christianae 28/1), Freiburg u. a. 1997, S. 173–177. Einen vergleichbaren Fall kann man in der Communio „Venite post me“ (Graduale Triplex, S. 267) studieren, wo der Schrifttext aus Mt 4, 19.20 – *et ait illis venite post me et faciam vos fieri piscatores hominum at illi continuo relictis retibus secuti sunt eum* ... (Und er sprach zu ihnen: Kommt mir nach, und ich werde machen, dass ihr Menschenfischer werdet. Diese aber ließen umgehend die Netze zurück und folgten ihm) in der Communio ergänzt wird: *relictis retibus* ***et navi*** (sie ließen Netze *und Schiffe* zurück). Wahrscheinlich klingt auch hier die Predigt Gregors des Großen über diese Perikope nach: „Es kostete Petrus und Andreas den Verzicht auf Netz *und Boot* ...“. (Gregor der Große, Homiliae in evangelia. a.a.O., S. 105).

77 Als Paradebeispiel kann die Communio „Qui manducat“ (Graduale Triplex, S. 383) gelten, wo diese Wendung über den Worten: *in me manet* steht: „Wer mein Fleisch isst und mein Blut trinkt – *in mir bleibt er*, und ich in ihm, spricht der Herr.“

78 Augustinus, Predigt über Joh 11. Aus: Des heiligen Kirchenvaters Aurelius Augustinus Vorträge über das Evangelium des hl. Johannes, übers. und mit einer Einl. versehen von Thomas Specht. BKV, 1. Reihe, Band 8, 11, 19, München 1913–1914.

79 Augustinus, Predigt über Joh 13, a.a.O., 1388–1390.

80 Der Begriff „Organum“ meint hier nicht ein Instrument – schon gar nicht die spätere „Orgel“ –, sondern eine (früh-)mittelalterliche mehrstimmige Komposition: Die „Vox organalis“ ist eine frei erfundene Stimme, die zu einer „Vox principalis“ (Hauptstimme –

meist ein Ausschnitt aus einer gregorianischen Komposition) hinzutritt.

81 Staatsbibliothek München, Clm 4660 und 4660 a.

82 Augustinus, Confessiones VI,14.

83 Augustinus, Confessiones X,33.

84 Hieronymus, Kommentar zum Epheserbrief, 3,5.

85 Ambrosius, Expositio in psalmum I.

86 Zitiert nach: Hartmut Möller, Die modernen Musiker des 14. Jahrhunderts, in: Funkkolleg Musikgeschichte. Europäische Musikgeschichte vom 12.–20. Jahrhundert, Studienbegleitbrief 2, Weinheim u. a., S. 78–80.

87 UB Salzburg, Ms. M II 6, fol. 67 r.

88 Martin Luther, Wider die himmlischen Propheten, von Bildern und Sakrament 1525. WA 18, S. 123.

89 „Wenn es nicht wahr ist, so ist es doch zumindest sehr gut erfunden!", ein Giordano Bruno zugeschriebener Aphorismus.

90 Karl Gustav Fellerer, Das Konzil von Trient und die Kirchenmusik, in: Ders. (Hg.), Geschichte der katholischen Kirchenmusik, Bd. II. Kassel u. a., S. 7; dort auch das folgende Zitat.

91 *Ab ecclesiis vero musicas eas, ubi sive organo sive cantu lascivum aut impurum aliquid miscetur, (ordinarii locorum) arceant, ut domus Dei vere domus orationis esse videatur ac dici possit.* Zit. nach Karl Gustav Fellerer, Das Tridentinum und die Kirchenmusik, in: G. Schreiber (Hg.), Das Weltkonzil von Trient, Bd. 1. Freiburg 1951, S. 449.

92 So noch jüngst Christian Dostal: Art. „Der Gregorianische Choral", in: H. J. Kaiser/B. Lange (Hg.), Basiswissen Kirchenmusik, Bd. I. Stuttgart 2009. Dort ist auf S. 74 über die Editio Medicaea zu lesen: „Letztlich war diese aber nur die Drucklegung der mittlerweile völlig verstümmelten Melodien." Diese irrige Auffassung wurde durch neueste Forschungen widerlegt: Markus Uhl, Die römische Choralreform in der Folge des Trienter Konzils und die Editio Medicaea 1614/15 (= Folkwang Studien Bd. 18). Hildesheim 2018.

93 Zofia Lissa, Ästhetische Funktionen des musikalischen Zitats, in: Die Musikforschung 19/4. Kassel 1966, S. 364.

94 In: „Beiträge zur Gregorianik" 33. Regensburg 2002, S. 52–62.

95 Hierfür einige Beispiele (angegeben sind jeweils Seiten- und Zeilenzahl im Graduale Romanum 1974 bzw. Graduale Triplex 1979):

Das Wortfeld „Dominus": S. 86,7 und S. 304,6 sowie S. 17,8 und S. 70,6
„Domine exaudi": S. 334,2 und S. 367,8 sowie S. 104,6 und S. 359,3
„in opportunitatibus, in tribulatione": S. 69,6 und S. 119,1
„Miserere": S. 62,1, S. 80,6 (vgl. oben S. 126) und S. 326,4
„Dicit Dominus": S. 263,4 und S. 398,6
„In adiutorium meum": S. 150,3 und S. 360,2
„Inclina": S. 173,1 und S. 363,3

96 Die Neumenkonstellationen der frühen adiastematischen Handschriften und auch die Melodiefassungen einiger diastematischer Handschriften legen nahe, dass sowohl „sicut" als auch „ita" ursprünglich anders gelautet haben könnten, nämlich jeweils mi-sol-*mi-mi*. Für unsere Themenstellung ist das aber irrelevant, da jeweils beide Fassungen übereinstimmen.

97 Das *ego* ist – grammatikalisch gesehen – redundant, denn die 1. Person Singular ist bereits in *genui* (ich habe gezeugt) enthalten.

98 In Gemälden der Renaissance und des Barock wird dies deutlich: Mit je einem dunkelhäutigen, einem gelbhäutigen und einem weißhäutigen Mann werden die drei damals bekannten Kontinente (Afrika, Asien und Europa) symbolisiert, zumeist werden die drei Personen als ein junger, ein erwachsener Mann sowie ein Greis dargestellt, womit die drei Menschenalter gemeint sind.

99 Die anderen Sonntage heißen jeweils nach den Introitusanfängen „Reminiscere" (der Introitus wurde nach dem II. Vatikanischen Konzil durch „Tibi dixit cor meum" ersetzt, da hier nun das Evangelium von der Verklärung gelesen wird; der alte Introitus steht jetzt am Mittwoch der ersten Fastenwoche, Graduale Triplex, S. 81), „Oculi", Laetare" und „Iudica". Da der Palmsonntag durch die Eröffnung mit der Psalmprozession keinen eigentlichen Introitus hat, wird dieser Tag „Palmarum" genannt.

100 Fol. 108 r.

101 Im Mondseepsalter steht bei diesen Versen: *Hic pater ad xpm* [Christum] *dicit* [...]). F. Unterkirchner, Die Glossen des Psalters von Mondsee, a.a.O., S. 352.

102 Helmut Boese (Hg.), Anonymi glosa psalmorum ex traditione seniorum, Teil I: Praefatio und Psalmen 1–100. Freiburg 1992, S. 418.

103 Die Antwortgesänge – es sind von der Form her Tracten, die aber Cantica heißen – stehen im Graduale Triplex auf den S. 185–191; es

sind Formelkompositionen, d. h., ein bestimmter Formelschatz wird unterschiedlichen Texten adaptiert. Die in Rede stehende Formel findet man z. B. über „gloriose enim" (S. 186, 5), „mare" (S. 186, 7), „misericordia eius" (S. 187, 9) und „sorec" (S. 188, 6).

104 Zu den zahlensymbolischen Details vgl. die umfangreichen Studien von Hans Ryschawy und Rolf Stoll, Die Bedeutung der Zahl in Dufays Kompositionsart: Nuper rosarum flores, in: H.-K. Metzger/R. Riehn (Hg.), Guillaume Dufay (Musik-Konzepte 60). München 1988, S. 3–73.

105 Cassiodor, Institutiones II, V. 4. Absatz.

106 Glaubensbekenntnis des Konzils von Nikaia (im Jahr 325).

107 Graduale Triplex, S. 769 ff.

108 Eine der bedeutenden gregorianischen Handschriften, die bis heute immer wieder zu Melodievergleichen herangezogen werden, ist das „Graduale der St. Thomaskirche zu Leipzig"; Peter Wagner hat es 1930 umfangreich beschrieben und als Faksimile-Reprint herausgegeben. In der Einleitung schreibt er: „Die Intonation *Credo in unum Deum*, mit der auch Bach den dritten Satz seiner großen Messe eröffnet, fehlt im Graduale von St. Thomas; dagegen stimmt das Choralzitat Bachs zu den Worten *Confiteor unum baptisma in remissionem peccatorum* Note für Note überein mit der Fassung auf einem der Vorsatzblätter des Graduale." Peter Wagner (Hg.), Das Graduale der St. Thomaskirche zu Leipzig, Bd. 1. Leipzig 1930, S. X.

109 Zitiert nach Herbert Goltzen, Der tägliche Gottesdienst, in: LEITURGIA III, Handbuch des Evangelischen Gottesdienstes. Kassel 1956, S. 190.

110 Die Erklärung des „Tones der Wanderschaft" damit, dass bei diesem Psalmtonmodell die Rezitationsebene stets von der ersten zur zweiten Vershälfte absteigt – also vom -la- zum -sol- „wandert", ist ein weitverbreiteter Irrtum.

111 Richard van Dülmen, Poesie des Lebens. Eine Kulturgeschichte der deutschen Romantik; Bd.1: Lebenswelten. Köln 2002, S. 292.

112 Novalis (Friedrich von Hardenberg), Die Christenheit oder Europa, in: Novalis. Werke, Tagebücher und Briefe Friedrich von Hardenbergs, hg. v. Hans-Joachim Mähl und Richard Samuel, Bd. 3. München/Wien 1968, S. 507.

113 Nachschrift von Friedrich (von) Schlegel. Text in: Richard van Dülmen, Poesie des Lebens. Eine Kulturgeschichte der deutschen Romantik, a. a. O., S. 279 f.

114 Anton Friedrich Justus Thibaut, Über Reinheit der Tonkunst (1824). Durch eine Biographie Thibauts sowie zahlreiche Erläuterungen und Zusätze vermehrt von Raimund Heuler. Paderborn 1907, S. 8.

115 Der erste Abt der mit der Choralrestauration beauftragten Abtei Solesmes, Dom Prosper Guéranger (1805–1875), in einem Brief an den französischen Historiker Charles-Forbes-René de Montalembert. Nachweis in: Felice Rainoldi, Das Graduale Romanum von Dom Prosper Guéranger bis 1974, in: Beiträge zur Gregorianik 31. Regensburg 2001, S. 47.

116 Die traditionelle deutsche Übersetzung der ersten Strophen mag einen Eindruck hiervon vermitteln:
„Tag des Zornes, Tag der Sünden,/Wird das Weltall sich entzünden,/Wie Sibyll und David künden.
Welch ein Graus wird sein und Zagen,/Wenn der Richter kommt, mit Fragen/Streng zu prüfen alle Klagen!
Laut wird die Posaune klingen,/Durch der Erde Gräber dringen,/Alle hin zum Throne zwingen.
Schaudernd sehen Tod und Leben/Sich die Kreatur erheben,/Rechenschaft dem Herrn zu geben.
Und ein Buch wird aufgeschlagen,/Treu darin ist eingetragen/Jede Schuld aus Erdentagen.
Sitzt der Richter dann zu richten,/Wird sich das Verborgne lichten;/Nichts kann vor der Strafe flüchten."
Übersetzung: Schott-Meßbuch, hg. v. d. Benediktinern der Erzabtei Beuron. Freiburg, Basel, Wien, 1961, S. 200.

117 Umfangreiche und ständig aktuell gehaltene Auflistungen sind unter dem Stichwort „Dies irae" im Internet zu finden.

118 Alfred Beaujean, Art.: „Maurice Duruflé. Requiem op. 9.", in: Hans Gebhard (Hg.): Harenberg Chormusikführer. Dortmund 1999, S. 259.

119 Text von Jehuda Amichai; aus dem Hebräischen übersetzt von Josef Herbasch.

Anhang

Glossar

adiastematisch von griech. *diastema*, der Zwischenraum: gregorianische Handschriften, die den genauen melodischen Verlauf nicht wiedergeben, dafür aber zumeist rhythmisch sehr differenziert sind. Gegenteil: ➔ diastematisch

Alleluia Teil des ➔ Proprium missae: Akklamation vor dem Evangelium; wird in der österlichen Bußzeit (vor der Liturgiereform des ➔ Zweiten Vatikanischen Konzils auch im Requiem und in der Vorfastenzeit) durch den ➔ Tractus ersetzt.

Antiphon griech. Vorgesang, gegenchörig (oftmals missverstanden als von lat. *ante*, gegen, abgeleitet). Leitvers, der im ➔ Offizium vor und nach einem Psalm gesungen wird. Im ➔ Proprium missae sind der ➔ Introitus, (ursprüngl. das ➔ Offertorium) und die ➔ Communio Antiphonen.

antiphonal griech., musikalische Form gregorianischer Gesänge: Die Verse eines Psalms werden im Wechsel gesungen. Bei den antiphonalen Gesängen steht am Anfang und am Ende des Psalmengesangs eine ➔ Antiphon

arianisch christl. Irrlehre der ersten Jahrhunderte, derzufolge Christus zwar Gott ist, aber Gott dem Vater untergeordnet und ihm nicht ebenbürtig.

authentische Tonart I., III., V. und VII. der gregorianischen Tonarten im ➔ Oktoechos: Der Grundton liegt am unteren Rand des Gesamtambitus eines Stückes (Gegensatz: ➔ plagale Tonart).

cantus firmus lat., feststehender Gesang (auch *cantus prius factus*, vorher gemachter Gesang): Melodieausschnitt aus einem zeitlich vorgeordneten Repertoire (z. B. Gregorianischer Choral oder Kirchenlied), der zur Grundlage einer neuen Komposition gemacht wird.

Clivis lat., die Geneigte, ➔ Neume, bestehend aus zwei Tönen in absteigender Reihenfolge.

Communio lat., *antiphona ad communionem* ➔ antiphonaler Gesang zum Kommuniongang; Teil des ➔ Proprium missae

diastematisch von griech. *diastema*, der Zwischenraum: gregorianische Handschriften, die den genauen melodischen Verlauf wiedergeben, dafür aber zumeist rhythmisch nicht differenziert sind. Gegenteil: ➔ adiastematisch

disgregat lat., auseinandergezogen, Schreibweise von Mehrton-➔Neumen, bei der durch das Auseinanderziehen in Einzeltongraphien die Nichtkurrenz (➔Kurrenz) angezeigt wird.

Graduale lat., an den Stufen: 1. ➔ responsorialer Gesang im ➔ Proprium missae, zu singen nach der ersten Lesung. 2. Buch mit gregorianischen Gesängen zur Feier der Messe.

Hoquetus(-Partien) lat.-altfrz., „Schluckauf", kunstvolle Passagen in mehrstimmigen Kompositionen der Ars nova (14. Jh.), in denen die Stimmen im raschen Wechsel von Pausen und einzelnen Tönen geführt werden, so dass sich eine Art Komplementärrhythmus ergibt.

Hore von lat. *hora*, die Stunde: gemeinsame Gebetszeit in der täglichen ➔ Liturgia horarum (Stundengebet)

Hymnus griech., strophischer Gesang mit geistlichem, zumeist außerbiblischem Text; vor allem Bestandteil der ➔ Liturgia horarum (Stundengebet). Ein Vorläufer des Kirchenliedes.

Inkarnation lat., Fleischwerdung; theologischer Terminus, um das Kommen Gottes (Christi) ins menschliche Fleisch zu beschreiben.

Introitus *antiphona ad introitum*, lat. ➔ antiphonaler Gesang zum Einzug; Teil des ➔ Proprium missae

Isorhythmie griech., gleicher Rhythmus, Gestaltungsprinzip der Motette im 14./15. Jh.: Die rhythmische Struktur einzelner Partien wird abschnittweise wiederholt.

Komplet von lat. *completorium*, die Vervollständigung: Teil der ➔ Liturgia horarum, mit dem das tägliche Stundengebet vor der Nachtruhe beschlossen wird.

kurrent von lat. *currere*, laufen: Schreibweise einer ➔ Neume, die der möglichst raschen Ausführung der Töne entspricht; Gegenteil „nicht kurrent", Variation ist „partiell kurrent".

Liqueszenz lat., Verflüssigung, unter bestimmten phonetischen Bedingungen einsetzende Veränderung der melodischen Gestalt: Ein Ton wird entweder verkürzt (diminutive L.) oder verlängert (augmentative L.).

Liturgia horarum lat., Stundengebet der katholischen Kirche. Hauptgebetszeiten sind Laudes (Morgenlob) und ➔ Vesper (Abendlob), kleine

Gebetszeiten: Terz (9 Uhr), Sext (12 Uhr) und Non (15 Uhr). Die ➔ Komplet schließt das Stundengebet des Tages ab.

Liturgie griech., Werk des Volkes/Werk für das Volk, Oberbegriff für alle gottesdienstlichen Formen der christlichen Kirche.

Liturgiekonstitution vom ➔ Zweiten Vatikanischen Konzil 1963 verabschiedetes zentrales Dokument zur Neuordnung der ➔ Liturgie; enthält neben wichtigen theologischen Orientierungen auch Kapitel zur Kirchenmusik.

melismatisch von griech. *melos*, die Weise/der Gesang; Vertonungsstil des Gregorianischen Chorals: Folge von vielen Tönen über einer Silbe. Gegenteil von ➔ syllabisch

mnemotechnisch von griech. *mnémé* und *techné*, wörtl. „die Kunst der Erinnerung“: Technik des Auswendiglernens, zugleich auch Hilfsmittel hierzu.

Modus lat., Art, Weise: 1. gregorianische Tonart des ➔ Oktoechos, 2. metrisches Schema zur Organisation von drei- und vierstimmigen Kompositionen des 12. und 13. Jh.

monastisch lat., klösterlich

mozarabisch von arab. *musta'rib*, arabisiert: Bezeichnung für Christen und ihre Liturgie (samt Liturgiegesang) auf der iberischen Halbinsel unter muslimischer Vorherrschaft (8.–12. Jh.)

Neume von griech. *neuma*, Wink, Geste; erste Niederschrift von Musik im Abendland: Die gregorianischen Gesänge wurden in Neumen niedergeschrieben, zuerst ➔ adiastematisch, dann ➔ diastematisch

Nimbus lat., Heiligenschein, Glorie

Offertorium von lat. *offere*, opfern: früher ➔ antiphonaler, jetzt ➔ responsorialer Gesang zur Gabenbereitung; Teil des ➔ Proprium missae

Offizium lat., Pflicht: alte Bezeichnung für das Stundengebet der Kleriker vor dem ➔ Zweiten Vatikanischen Konzil; heute ➔ Liturgia horarum

Oktoechos griech., Acht-Klang: auf byzantinische Wurzeln zurückgehendes Tonartensystem des Gregorianischen Chorals, bestehend aus acht Tonarten (je eine ➔ authentische und eine ➔ plagale pro Grundton).

Ordinarium Missae lat., Richtschnur: Zyklus der Gesänge in der Messe, die einen feststehenden Ort und einen gleichbleibenden Text haben: Kyrie – Gloria – Credo – Sanctus/Benedictus – Agnus Dei (Ite missa est).

Organum griech., das Werkzeug, mehrstimmige Vokalkomposition der (früh)mittelalterlichen Musik; die Melodiestimme (des Gregorianischen Chorals) wurde als *vox principalis* (Hauptstimme) bezeichnet, die hinzugefügte Stimme als *vox organalis*.

Oriscus → Neume, meist in Komposition mit anderen Neumenelementen; verweist auf die Wichtigkeit des folgenden Tons/der folgenden Silbe.
orthodox griech., wahre Verehrung: Sammelbegriff für die christlichen Kirchen des Ostens, die mit dem sog. „Großen Schisma" (1054) die Kirchengemeinschaft mit Rom verließen.
Paroxytonon griech., ein (lat.) Wort, das auf der zweitletzten Silbe betont wird.
Pes lat., der Fuß, → Neume, bestehend aus zwei Tönen in aufsteigender Reihenfolge.
plagale Tonart II., IV., VI. und VIII. der gregorianischen Tonarten im → Oktoechos: Der Grundton liegt in der Mitte des Gesamtambitus eines Stückes (Gegensatz: → authentische Tonart).
Porrectus lat., der Ausgestreckte, → Neume, bestehend aus drei Tönen (hoch – tief – hoch).
Proparoxytonon griech., ein (lat.) Wort, das auf der drittletzten Silbe betont wird.
Proprium Missae lat., das Eigene (der Messe): Zyklus der Gesänge in der Messe, die einen feststehenden Ort und einen nach liturgischem Anlass wechselnden Text haben: → Introitus, → Graduale, → Alleluia bzw. → Tractus, → Sequenz, → Offertorium und → Communio.
Psalmodie griech., Vortragsweise der Psalmen und Cantica aus der Heiligen Schrift. Man unterscheidet in → antiphonale und → responsoriale Psalmodie.
Quilisma-Scandicus griech./lat., schütteln bzw. der Aufsteigende: → Neume, bei der drei Töne aufsteigen. Das mittlere Element ist ein Quilisma, das einen raschen Durchgangston bezeichnet.
responsorial von lat. *respondere*, antworten: musikalische Form gregorianischer Gesänge. Die Verse eines Psalms werden im Wechsel mit einer wiederkehrenden und gleichbleibenden Antwort gesungen. Der Psalm 136 ist von seiner poetischen Anlage her responsorial.
Responsorium lat., Antwortgesang: Zum einen wird mit diesem Gesang auf eine Lesung (in der Messe und in der → Liturgia horarum) „geantwortet" – zum anderen hat ein R. ein Element, das immer wiederholt (mit dem also immer „respondiert") wird. In der Form werden für das Stundengebet R. breve („kurzes R." – nach Kurzlesungen) und R. prolixum („ausgedehntes R." – nach langen Lesungen) unterschieden.
Septem artes liberales lat., Sieben freie Künste: Ausbildungsprogramm der Antike und (christlich umgeformt) des Mittelalters: Das

grundlegende Trivium umfasste die Ausbildung in Grammatik, Rhetorik und Dialektik (Logik), das aufbauende Quadrivium war mathematisch ausgerichtet und bestand aus den Fächern Arithmetik, Geometrie, Musik und Astronomie.

Sequenz von lat. *sequere*, folgen: Gesang des → Proprium missae: Nach dem Alleluia folgende Dichtung (geistlich, aber nicht biblisch) zur Vertiefung eines Festgeheimnisses. Heute sind noch zwei S. obligatorisch: „Victimae paschali laudes" zu Ostern und „Veni, Sancte Spiritus" zu Pfingsten. Dazu können noch zwei weitere gesungen werden: „Stabat mater dolorosa" zum Fest der „Sieben Schmerzen Mariens" (15.9.) und „Lauda Sion Salvatorem" zu Fronleichnam.

Tetrachord griech., vier Saiten: diatonisch ausgefüllter Intervallraum einer Quart; wichtigste musiktheoretische Bemessungsgröße der Karolingerzeit.

Torculus lat., der Gedrehte: → Neume, bestehend aus drei Tönen (tief – hoch – tief).

Tractulus lat., das Strichlein: → Neume, in der St. Galler Notation für einen Tiefton stehend.

Tractus lat., der Gezogene: Teil des → Proprium missae; ersetzt in der österlichen Bußzeit (früher auch in der Vorfastenzeit und im Requiem) das → Alleluia. Auch die Cantica, die als Antwortgesänge nach den sieben Lesungen der Osternacht gesungen werden, sind von der Form her Tracten.

Tristropha → Neume, bestehend aus drei Tönen in rascher unisonischer Abfolge.

syllabisch von lat. *syllaba*, die Silbe: Vertonungsstil des Gregorianischen Chorals: ein Ton (maximal zwei) pro Silbe (Gegenteil: → melismatisch).

Vesper von lat. *vespera*, die Abendzeit: große → Hore in der → Liturgia horarum; zu feiern am frühen Abend nach Abschluss der täglichen Arbeit.

Virga lat., die Rute: → Neume, in der St. Galler Notation für einen höheren Ton stehend.

Virga strata lat., gestreckte Rute: → Neume, aus zwei gleich hohen Tönen bestehend.

Zweites Vatikanisches Konzil letzte große Versammlung der katholischen Bischöfe (1962–1965). Auf diesem Konzil wurde mit der → Liturgiekonstitution auch eine Neuordnung des Gottesdienstes und eine Neubewertung der Kirchenmusik vorgenommen.

Neumentabelle

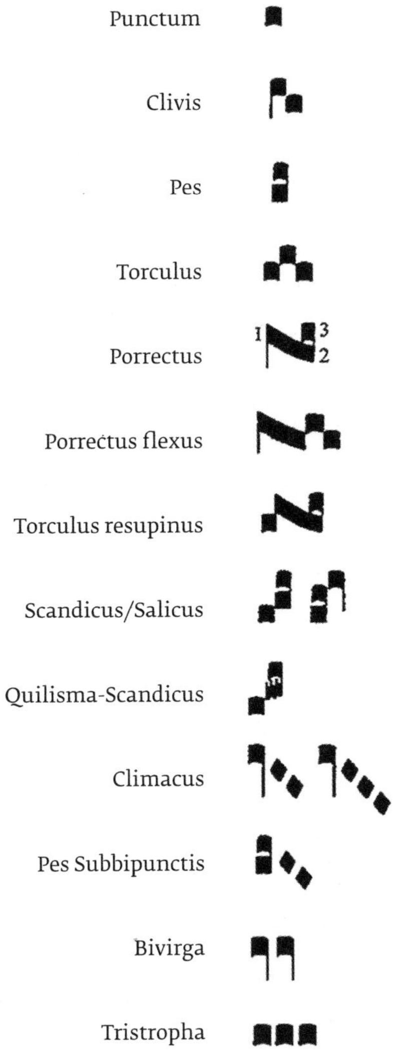

Bildnachweis

1 Herzog-August-Bibliothek Wolfenbüttel, Codex Guelf. 334 Gud. lat. 8°, fol. 1r/2v
2 Stiftsbibliothek St. Gallen, Codex 390 („Antiphonar des Hartker I"), pag. 13
3 René-Jean Hesbert (Hg.), Antiphonale Missarum Sextuplex. Rom 1935, S. 90 u. 91
4 Stiftsbibliothek St. Gallen, Codex 391 („Antiphonar des Hartker II"), S. 134
5 Stiftsbibliothek St. Gallen, Codex 391 („Antiphonar des Hartker II"), S. 134
6 Stiftsbibliothek St. Gallen, Codex 391 („Antiphonar des Hartker II"), S. 134
7 Stiftsbibliothek St. Gallen, Codex 391 („Antiphonar des Hartker II"), S. 134
8 Stiftsbibliothek St. Gallen, Codex 391 („Antiphonar des Hartker II"), S. 134
10 Bibliothek der Medizinischen Fakultät Montpellier, Codex H 159, S. 144
11 Paris, Bibliotèque Nationale, Codex lat. 903, S. 53
12 Benevent, Biblioteca capitolare, Codex 34, fol. 62 r
13 Württembergische Landesbibliothek Stuttgart, Bibl. fol. 23 (Stuttgarter Psalter), fol. 28 v
14 Württembergische Landesbibliothek Stuttgart, Bibl. fol. 23 (Stuttgarter Psalter), fol. 29 v
15 Stiftsbibliothek St. Gallen, Codex 390 („Antiphonar des Hartker I"), S. 178
23 Stiftsbibliothek St. Gallen, Codex 390 („Antiphonar des Hartker I"), S. 18
24 Graduale Triplex, S. 26
25 Stiftsbibliothek Einsiedeln, Codex 121, S. 340, Graduale Triplex, S. 387
26 Stiftsbibliothek Einsiedeln, Codex 121, S. 24, vgl. Graduale Triplex, S. 41
27 Stiftsbibliothek Einsiedeln, Codex 121, S. 30, vgl. Graduale Triplex, S. 47
28a & b Benevent, Biblioteca capitolare, Codex 34, fol. 19 v
29a & b Stadtbibliothek von Laon, Codex 239, S. 45
31b & c Stiftsbibliothek Einsiedeln, Codex 121, S. 140
32a & b Stiftsbibliothek Einsiedeln, Codex 121, S. 271
34 Stiftsbibliothek St. Gallen, Codex 390 („Antiphonar des Hartker I"), S. 77
35 Stadtbibliothek Laon, Codex 239, S. 75
36 Stiftsbibliothek Einsiedeln, Codex 121, S. 195
37 Florenz Biblioteca Medicea Laurenziana, Pluteus 29.1, fol 1 r
39a & b Editio Medicaea, Florenz 1614
45a & b Modena, Biblioteca Estense